语文与人

覃晓蓉·著

图书在版编目（CIP）数据

语文与人 / 覃晓蓉著. -- 北京：中国文联出版社，2020.12

ISBN 978-7-5190-4458-9

Ⅰ. ①语… Ⅱ. ①覃… Ⅲ. ①小学语文课－教学研究 Ⅳ. ①G623.202

中国版本图书馆 CIP 数据核字(2021)第 003876 号

语文与人

(YUWEN YU REN)

作　　者：覃晓蓉

终 审 人：苏　晶　　复 审 人：王素珍
责任编辑：周小丽　　责任校对：潘传兵
封面设计：文悦时光　　责任印制：陈　晨

出版发行：中国文联出版社
地　　址：北京市朝阳区农展馆南里 10 号，100125
电　　话：010-85923036（咨询）85923000（编务）85923020（邮购）
传　　真：010-85923000（总编室）　010-85923020（发行部）
网　　址：http://www.clapnet.cn　http://www.claplus.cn
E - mail：clap@clapnet.cn　zhouxl@clapnet.cn

印　　刷：北京虎彩文化传播有限公司
装　　订：北京虎彩文化传播有限公司
本书如有破损、缺页、装订错误，请与本社联系调换

开　　本：880×1230　1/32
字　　数：220 千字　　印　张：10.25
版　　次：2020 年 12 月第 1 版　　印　次：2020 年 12 月第 1 次印刷
书　　号：ISBN 978-7-5190-4458-9
定　　价：39.00 元

序言

语文教学这条路，如丝绸之路，是一条渐行渐长、渐行渐广的路，西汉张骞开辟这条路充满曲折和艰辛，打通了西汉和西域联系的亘古壁障，前所未有。

语文是所有学科里与外界联系最广阔、最细密的一门基础学科，世界不同人种、不同国家和地区的语文紧连一起。在不同文化背景下，语文体现了工具性、人文性两大属性。其教与学的过程既是传承又是创新，从而使得教法多样。笔者不停地耕耘探索，力求凭借个性化教学培养学生个性发展的核心素养。凭借语言打通个人与他人的联系，铺设语文学科与其他学科的桥梁，沟通人内心与外部世界。

语文在满足人的精神世界的同时，与其他学科联合，不断激发人向上、向好。在如饥似渴的求知路途上，语文承担着护航者的责任和使命，维护人的个性，健康人的心理，激发人自主、自信、勇敢地探索精进，开辟创新的路途。渗透如此深广的语文确实与我们的过去、现在和未来相关联。盼望我们的大语文教学能开辟出一条普惠立人的新的“丝绸之路”。

作者所述基于切实的班级教学管理实践，遵循国家教学大纲和课程标准，实践语文与人的关系，实践教育促成一个真正的人。教师承载着使命与责任，应当成为“有理想信念、有道德情操、有渊博学识、有仁爱之心”的人。教研与创新、课堂与个性、反思与提升、构建和谐的师生关系是本书的四个主要板块，各板块既是笔者教学管理过程中重点关注的教学目标，又是教师专业成长、学生核心素养提升的源泉，概念之间的关系清晰明确，涉及写字、阅读、习作、评价、班级管理等方面的个性化探索和总结。

教师努力传道授业解惑，必须心中有人，眼中有人，在基于人的基础上，依据规律发展人。所以教育必须使人的智力与非智力因素协调发展，教育行为不能失衡。在社会文明不断前进中，教育教学也发生深度变化，但教师应当排除功利的诱惑。教师应着力建构和谐的师生关系，实施基于人性正向发展的教育。汉语作为母语的语文教学在其中承担的使命与责任尤其突出，在语文个性化教学的听、说、读、写活动中，引领学生爱党、爱国、爱人民、爱生活、爱自然，激励学生热爱母语、用好母语、爱学习、会学习，做到自尊、自爱、自信、自强，牢固树立理想信念，勇敢担当、开拓创新。

教学实践，本真务实。教师以独特的视角，耕耘在教学一线，做到理论与实践紧密结合；力求阐述事理详尽，论说逻辑严密，据典准确，博引证实；叙事语言清新传情；心中装着学生，笔下处处是如何教好“人”的思考，选材新颖，敢想敢实践，勇于探索新方法和新路径，有一定借鉴意义。

路途漫漫多彩，怀抱童心与幸福，从容探索，终得丰盈。

郝秀琴

2020年1月20日于北京

（郝秀琴系中国作家协会会员，中国散文家协会会员。出版文学类作品多部。现任北京文悦时光文化传媒有限公司总经理，图书策划，文悦文丛主编。）

目　录

反思与提升

构建和谐的师生关系

教研与创新

虽有佳肴，弗食，不知其旨也；虽有至道，弗学，不知其善也。是故学然后知不足，教然后知困。知不足，然后能自反也；知困，然后能自强也。故曰：教学相长也。

——《学记》

让阅读教学成为非智力发展的沃土

关键词：组织形式、开放式阅读、激活、非智力因素、协同发展、良好的心理品质

内容提要：人的个性心理品质包括智力因素和非智力因素。智力因素在语文教学中得到足够重视，而非智力因素（情商）常被忽视。为了启动非智力因素这一系统，本文跳出语文阅读教学方法的范畴，拟从语文教学组织阅读形式来阐述发展学生非智力因素的可行性，并以开放式阅读的组织形式作为激活学生主体意识的方式，使学生的兴趣、习惯、情绪情感、意志、协作意识、竞争意识等各种非智力因素得到全面发展，与智力系统协同运作，形成良好的心理品质，以适应现代信息社会的人才需求。

《义务教育语文课程标准》指出：语文素养包括语文能力、语文积累、语文知识、学习方法和习惯、认识能力和人文素养等，尤其注重创新能力的培养、文化素养的熏陶和完美人格的塑造。阅读教学是

语文教学的一个重要组成部分，在语文教学诸类活动中，如识字教学、口语交际、阅读教学、作文教学、综合实践等，阅读教学占特别重要的比重。无论是培养学生掌握积累语文知识和运用语言的能力，还是培养学生学习的方法和良好的学习习惯，以及丰富学生的人文素养，都应该将阅读教学作为语文教学的首要任务。这是由语文的工具性和人文性两个属性所决定的。

当前语文阅读教学，把目光投射在人的发展这一根本问题上。语文阅读教学的职能是对教材内容的认知和理解。影响认知理解有四方面的因素：知识程度、阅读技能、思想观点、心理因素。前三者和心理因素中的智力因素（注意力、感知能力、思维、想象、联想、记忆等）在语文教学中得到了足够的重视，而非智力因素（兴趣、情感、意志、协作意识、竞争意识等）在语文阅读教学中还没有得到足够的重视。它们的被忽视，决定了学生的学习仍然是一种被动行为，不能充分体现学生学习的主体性。“非智力因素”概念是美国心理学家亚历山大于 1935 年首次提出，21 世纪初引起了我国教育心理学界的重视。非智力因素“指人在智慧活动中，不直接参与认知过程的心理因素，包括需要、兴趣、动机、情感、意志、性格、气质等方面。主要是培养学生的意志力，道德修养，克服困难的勇气和能力及自信、自立、自强的良好心理素质等”[①]。因为智力因素是主体认识客观事物的工作系统，而非智力因素是主体认识客观事物的动力系统，没有动力系统的作用，工作系统当然就无法运转。反之，没有工作的开展，动

① 林崇德、杨治良、黄希庭：《心理学大词典》，上海教育出版社，2003 年

力也徒有虚名,没有智力因素的作用,非智力因素也会成为无皮之毛。在这里意在说明非智力因素只有与智力因素协调发展，才能共同促进心理品质整个系统的正常运转。若要系统大于部分之和，只有心理因素中的两个系统协同运作，才能使学生在阅读中得到智力和非智力的同时发展，才能获得相当高的心理发展水平，获得良好的心理品质。

那么怎样启动非智力系统呢？我认为跳出阅读内容及认知理解的框架范畴，在怎样组织阅读这方面有进一步实践探索的空间。常用的各类阅读方法诸如朗读、默读、精读、略读以及朗读中的范读、引读、轮读，小组读、个别读、分角色朗读、领读、自由读等都不在考虑之列。换句话说，阅读组织方法应跳出以上阅读方法的范畴。阅读组织形式的改变，目的是改变阅读教学中学生的被动地位，在组织形式这根无形指挥棒的控制下，变以往单向的智力训练为智力和非智力双向训练，把发展非智力因素放在发展智力因素同等重要的地位。这是由语文阅读教学的重要地位决定的，也是非智力因素为动力系统的地位决定的。显而易见，非智力因素必须得到重视，因为它是发展智力因素的基础和前提。

非智力因素的心理品质中兴趣是阅读的起点，是一种积极的情绪态度，作用于注意力的维系、理解记忆的增强、联想创造的激发。情感因素，是潜流在阅读活动中持久而微弱的情绪，但它把情感色彩融于阅读的始终。毫无疑问，它影响阅读能力的正常发挥及阅读效率。意志因素，排除阅读干扰、克服困难、为实现某种目标而自觉坚持等，要靠意志来激发、维系和调节。协作意识，阅读中学生能否自觉与他人合作、共同完成任务、为解决某种困难而主动参与等，主要由学生的协作精神起作用。竞争意识，这是一种自我激发争取成功（优秀）的心理品质。协作意识与竞争意识是一种最高层的自主意识，是促进智力发展的最有效的非智力心理品质，如果在阅读教学中得到激发和增强，也就激活了学生阅读的内在动力，学生就完全具备了自主阅读的能力。如果非智力因素动力系统强劲运转，那么发展智力因素则顺势而成。

教师怎么去控制这个动力系统呢？这就有必要提及我主张的组织阅读形式，它实际上起一种控制作用，具体是针对非智力因素中高层次的心理品质而采取的组织阅读形式，我名之为“开放式阅读”。它可以统摄非智力因素的整个系统，即在阅读教学中，以教师为主导，给机会以学生，放权于学生，让学生最大限度地发挥自己的主体作用。实践操作如下。

一、自由夺标。阅读是有目的、有方向的，要求掌握一定的内容。教师依据教材以目标出示，而目标的选择和达成则放权于学生，由他们按自身的兴趣、能力去选择可能解决的问题。夺标可以固定小组为单位参与。整个流程为：选择目标—阅读讨论—解决问题—汇报交流—教师点拨。

二、自由协作阅读。以个人名义选定目标，在解决问题时可以寻求合作，自行组织智囊团讨论定案。协作内含一种共同完成任务的自发性责任感，共同进步的合作精神，能满足学生的支配欲，能有效锻炼学生的组织协调能力。

三、挑战式阅读。此法赋予学生阅读中解决问题的勇气、胆量、自信的内涵。教师先确定阅读目标，让学生自由选择竞争对象，个人和小组之间，甚至师生之间，都允许。这种选择的自由，会触发学生兴奋的神经，有利于其敞开心扉，全情投入。除了认知理解能力得到超常发挥之外，它还促成竞争意识的建立。在学习《小企鹅》儿歌时，班上一位经常出状况的男生要求朗读，得到我允许之后，我告诉他可以向读得好的同学挑战，进行比赛。当时他的脸上绽出了难得一见的笑容。在稍微犹豫之后，他点了李阳（化名）的名字——李阳是班上朗读能力较强的学生。他当然得到了李阳的同意，最终也因为勇敢挑战，获得赞许。此后他上课总是用期待的目光望着我，学习态度也比以往更积极。

四、自选阅读方法。这方法涉及学生的需要、兴趣和性格等非智力因素。学生的阅读兴趣千人千面，有表现欲望的学生喜欢大声朗读，内向爱独处的学生喜欢默读，喜欢热闹的爱集体朗读，性格急躁的学生喜好快速浏览。因此，设计阅读教学应该考虑这一点，根据学生自身需要、兴趣、性格选择阅读方法，在满足个体需求的同时，也能促进个体的积极需要、高雅兴趣以及性格的稳定发展。本班一位公认的沉默者文慧（化名），学习《一夜的工作》一文，由于选择了自己感兴趣的默读方法，在汇报交流时，她提出了一个令大家吃惊的问题：书上说总理在高大的宫殿式的房子里工作，里面陈设极其简单。宫殿式的房子说明并不很穷，可是办公室用具只有一个写字台、两把椅子，这是为什么呢？这一问题切中要害，内容点明了周恩来总理生活简朴、身先士卒的文章主旨。孩子提出了一个非常有思考价值的问题。自由选择阅读方法，迎合了她的阅读兴趣，因而才有了这一精要的发现。

五、自由选择阅读内容。课内的略读文章和课外阅读，完全可以使用这样的方法，以满足学生的阅读需求。确定目标—阅读解疑—交流汇报—再阅读—再解疑。因为对于喜欢挑战困难的学生，如果老师指定内容段落，学生意犹未尽，体会不到战胜困难的快乐；而对于基础较差的学生，如果给予难度较高的文字，会陡增压力，有畏难情绪，力所不能及，不仅影响阅读效率，而且影响整个教学进程。因此，让学生根据自身条件选择阅读内容，以上问题自然释解。当学生按自身的需求完成阅读之后，再让学生汇报能解决哪些问题和哪些问题还不能解决。通过阅读和质疑、解疑就进入了重点解决文章疑难这一关键的教学环节。目标如不能顺利完成，可重复上述环节，直到目标达成。

兴趣决定情感，情感决定意志，意志决定习惯和性格。优秀的阅读内容，能维系学生积极稳定的兴趣，产生愉悦的情绪，进行高尚的情感熏陶，持续愉悦地学习，有助于顽强意志力的形成和稳固。

以上五种开放式阅读组织形式对学生非智力因素的影响以及良好心理品质的形成，真有那么大的作用吗？答案是肯定的。因为需要、兴趣、情感、意志、习惯、性格、协作意识、竞争意识等非智力因素的发展，首先需要激活。激活什么呢？那就是人的自主意识，做我所爱，爱我所做。这样主体的自我价值就比在强迫爱、强迫做的情形下容易实现。而自我价值的实现，是主体追求的动机，在非智力因素训练中一路绿灯，课堂学习实现自我期待，因而又会促使下一次行动，因为激活了实现下一个目标的动机。开放的阅读组织形式和自由的选择，就是激活个体的自主意识。在开放的阅读组织形式训练过程中，浓厚的兴趣使主体产生的愉悦的情绪贯穿每一种组织形式的始终。它是开放式阅读组织形式的基本特征。

兴趣是特长的基础，在自主选择阅读目标、内容、阅读方式、自主协作、挑战竞争过程中，自发的责任感随之产生。它能维系整个阅读过程，使学生的学习过程顺利进行。激活其实就是控制，控制学生的动机、需求、兴趣、情感、意志、习惯、性格、协作意识、竞争意识等非智力因素自动朝向最佳状态发展，通过长期训练，自然形成稳定的心理品质。而稳定的良好的心理品质是人们生活、工作的坚强支撑，如选择目标、克服困难、意志持久、形成特长、责任心稳固、与他人协作、与对手竞争、和谐的公共关系的建立等诸多方面都会获得强大的后援力量。

控制论认为:“任何一个系统进入运行以后，由于各种原因，系统的发展往往会受各种内部和外部的干扰的影响而偏离计划轨道，这就需要控制。”控制各种干扰的影响，尽可能地消除偏离现象，保证系统按预定的进程向预定目标发展。非智力因素这个动力系统的预定目标有两方面内容：一方面提高阅读效率、阅读质量；另一方面是协同智力因素，形成良好的心理品质，为人的发展提供一个最牢固的坚强堡垒。以开放式阅读的组织形式控制非智力因素，也是为了更好地启动这个系统向预定目标发展。社会的发展根本是人的发展，人的发展根本是人具有良好的心理品质，而智力和非智力两种心理品质中，非智力因素是根本、是内因。内因得到稳定的良性发展，就能促进智力因素的良性发展，把非智力因素的发展眼光投射到阅读教学，让学生能读出质量——智力因素得到发展，也能读出品质——非智力因素获得发展，这是以发展人为目的的语文阅读教学必须面对的课题。

欲速则不达　返璞应归人

——作文个性化评价

“恐文”探微，正本逢晨曦

“言为心声”，一篇文章是作者心灵的独白，特别是初学习作的小学生，他们的习作更是纯天然心语。然而学习语文多年，为什么最终有些学生患上了恐文症？根本原因是作文非本心所需和条框限制。作文教学的主要方法仅停留在应试模仿阶段，最难显现心声。当然，为提高功效，模仿是快捷达标的始学之法，但模仿成习惯，一成不变，终成痼疾，如模仿选材、模仿巧妙的构思和布局、模仿深度立意等。语文课本中的优秀篇章，学技多于感悟，重工具轻人文。个别擅长作文的学生模仿优秀习作，无一不成为其他学生的模仿对象。模仿成了为文之需，而为文之需却是应试之需，不是交流的需要，也不是独抒性灵的需要，更不是人真正成长的需要。多年来，作文评价一直本末倒置，教师的评语千篇一律，作文的技巧成为衡量标准，习作成了工业流水线上生产的零件，教师如质检员，一一查核习作是否符合技术参数，结果习作成了无情物，化作合格品与次品。习作技巧娴熟，便是佳作，所以，教师赞扬，学生模仿，久而久之，形成模式。习作没有特色，没有个性，千人一面，最后都落了个抄袭之嫌，如邯郸学步，伏爬而归，困惑终了。

在评价者眼里习作哪里是充盈着感情心声之言？评价语哪里彰显了学生的情感态度、价值观？所以，无论是阅读教学还是作文教学都远离了人。而承载着如何做人这一人文内涵的作文教学，又岂能弃“人”而不顾？故为了匡正多年顽症，体现主体性、创造性的时代主题，中央教科所成立“中小学生作文个性化发展研究联合体”，力倡作文个性化，作为国家“十五”规划重点研究实验课题，推行全国。总课题组提出研究的四个着力点：需要、自主、真实、创新，为我指明了践行方向。

知行合一，着力需要，显庐山真面

2003 年初，本校确定承担个性化阅读教学与个性化作文教学之始，中年级语文教师就承担了个性化评价的子课题实验任务。先期理论学习便直面“个性”——需要、自主、真实、创新四个着力点。“人类的本质有共同的一面，但组成人类和社会的个人却是千人千面”“个性是个人的特质”“共同本质就是通过千万不同个性表现出来的”[1]，过去，我们的作文评价就是把是否符合写作技巧作为“千人千面”的个

① 葛晨虹：《人性论》，中国青年出版社，2001 年。

性习作评价标准，但连人的共性都不涉及何谈个性？孟子说："以若所为，求若所欲，犹缘木而求鱼也。"每个学生在每个学段都接受这种一成不变的模仿式作文教学，想达到作文教学的宗旨，岂非缘木求鱼？偏离轨道，欲速而不达。

"'个性'不是'个人''个人意志行为'的代名词，个性就是那些使个人成为该个人独特因素的总和，即人所特有的素质、情感、观念乃至能力的总和。"①"个性"与"本色""本我"相通，没有哪一个人愿意失去自我。非但个人不能，教育更不能，不能通过教育让人失掉个性。相反，应以个性化教学呵护学生的个性，作为教师尤应坚持，如亚里士多德的坚持：我爱我的老师，但我更爱真理。

个性化习作就是综合体现个体特有的素质、性格、情感、观念和能力的习作，即表现本我的习作。对学生习作评价的初衷和目的都应当是人，即习作者。习作的评价尺度就是习作是否体现了习作者个性，是否人文合一。教师在评点时就应站在教师"本我"的基点上平等真诚地肯定学生坦白的个性，同时，指出学生言不由衷的地方，对不健康的情感态度、价值观进行疏导。教师个性化评价在学生个性和物化了的个性——习作之间牵线搭桥，要人和文真正和谐统一，使学生在做人和作文两方面达到自我认识、自我肯定、自我提升的佳境。这是习作评价的终极目标。在习作教学中，要实现作文个性化，必须从兴趣出发，抓住学生展示个性的契机，如：实践与题材联系的契机，激发儿童幻想的契机，自由表达童真童趣的契机。为了个性化习作实验

① 葛晨虹：《人性论》，中国青年出版社，2001 年。

有章可循，必须加强有关理论学习，先了解学生在教师点评方面的需求，然后根据不同需求进行点评，激发兴趣，促进学生作文个性化。

2003 年个性化习作实验之初，总课题组传过来一个关于家长评价孩子习作角度和方向的信息：家长要依据家庭文化背景、家庭教育、亲子关系，结合学生习作谈自己真实的感受。

让家长站在家长而非教师的角度去看待孩子的习作。个性各异的学生背后是不同的家庭文化背景、相异的家庭教育及形形色色的亲子关系，这无疑对家长的个性化评价有重要的指导意义。个性化的家长点评除展示学生不同的家庭背景，还有相当大的教育效果：家长个性色彩浓厚的评说，对学生习作个性化起到“润物细无声”的作用。为了让学生家长改变对习作评价的老眼光，我两次利用家长访校日，做了两个不同主题的提醒：一个主题是激发兴趣，发现优点就鼓励；另一个主题是站在欣赏者角度看孩子作文。两个主题有共同之处，但第二个主题强调家长所处的角度，不应是居高临下地审视，而应平等真诚地欣赏孩子的习作，在点评中与孩子诚恳地交流自己的读后感。改变家长对学生习作的认识和评价态度比改变学生对习作的认识和评价态度要困难得多，虽如此，但收效颇丰。原因大致如下：

（1）三年来不断重复家长点评要求。（2）《作文个性化平台》杂志的影响。（3）三年来，我对学生习作评语的不断改进对家长的影响。（4）学生之间逐渐趋向于健康的点评氛围对家长的影响。（5）学生对家长的直接影响。各方面影响导致家长对学生习作点评向预期方向发展，从以下几则家长点评中可见一二。

杨阳（化名）家长点评《给王校长的一封信》：师范附属小学的校园变化有目共睹，新的教学楼建起来了，新的操场铺起来了，现代化多媒体教学设施配备上了。校园确实与五六年前大相径庭，孩子在心中能够把这些都记下，可见他是目睹并留心观察了学校的变化的，他是关心校园变化的有心人。在信中，孩子除热情地赞扬学校领导人外，还直言不讳地提出了两条小小的建议，真是细心的孩子、心灵纯真的孩子。看了习作，作为家长感到欣慰，也由衷地希望校领导能重视孩子的心声。

徐瑶（化名）家长点评《克隆时代》：看了这篇习作，感到她以前拘谨的文风、千篇一律的开头结尾大有转变。对各种文体她敢大胆尝试，有时还有新意。本文她想象自己在克隆时代成为一名克隆技术专家，利用克隆技术为残疾人服务，减轻残疾人痛苦，甚至还想消除残疾现象，让世界变得更加美好。虽然，现在大多数国家反对克隆人，但这应属于治疗性克隆技术，想象合理，言之有理。

郑好（化名）家长点评《覃老师，您辛苦了》：孩子面对朝夕相处的老师，在离别之际，真诚地表达他对老师的不舍和感激。平常在家老是惹我们生气的调皮儿子竟然也能理解老师，让人感动。语言比以前通顺多了，写作文也有话可写了，希望他说到做到，不要忘了他最尊敬的好老师。

张山（化名）家长点评《心理文盲》：看了孩子的这篇《心理文盲》后，第一反应是写作水平有所提高，采用夹叙夹议的方法，幽默与讽刺相结合，写出了漫画中四种不同身份地位的人物的可笑行为，并分析这种假文盲现象背后的道德缺失影响巨大，十分可怕，比较透彻。

漫画反映了现实。现实是有些自认为很有权势、很体面的人，不论在什么地方，自以为别人就应该为他们服务，不管别人的感受如何。不论那些弱势人群多么需要他人的帮助，而他们就是熟视无睹，显得极端自私，极不道德。其实他们的形象在那些“俯首甘为孺子牛”的人面前显得多么渺小啊！他们才是我们扫盲的对象。写这漫画作文给了孩子们自我反省、自我提高的机会，也是他们将来要面对的现实和考验。

习文的缺点是：字迹潦草，有错别字。另外要是写清楚自己应该怎么去做，去阻止将要发生的道德“崩溃”就好了。希望再接再厉吧！

从几则家长点评中，我们看到，家长面对孩子的习作不再是批评、打击、全盘否定。他们有的说变化，有的谈进步，有的赞扬文中显示的品质，呵护孩子纯真的童心。有的变换人称，与孩子亲切谈心，鼓励孩子向自定的目标前进；有的与孩子共鸣，竟也泼墨议论，共抒爱憎，温言指缺，完全没有了过去对作文进行技术处理式的评判。家长的心理关注点发生了变化，他们也开始关注孩子的内心需求，走进习作中，走进孩子心灵，感受他们的真诚叙写，点评时不乏欣赏鼓励，努力激发孩子的习作兴趣，尽量让他们感到有努力就有收获。由于学生需求得到了关心、重视，随着家长点评态度的变化，个性化习作实验至今，学生对家长点评的微词少了，放开手脚，大胆作文。这个过程，如同看到了浩渺无边的蓝色海洋和美丽的橘红色落日产生的奇妙情感一样。美国咨询业博士奈特·布什说：“如果你看到的是海洋和落日，你就会建立一种积极的驱动状态，这种状态会影响你采取积极的行动，积极的行动导致了积极的结果。”[①] 人的关注点能直接达到确定的目标。家长关注点变化，能推进学生习作达到个性化目标。这是毫无疑问的。作文个性化评价延伸至家长并非负担，反而是“作文个性化”理念的普及，家校合力，收效显著。

在学生习作个性化进程中，教师担当着相当重要的角色，既要内化理论，还要循规求法，以可行的办法引领学生走向作文个性化。个性化作文教学关注的就是：学生关注的是什么？实验第一年初始，为了解学生在习作点评方面的需求，我在本班进行第一次问卷调查，主要内容是“你希望老师怎样评阅你的作文？”“你最喜欢的评语是什么？”通过班内的小规模调查，了解了习作主体在点评方面的需要，为进一步通过点评促进学生作文个性化留下了依据。这也确定了教师应以什么样的姿态面对和点评学生习作：教师与学生之间进行交流，就是人与人之间心灵的对话。基于此，对话双方应该是平等的；成人与未成年人之间的交流，对话应当有呵护心态；既然是对话那就应当是心灵间真诚的碰撞；既为人师，对话就应有欣赏之意、托举之姿、引领之责。学生在颇具人文关怀的评点中逐步对习作产生兴趣，不害怕了，有信心了，在几近自由的空间里敞开心扉表达着“本我”，进而影响到学生点评，他们在他评、自评中都不吝啬欣赏赞誉。

可以说学生对自己习作被点评的需要就是教师点评的尺度，教师就应围绕学生需要点评。多元化评价是需求，平等地位、呵护心态、真诚碰撞、欣赏之意、托举之姿、引领之责更是需求。当然，明辨是

① 【美】奈特·布什：《快速变革时代应变艺术》，戴洋、郭斌译，团结出版社，2002年。

非对错也是需求。需求的满足是学生个性化习作能力形成的动因，所以，无论评点者是谁都要先行了解被点评者在这方面的需求。由于高频率的同学点评是学生有史以来第一次面对，点评中大话、空话时有出现，不能让被评者满意甚至反感。如何扭转这股浮躁现象，引发我对评点对象的思考。学生究竟喜欢谁的点评？所以实验进入第二年，伴随问题的产生，我便在班内进行了第二次调查。此次调查结果颇富启示，学生传达出的信息是：他们的习作需要自己信任的人、尊重理解自己的人来点评，在家长、老师、同学、好友四个关系对象中，好朋友是他们最青睐的点评者。在此习作者和点评者之间是相互真诚、沟通理解、尊重信任的，因此他们体现了被相互需要，读习作和点评就是搭建双方沟通需要的桥梁。多元化的评点对象中，这种被需要的人便成了最具人气的首选者。事实上，学生对好朋友点评中指出的不足更容易接受。调查后，我对习作的同学互评做了相应调整，增加了找自己的好伙伴点评习作的选择，并努力加深师生之间的情感交流。在他评后增添了富有个性色彩的交流平台及教师的回音壁。此后学生点评都发生了令人欣喜的变化，请看以下事例：

秦璐（化名）评好友张伟（化名）的《环境是大家的，不是某个人的》：我们原来不是住在一颗可怕的星球，它是美丽的，现在它的可怕是我们造成的。张伟的文中资料数据处理得很好，让人触目惊心。习文没有一句是多余的，语言简练，号召实在。“环境是大家的，不是某个人的”，让我们来共同保护它吧！

李杰（化名）评巩银萍（化名）的《我为学校做点评》：从这篇

习作中我看到你是个热爱大自然、珍惜花草树木的女孩。写出了真情实感，但语句缺乏足够的感染力，应该再作个性修改。哦，忘了一点，“您好”后面不能直接写内容，要另起一行呀！再见。

李珊（化名）评好友安迪（化名）的《美好的心愿》：习作写的是对母校的建议，非常诚恳，题目不错，但建议有一点太死板，学习提高不是单单靠没完没了的作业，而是要靠吸收多方面的知识。华罗庚说过一句话：“所谓的天才，就是勤奋学习的人。”难道多做作业才是勤奋吗？我不这样想，你明白了吗？

缤甜（化名）评好友安迪的《美好的心愿》：安迪的这篇习作语言非常朴实，说“学校作业布置得很少”，活动太多把“学习抓得太松了”。想让老师把学习抓紧一点。这是她的真实想法，她平时不爱说话，就爱学习，总想比别人多学一点，她太爱写作业了，老师布置得少，她妈妈还给她另外买了练习册，她也一课不落地写，我可受不了。在这里，我建议你：少写点，做些其他的事，比如看书、画画等。

张敏（化名）评缤甜的《让蝴蝶和鱼儿一起飞翔》：缤甜写的这篇作文很贴近我们的现实生活，由于人类的破坏，我们这个美丽的家园变得黯然失色。内容有些简单。应写出遭破坏的具体原因，如大气污染、水污染等。我不明白，鱼儿怎么能飞翔呢？

张山（化名）评好友袁航（化名）的《离十全十美还差三步》：袁航，你怎么能这样！为了运动减肥，竟然给校长建议一周上四节体育课，你知道我最害怕上体育课了嘛，再说也不合理呀！改了！改了！你的第三个建议很好，建立室内活动室，不过等建好了，我们早就毕业啦！“此致”要记得写上！

这些好友的点评，除了点评习作外更主要的是针对内容表达自己认同或不同的见解，这既是思维锻炼，也是心灵间碰撞。他们热情鼓励，认同对方；诚恳指出缺点，提出建议；机智表达不同见解；幽默坦露爱憎；对署名落款的点评也别具一格；甚至点评中加进了漫画元素。他们点评好友习作，评文也评人，心态既宽容又平和，既真诚又严肃，读起来亲切感人，趣味横生，快乐有加，习作之外又添一次快乐表达。这种自主的表达相比点评者本人的习作，颇具个性色彩。由此我想，学生个性在好友点评中彰显无遗，无疑是得到了“我被你需要”的信息，“你相信我、尊重我，你在乎我的评价，我的评价对你有意义”。“我”自身的存在价值被肯定，一定能产生与肯定者交流的欲望，进而产生自主表达的需要。教师适时给予平台，被需要者会欣然提笔在点评中倾其所能。悄悄然，个性便弥漫于点评的字里行间。教师与学生之间，要达到这种境界相对较难，但只要我们放下架子，摘下面具，成为学生心目中的需要者，拨开习作伪饰显个性，一定不是难事。

针对点评内容和点评对象的两次小调查及向家长要求，点评者明确了面对习作时的关注点，尔后的点评就围绕它进行个性化点评。每个孩子都感受到了来自教师、家长和好友爱的温暖，三方面的关注在同一篇习作里形成了合力。所以，每个学生就如同地球拥有了适当的阳光、温度和水一样，内心“本我”逐渐苏醒，在习作里显示出生机勃勃的生命色彩。

班内不善表达也羞于表达的郑好（化名）、秦凯（化名）在激发兴趣、呵护尊重个性、激扬个性的氛围下，有了喜人的进步：顽皮捣蛋但又富爱心的郑好说《我要克隆狼》；沉默寡言、胆怯自卑又有严密理性思维的秦凯要《感激地球》；而李雷（化名）行为自由散漫，内心蓄满了善良和对美的向往，想象着《天堂奇遇》；敏感自大的杨睿（化名）也学会了《感谢》；精力旺盛的王乐（化名），热情乐观、开朗，喜欢用稚嫩、直白的儿童诗《地球妈妈，对不起》《我和流星谈谈话》表达纯真的童心。扬起个性风帆，乘风航行的孩子则有了惊人的表现：文静谦和、情感丰富的陈佳（化名）的儿童诗《做家务》；秦璐（化名）乖巧敏锐、情感细腻、冷静、善于思考，表达思想常与众不同，并给人启发，自制诗集是她的得意之作；苏玲（化名）痴迷童话，喜欢想象，思维敏捷，得意时口若悬河，在《月亮峡》中显现了她较强的表达能力；袁航（化名）直爽真诚，《眼睛》显示了独特的观察视角和感受；善于观察、思考的陈博文（化名），《看！“变色龙”七十二变》一文个性飞扬。

多元评价，诗意空间，想象促创新

多元评价汇聚不同的观点。对于习作者，获知多方面的信息，优点和不足也能较全面地接受；从多方面着手改进，掌握的信息越多对习作者越有利；习作者越有信心，成就感越多，越能激发学生有兴趣进行更深入的学习和探索。学校已成功开展了五届“诗歌节”活动，经过初赛、复赛、决赛，产生了许多优秀的儿童诗歌。学校统一聘请校内语文教师和校外诗人进行点评，一位点评者对不同内容进行不同点评，以及多个点评者对同一作品进行多角度点评。面对个性色彩浓厚的作品，所有评委的热情洋溢、个性化的点评，激发全校师生热情参与，形成个性飞扬的校园诗歌文化。诗性净化心灵，评价催生诗性，如此往复，在学生的内心建立一块神圣的精神高地指日可待。点评的教师和诗人诚恳地呵护孩子们的创作热情，爱好诗歌的学生积极参与，佳作不断。摘录、列举以下选自校刊《你我他》诗歌节增刊的诗作和点评，可参悟多元评价的激励作用。

日月之间

六年级（1）班　　崔佳（化名）

假如我能用一把扇子 / 打散天边的夕阳 / 藏在云朵里的鸟 / 会不会一并鼓翅。淡雾搭成天梯 / 给了黄昏流泻的平台 / 我与清风和花香做伴 / 看着余晖渐渐收敛。我知道 / 不多时 / 地上所有的影子 / 会一起飘飞 / 组成一个新的天穹。此时此刻 / 是黑白的夹缝 / 是日月的交接 / 我就在这光与暗的中央 / 静静地看着四季轮回。

——诗人点评：

- 这已经是很成熟的诗了。（王雨眠）
- 小诗人用独特的写作手法描述了日暮黄昏、夕阳西下的所见、所闻、所感、所想，由小写大，值得称赞！（李子缘）
- 日落西山，小作者借用一把扇子驱散阳光，并与归巢的太阳鸟一起鼓翅，再以云雾做梯，伴清风，嗅花香，观残阳一缕缕收束，华丽的辞藻，斑斓的意象，构筑了一幅多姿多彩的晚霞夕照图，接着带入影子飘飞的黑夜，奏响了夜与昼的变奏曲。结尾处抒发感慨，生发出时光更迭、四季轮回的咏叹。诗节规整，表述明晰，收放自如，功底扎实。（春茂）

• 在流逝的时光里，小作者在天空、云朵及清风、花香中发现了人生诗意的存在，同时也参悟了生命从生到无的过程。此诗写作的深度应该是目前我见到的唯一一首。（欣梓）

• 崔佳同学的这首诗语言精致，写出了傍晚夕阳西下的景象，写得很美，富有诗意。在其他孩子写的短诗中看不到诗句所呈现的意境，而这首诗让我们看到了多种意象组合成的日落情景图。小作者不光是在看风景，更主要的还有“旁观者清”的冷静思考，可敬可叹！（竹石）

• 题目不说平常语“黄昏”，而换作“日月之间”，除却新奇独特之外，是不是还有作者的不俗的胸襟？ “用一把扇子 / 打散天边的夕阳”，拿扇的那个“我”在哪里？力量何其大！想象是不是够大胆？ “我与清风和花香做伴”，原来我在这里。“淡雾搭成天梯”，是黄昏还是自己如飞天飘然？看着、美着、想着，新旧、黑白、虚实、有无、日月、天地、四季都在此刻孩子的脑中，变成由天入地的纵向空间呈现，又融入时间横向流动，多种意象纵横交错，感性与理性共生，思绪无边！诗中有坐看云卷云舒的从容与大气。（晴川）

• 读完这首诗，小诗人的敏感使我不禁感叹，语言沉着冷静，诗思迂回。其小小的年纪已经开始对时光流逝有如此感慨。但一定要相信，纵然时光悄然流逝，你的笔已将它描摹出了你的色彩。（莫渡）

• 评委老师们大都在赞扬这首诗。是的，就诗歌本身来看，六年级的崔佳同学运用语言的功夫已经非常不错,已习得一身“轻功”。我提一点建议，在一些虚设的场景里，加入一些简单的事实进去，比如,用一些具体的情境过渡一下,或许会取得格外的效果。让作者“我”的意图更加明朗，或者说存在感更强一些，诗歌就会更好。(鬼石)

星期五的夜

五年级(2)班　　梁蕾(化名)

我在窗前做作业/玉兰花/伴着风儿翩翩起舞/金豆家窗户里/透出温暖的灯光/月亮躺在云朵做的棉花糖上面/偷着乐/一只猫咪/“嗖”一声/从草丛里蹿了出来

——诗人点评:

- 全诗不动声色,用意象——“玉兰花随风起舞、金豆家的灯光、月亮躺在云朵上、猫蹿了出来”传递出心中藏着的小秘密:明天周六,小诗人已和金豆约好了……为什么是星期五的夜?因为我儿子每到星期五就很高兴，明天终于可以玩喽……本诗把儿童“心猿意马”的小心思写得入木三分，要不月亮怎么会“偷着乐”?诗还未读完，我也忍不住乐了,我问自己:周末可不可以带儿子出去玩玩……(李子缘)
- 玉兰花翩翩起舞、温暖的灯光、偷着乐的云中月、蹿出草丛的猫咪，都静静地诗化在小作者安闲的心灵中。意境优美!孩子写作业竟能发现诗意，这是怎样的从容淡定，怎样的灵动思维!儿童创作的神妙奇思常常给人意外惊喜!(晴川)

• 这像是一场梦境的描述，又宛如一幅童话世界的绘制作品，作者由夜晚起步，从眼前景落笔，饱蘸着诗情画意，浓墨重彩地勾勒出一幅月色花瓣图，流泻出温馨的浪漫情调，“玉兰花 / 伴着风儿翩翩起舞”，出没的“月亮躺在云朵做的棉花糖上面 / 偷着乐”，棉花糖似的云朵，比喻鲜活而有滋有味。结尾处让“一只猫咪 / ‘嗖’一声 / 从草丛里蹿了出来”，以静衬动，“嗖”的一声，叫声惊醒梦中人，收束有力，又给人以余味无穷的想象。（春茂）

• 星期五的夜晚应该是周末了，辛苦上班的大人和辛苦上学的孩子理应都要放松一下身心，而“我”却还在写作业。瞧！此时的“我”并非专心致志，而是思绪飘向身外，玉兰花快乐地舞蹈，金豆家是温暖的，月亮躺在云朵的怀里是幸福的，这与写作业的“我”是不是形成了一种鲜明的对比。作者的思绪被“嗖”的一声从草丛中蹿出的小猫咪惊醒了，应该又回到了现实。是不是可以解读为“我”对幸福、快乐、自由的渴望呢？仁者见仁，智者见智吧。（竹石）

• 梁蕾同学的诗现在越写越有感觉了。首先，她已经知道诗更多是要从生活中来，而非胡编乱造；另外，写作这个东西还得多读多练，慢慢地你就上了道。当然还有一点，就是你必须始终保持一颗敏感的心，而且还要有一双会发现的眼睛。这首诗有一个明显的特征，就是在动词的使用上。记得有人说过，看一个作家水平的高低，可以从他使用的动词入手，这种说法不是没有道理的。梁蕾同学自觉不自觉地往这方面靠过来，只能说她有一种天生的好直觉，拥有与生俱来的好的诗感。祝贺你，孩子。继续努力！（鬼石）

• 这首诗之前听作者读过，喜欢诗中恬静的感觉、人与自然的和谐相融。作者笔触似乎是一个长镜头，捕捉到这一幕，让人读来如同行走在宁静温暖的月夜。生动、形象且能做到客观叙述是种有益于写作本身的训练。(莫渡)

无题

五年级(2)班　张智(化名)

九十亿只绵羊飞向天空 / 在云中 / 挤出香飘四野的奶河 / 连塔克拉玛干沙漠都流露出纯净的白色 / 大兴安岭和小兴安岭两兄弟 / 已被奶河淹没

天台望远镜 / 不再与天文有关 / 却成了盘古巨人 / 最美味的奶油味冰激凌

“悟空”号和“嫦娥四号” / 回到地球时 / 变成了帆船 / 流进了奶河 / 人造卫星众多火箭 / 都张大嘴巴喝起了羊奶

内蒙古草原上 / 小伙子、小姑娘乐极了 / 启动了草原按钮 / 就连春节的 / 鞭炮都有牛奶味

——诗人点评：

- 一首被想象力带到了高处的好诗！从天文到历史、从科技到地理，全部被从原点出发的绵羊——云朵这一想象激活。多说一点，我们学校常规的作文(写作)教学毁坏了多少孩子的想象(创造)力呵！(欣梓)

- 想象奇特大胆，全诗看似以“奶”为线索起笔，在一首诗里

竟囊括环保、天文、科幻、神话、童话、民俗等诸多元素，丰满而不显杂乱，又不失诗意，读来令人意犹未尽。好！（李子缘）

• 此诗意境优美、格调高。奇异的想象令人吃惊，“九十亿”是儿童似的夸张,那么多绵羊被张智赶上九霄,这个勇敢大胆的牧羊童，思绪奔走在神州大地领空，俯瞰之下一片茫茫奶河，奶河上下竟是中华民族丰厚的文化和瞩目的航天科技的壮阔展台。仰望星空的视野广阔，足见这个男孩子豪情壮怀，胸襟博大。(晴川)

• 拿绵羊喻云，以无垠的天空作背景，纵横捭阖，南北东西、九州疆土、万里海域通通纳入笔端，就连深邃银河、茫茫宇宙也点缀其间，极尽夸张之能事，天降雨雪，就像绵羊挤出的奶，铺天盖地，奶河滔滔，奶香四溢，满世界都是奶的世界，想象奇特，壮美辽阔，以点带面，包罗万象，给人以豪情万丈的审美享受。(春茂)

• 以“无题”命题，就让读者对诗歌有了多元化的解读，“九十亿只绵羊飞向天空 / 在云中 / 挤出香飘四野的奶河”，这是一个多么宏大而雄壮的队伍，天上、地下都被奶的河流所包裹，这奶是纯净的，是科幻的，是幸福的，是许许多多的人所期盼的。结尾由壮阔的想象回归现实，此时内蒙古草原上的鞭炮都有了奶味，使想象中的羊群与现实生活接轨，小作者所要表达的就是对美好生活的渴望，对美好生活憧憬的盛赞。(竹石)

• 初读这首诗，第一感觉是担心后面会写飘，但是没有，平稳着陆。对稍长一点的诗很难把握，要么冗长乏味，要么絮絮叨叨，相对而言这首诗结构完整，开阔，意象奇特。同时看得出作者已有扎实的文学功底，假以时日一定还能出好作品。(莫渡)

• 今天的“每日之星”几乎都要被五年级（2）班包揽了，作为班主任真心为他们感到高兴。可能有人会问，难道你就没有私心吗？有，我的私心是见到好诗就两眼放光，哈哈哈。五年级（2）班有一个“每日一诗”的活动，每天都会读抄甚至是背一首好诗，截至今天，孩子们已经坚持了310天，完成了310首。而那个最勤奋、最认真、每天都坚持的孩子莫过于张智了！俗话说得好，“熟读唐诗三百首，不会作诗也会吟”。天道酬勤，诗神都看在眼里，他能写出这样的诗我并不惊讶。此诗写得大气磅礴，冥冥之中如有神助，想象力极其丰富，全诗充满博大的画面感与丰富的意趣。（鬼石）

一条大鱼

五年级（2）班　阳光（化名）

今天家里来了几个新朋友 / 爸爸把它们当宝贝似的 / 我看着它们 / 欢快地在水里游来游去 / 自由自在地跳着海草舞 / 我又看了看 / 外面火辣辣的太阳 / 跑进了浴室 / 放了一缸水 / 跳了进去 / 奶奶看见了说 / 哇 / 好大一条鱼

——诗人点评：

• 阳光同学是我的诗歌福星！因为他让我写了不少好诗。他自己也是一位热爱诗歌的小学生，而且是真爱（区别于一些孩子做作业式的写诗）。正因为如此，当然会得到诗神的格外眷顾。此诗也是挖掘出了那种事实中的诗意，写了自己真实的情感与体验，而非凭空捏

造。最后两行“哇/好大一条鱼”让人眼前猛地一亮，表达生动且充满童趣。瞧，一条阳光之鱼耀眼夺目，光芒四射。加油！（鬼石）

• 从看见鱼到化身成一条大鱼，小诗人用一首诗歌完成了梦想与现实的完美统一。这种写法值得大家学习！很棒！（李子缘）

• 养鱼是一项极为精细的劳作，既要有耐心，又要有恒心，更要有爱心。视鱼如宝贝的爸爸，一定在侍弄鱼的过程中花费了大量的心血、精力，而我也耳濡目染了这种情状，“自由自在地跳着海草舞”，大热的天气，我情不自禁地扎进浴缸里，被司空见惯的奶奶认成了一条鱼——一条活生生的大鱼。这种来源于生活的比喻鲜活而有情趣，让人过目难忘。（春茂）

• 阳光同学的很多诗歌不离“阳光”这个特殊的意象，看来真是名副其实，你的生活中处处充满阳光，真好！让一条“大鱼”出现，阳光同学在前面先做了充分的铺垫，正因为爸爸买来的鱼儿“欢快地在水里游来游去/自由自在地跳着海草舞”才激发了小作者的突发奇想，他钻进鱼缸，很自然地被奶奶惊呼为“哇/好大一条鱼”，此“鱼”非彼鱼，在这种铺垫中让结尾显得并不突兀，而是更加有趣。（竹石）

• 阳光的这首诗让我想到曾经读过的一句话，大意是写每首诗都保持写第一首诗时的感觉。对于一个热爱诗歌并以写诗为乐的写作者来说，其应当有对诗歌技术的更高追求。这首诗在叙述上没有问题，问题在于要让诗歌语言变得更具魅力。共勉！（莫渡）

• 作者已经有了较为成熟的写作技巧，这种成熟在本诗中表现为铺垫或者蓄势：先写爸爸，说他把它们当宝贝似的；而后写鱼，游来游去，跳着海草舞；终了写自己，又看了看外面火辣辣的太阳，起临盆羡鱼不如就做一条鱼之念，于是放水，跳进去。前面的铺垫或蓄势成就了后面奶奶的惊叹，虽然语言有点拖沓、散漫，但类比性思维中诗意发生的过程和呈现却始终有着主体收放自如的把控。这是要特别表扬的。（王雨眠）

• 开篇提“好朋友”，是接纳，是喜爱，作为铺垫；然后观察、向往；最后成为“一条大鱼”。虚实两种鱼，既有家庭生活乐趣，又充满童稚般的情意，更有热爱自然的美好情感。实在，温馨。（晴川）

得失相间，初显津渡，山重水又复

在家长、诗人、教师、同学、好友眼中，那些篇篇初显个性的习作，犹如一座座蕴藏不同宝藏的富矿山，只要真诚开采，用心挖掘，从哪个角度都能显现出有价值的内容，而且光彩夺目。结果喜人是因为最初选取了正确的彰显人性的关注点，从四个着力点“需要、自主、真实、创新”下手，将理论与实践紧密结合，对学生习作进行发展性点评。但困惑也随之产生。后文《有“巧”亦成“教”》，谈到作文个性化教学的随机性，也与师生教与学需要紧密相连。翻开小学生各年级课本，课程设置已十分完备，单就语文课程而言，每册、每单元、每篇文章都有详尽的目标，更有细化的较严格的课时安排，习作教学每学期都有定量完成的目标，即便有自由作文的安排，但还是没有因需而文的淋漓、因“巧”而“妙”的效果。

作文个性化教学我认为应具备随机性。生活是丰富多彩的，又是变化着的。生活，就是教师。生活中迎面而来的人、事、物，通过随机处理变成教学资源，既可轻而易举引发学生因需而文，又能潜移默化地影响学生，使他们关注生活，观察生活，感悟生活。看看社会大环境，一个瞬息万变的信息时代覆盖全球，它普遍地、强有力地影响着校园中的学生。而多元文化在不同环境里都能找到生长的土壤，对新生事物怀有强烈好奇心的学生更使校园成了接受多元文化的肥沃土壤。变化的不断发生意味着应有允许变化的更大空间，影响学生个性化习作的家庭、学校、社会的不断变化决定着学生需求也因时因地而不同。既然世界是“真正依照人的方式，根据自己本性的需要”来安排的，那么作文个性化教学方式就应当依照学生因时因地而不同的需要来设置。在变化中设置方式，难道不具备随机性吗？个性化的评价也随之产生。

为了因需而文，实践中我尝试过几次随机安排习作教学，针对的内容是：美国向伊拉克发动战争、绰号事件、环境保护口语交际延至习作教学、南京归来送礼物、2004 年的第一场雪、我也会写儿童诗、毕业留言大狂写、我毕业我感激……虽然学生个性化表达有了更多的获取素材的方向，也确实显现出勃勃生机，但学科容量无形中增大，课本中设置的作文训练和阅读教学要顺延，而教师的工作量也由此加大。这还与学生减负产生矛盾，虽如此我仍然认为作文个性化教学随机性不可或缺。学生写作向个性化作文变化，难道我们的教育教学体系不应该给个性化表达提供更广阔的空间吗？而作为疑问产生的本人如何将语文教材中的习作教学与随机生成的习作教学内容相互统一，确定为我继续进行个性化作文教学的努力方向。

个性化习作需要教师个性化点评，而在点评中如何判断一部分学生文我分离，内容和形式故意追求新、奇、特，违背本我，又是一个困惑，也是我进行个性化习作点评需要努力解决的问题。区分真我、假我，能够引领学生建立健康个性，形成正确的世界观、人生观、价值观，所以，我将继续关注以上的困惑及问题。在此，以英国思想家、哲人塞缪尔·斯迈斯的话对历经多年的探索作一结语，以自勉，作为育己育人的方向："关注你的内心，它会引导你的思想。关注你的思想，它会指引你的情绪。关注你的情绪，它会驱动你的行为。关注你的行为，它会变成你的习惯。关注你的习惯，它会形成你的性格。关注你的性格，它会决定你的方向。关注你的方向，它会确立你的目标。"

个性阅读让思维翱翔

——小学低年级阅读教学及形象思维的发展探究

小学低年级阅读教学，首要应关注阅读的积极健康心理，所以《义务教育语文课程标准》在指定第一学段阅读目标时，把“喜欢阅读，感受阅读的乐趣”放在开篇第一条，彰显了非同一般的意义。感受乐趣从三个方面切入：一是内容丰富，二是形式多样化，三是要积极关注个体差异。所有针对低年级的阅读教学内容和方式都无一例外地要考虑到激发学生的阅读兴趣。“兴趣是第一老师”，它是学生主动学习的强大内驱力。有这个无形的老师牵引着，阅读教学会收到事半功倍的效果，而有兴趣陪伴的朗读也是对学生进行形象思维训练的契机。研究表明“形象思维是用直观形象和表象解决问题的思维”，其特点是具体形象性。

形象思维按发展水平分三种形态：

(1) 学龄前儿童 (3~7 岁) 的思维，只反映同类事物中一般的东西，不是事物所有的本质特点。

(2) 成人在接触大量事物的基础上，对表象进行加工的思维。

(3) 也称“艺术思维”。“作家、艺术家在创作过程中对大量表象进行高度分析、综合、抽象、概括，形成典型性形象的过程。”①

第一学段，学生处于“理智睡眠期”，主要通过感官获取知识，教师要促使他们从直接经验中受教育。学生的形象思维处于由第一形态向第二形态发展的初始阶段，阅读教学必须依据学生的身心发展规律，通过大量生动的形象，采取直观的方法实施个性化阅读。“按照学生的年龄，采用正当的方法，智性不被强迫去做天性所不倾向的事情”，这样，“步随自然的后尘，我们发现教育的过程会来得更容易而且快意”②。

本人自 2007 年 9 月起承担全国教育科学“十一五”规划教育部重点课题“教育实验与课堂教学变革研究——中小学语文个性化教学实验研究”子课题实验教学研究。子课题名称：小学低年级儿歌、童话、寓言个性化阅读教学及形象思维的发展研究。

子课题的立项是《义务教育语文课程标准》的衍生，把儿歌、童话、寓言个性化阅读教学和形象思维的发展结合起来，两者关系密切。前者是显性的，后者是隐性的；前者属量化积累，后者属质变提升；前者是手段，后者是目的。

个性化阅读教学在于教师的承旧思新，学生的个性化阅读也因此锦上添花。基于这样的认识，便有如下的实施过程和措施。

---

① 摘自“科普中国”科学百科词条：形象思维。

② 【捷】夸美纽斯：《大教学论》，教育科学出版社，1999 年。

一、朗读的别径

语言的训练就是思维的训练，整合语文和音乐学科知识的阅读教学方法，使诵读活动课快意地达到了预期要求——背诵，兼及思维的训练，体现教与学的有效性。另辟蹊径，使阅读理解深化、背诵轻松愉快。

每周有一节诵读活动课，我为给学生准备生动有趣的教学内容、活泼多样的方法，费了不少心思，采用各种形式的竞赛读、师生互动等，十八般武艺使尽，到了要求背诵的时候，学生的学习热情已被耗尽，疲惫不堪，只有无奈和应付了。课时有限，要求学生熟读背诵，对低年级学生来说,难度的确很大。为了较长时间吸引学生的注意力，我在网上找了许多精彩故事让学生听，当作认真朗读的奖励，一是激发阅读兴趣，二是学习规范、正确的朗读，三是进行朗读审美熏陶。在选择儿歌《小白船》作为教学内容时，我找到了新的突破口：一种利用音乐进行阅读的方法，既能消除反复朗读的疲劳，又能使学生快乐背诵。《小白船》节奏轻快、充满谐趣，朴素直白的歌词蕴含超凡的想象。欢快的旋律加上悠远的意境，吸引了我和孩子们。那节课是这样开始的：

“同学们，今天的诵读课不读文章，我们来唱首歌吧。”

学生们惊喜中揣着疑问，意外地望着我，我继续说：“这是一首儿童歌曲，非常动听，相信你们一定喜欢。不过，我这儿没有现成的歌词，所以，老师有个要求，我放歌曲，你们一边听一边猜歌词，等我们把歌词全部猜完，就能唱了。”然后我把《小白船》连续播放了三遍，学生们全神贯注地听着，歌曲曼妙的旋律紧紧地抓住了他们的心，有的孩子开始用手和着节奏。学生对歌词有了入耳印象，但无法一下子全部猜出歌词，接下来我把歌曲肢解了，让他们比赛猜歌词。我放一句，他们听一句，再猜一句，哪怕是听到一个字、一个词都可以大胆说出来，对猜到的学生给予奖励。学生们尝到了成功的甜头，兴趣越来越浓。大家纷纷说出猜到的内容，然后我反复播放，共同印证。就这样，听、猜、说、印证，学生一边思考一边跟着哼唱，慢慢地，字连成词，词连成句，学生动用他们现有的语感储备，终于组成了整首歌词。

《小白船》：蓝蓝的天空银河里 / 有只小白船 / 船上有棵桂花树 / 白兔在游玩 / 桨儿桨儿看不见 / 船上也没帆 / 飘呀飘呀飘向西天 / 渡过那条银河水 / 走向云彩国 / 走过那个云彩国 / 再向哪儿去 / 在那遥远的地方 / 闪着金光 / 晨星是灯塔 / 照呀照得亮 / 晨星是灯塔 / 照呀照得亮

当全部歌词完整地呈现在黑板上时，他们都痛快地长舒了一口气。然后，我让学生依照歌曲的节奏朗读歌词，这种新奇有趣的读法促使学生进一步熟悉歌词，当我让他们再动情地朗读时，他们自然而然地随着音乐入情入境地读起来。儿歌语言明白晓畅、音韵谐美的魅力在他们的内心激荡起了阵阵涟漪，稚嫩的童心已插上了神奇的翅膀，随着想象遨游在浩瀚的宇际。当我问能不能闭上眼睛一边想象一边试着背下来时，没等我起头，他们就迫不及待地朗诵起来，那一张张笑脸上洋溢着激动和欢悦。而我再问读了儿歌有什么体会时，他们的形象思维竟显现出奇异的光芒：

生1：我想起了以前背过的儿歌。

生2：弯弯的月儿小小的船，小小的船儿两头尖。我在小小的船里坐，只看见闪闪的星星蓝蓝的天。

生3：我觉得自己好像坐在弯弯的月亮上荡秋千。

生4：我看见了可爱的小白兔在嫦娥仙女的脚边吃青草。

生5：我觉得桂花树的花特别香。

生6：我好像坐在小白船里，在银河里飘来飘去的。

在最后一次播放乐曲时，学生们情不自禁地和着唱着，在歌声中结束了这次特殊的诵读之旅。再看他们的神色，不见丝毫疲劳，只有兴味盎然，只有欢悦，只有收获。余音缭绕之际，我不由得感慨万千：音乐让朗读如此美丽！兴趣让朗读如此华彩！

杜甫的《江畔独步寻花（其六）》："黄四娘家花满蹊，千朵万朵压枝低。留连戏蝶时时舞，自在娇莺恰恰啼。"诗句所配乐曲欢快悦耳。我如法炮制，让学生猜出歌词后，一会儿跟唱，一会儿根据古诗的音韵吟唱。当学生能背诵时，我让他们想象并结合诗句说一说黄四娘家周围怎样美丽。学生的想象徜徉在一千多年前，成都江边黄四娘的家园，那里繁花似锦，莺歌蝶舞，江水淙淙，好一处绝胜春景，令人流连忘返。杜甫通过优美诗句传达他偶见妩媚春光的欢快心境，学生也在阅读和聆听中尽情体验。

课堂气氛轻松活泼，猜、读、背、说四环节，流畅自然，一气呵成。兴趣贯注全程，音乐加盟，美的声音产生美的形象，背诵水到渠成。《小白船》中有些词语很容易引起孩子们思想和情感的活动。诸如：蓝蓝的天空、银河、小白船、桂花树、白兔、云彩国等词语，既能通过想象在头脑中构成一幅美丽的图画，又可以使学生联想起关于嫦娥的美丽传说。同理，《江畔独步寻花》中“花满蹊、千朵万朵、压枝低、戏蝶、时时舞、娇莺、恰恰啼”等词语涉及的具体形象，不仅使学生体会到诗中的绘画美，还感悟到作者喜悦的心情。时下的综艺节目《经典咏流传》也必然成为课堂教学资源，美诗文、美乐音、美画面无疑是激活儿童形象思维的高级审美要素。学生脑海中由词生景，由景生情，进而身临其境，其形象思维在快乐的学习中无声前进，于无形中得到发展。学生的感悟表明，他们开始在一定量事物的基础上，对表象进行加工，但只能反映同类事物中的一方面，这就是阅读教学中为什么要尊重学生的自主表达和独特体验的原因之一，这是由儿童特有的形象思维决定的。他们的话是“诚实的自己的话”“主观的情思和客观的景物糅合”①，具有生命的灵性，就是个性化的创造，是形象思维发展的明证。

二、生活处处有儿歌

自编儿歌养成习惯。陶行知认为：生活即教育，社会即学校。生活中，有无数教学资源。从生活中来，到生活中去。鼓励学生阅读经

① 叶圣陶，《叶圣陶散文》，内蒙古文化出版社，2006年。

典名著，此外还要从生活中寻找教学资源，引导他们关注生活、学习生活、抒写生活。

许多来自生活的儿歌是为儿童创作的、适合儿童唱的歌谣。它适应儿童形象思维发展的初始阶段，儿歌篇幅短，内容精，语言晓畅明白，句子押韵，读来朗朗上口，特别是那些采用拟人手法，语言风趣幽默，想象大胆，情节有趣的故事性儿歌，是儿童最喜欢诵读的。从一年级入学教育开始，我就利用自编的浅显的儿歌对学生进行习惯培养，如：

环境保护教育篇之《家》：爸爸妈妈是我的家，校园教室是我的家，垃圾桶是垃圾的家，整洁环境是我的家，美好心灵是我的家。

安全教育篇之《课间》：下课啦，休息好。轻声语，慢步走。上下楼，右边走。不爬高，不脏手。你推我，闹不休，事故隐患在后头。你文明，我安全，我们都做好伙伴。

读书习惯篇之《读好书》：读好书，有“五到”。看准字，是眼到。手指字，是手到。朗声读，是口到。认真听，是耳到。善思考，是心到。眼手到，字不跑。口心到，文章妙。

队形队列规范教育篇之《一二歌》：一二一，左右左。两臂——摆直，两腿——抬高，两眼——向前看。

队形队列规范教育篇之《立正歌》：稍息又立正，向右要看齐。向右看，横排成直线。向前看，纵行成直线。口号响亮，我健康。队伍整齐，我真棒！

学拼音鼓励学生仿编顺口溜。如：zì——写字写字zìzìzì /生字生字zìzìzì；cì——刺猬刺猬cìcìcì /刺猬睡觉cìcìcì；sī——小蚕吐丝sīsīsī /一根细丝sīsīsī。再如：ǎo——一件棉袄 ǎoǎoǎo /棉袄棉袄 ǎoǎoǎo；ōu——海鸥海鸥 ōuōuōu /雪鸥雪鸥 ōuōuōu；iú——邮票邮票iúiúiú /石油石油iúiúiú。学生借助生动的形象展开联想，模仿例子编顺口溜乐意且容易。每个孩子的思维虽有局限，但是通过交流，老师整合后，以儿歌形式整体诵读，既巩固了所学拼音，又开阔了学生视野，重要的是他们的形象思维借此得以进一步提升。

《三字经》《弟子规》《声律启蒙》以及绕口令都与儿歌有相似特点，教学内容随之豁然丰富。我便以“生活处处有韵文”为话题重新组织了一堂个性化读写实验课。三年级学生对儿歌的学习，不能停留在读读背背上，因为他们具备初步的审美鉴赏能力，要引导他们发现儿歌的以上特点，比较全面地认识儿歌，为写出儿歌打下牢固的基础。当然这是高出模仿阶段的自主创造，对儿童形象思维向更高阶段发展起促进作用。孩子们的儿歌如想象的稚嫩之翼。为使他们小小的翅膀扇动起来，我做了如下尝试。

首先回味品读幼儿时期读过的《捡豆豆》《阿牛骑老牛》《小阳伞》《海娃》《小猫钓鱼》等儿歌。然后听一听、看一看几首动画儿歌《数鸭子》《小毛驴》《一个师傅三个徒弟》，并说说每首儿歌讲的是什么事情。接着让他们欣赏三组不同风格的儿歌：读一读说理教导的儿歌、绕口令以及讲故事的儿歌；想一想、说一说儿歌的内容和特点，再选择最喜欢的一组并说明理由；猜一猜，周围许多人物、动物、植物各自都有什么特点，他们之间会发生什么事情？最后写一写，鼓励学生选择最喜欢的写一首儿歌。

初学习作的学生，语言稚嫩，但写出来的儿歌可圈可点。摘选如下：

全世界劳动者，五月一日同庆祝。乖宝贝爱劳动，自己事自己做。

五一节人欢笑，我帮妈妈把地扫。你擦墙我拖地，欢欢乐乐哈哈笑。五一节洗领巾，我洗领巾把歌唱。爸爸妈妈开心笑，一家一起为环保。五一节老师好，您用知识把我教。有时带病也上课，您是知识大向导。五一节真热闹，你种树我栽花，美化环境最重要。

下课啦，奔操场，欢快音乐真响亮，又伸胳膊又弯腰，我的身体真健康。

这边一丛花，那边一地瓜。花看着圆的瓜，瓜看着彩的花。农民伯伯摘西瓜，女孩过来摘朵花，大家乐得笑哈哈。

母鸡骂小鸡，是个笨东西，让你叫“咕咕”，你偏叫“叽叽”！

小懒猪爱睡觉，一天不吵也不闹，白天黑夜都呼噜，懒猪变成大胖猪。

的确，生活处处有儿歌。学生读儿歌、背儿歌、仿编儿歌。儿歌本身的特点让学生乐读、乐背、乐于自编。

三、想象促进形象思维的发展

多渠道的内容和多形式的想象训练，既丰富人文内涵，又开拓学生形象思维的深度和广度。

童话阅读能促进形象思维发展。二年级学习童话单元时，和学生一起归纳以往读过的中外童话故事，明确了什么是童话。以学习安徒生的《丑小鸭》为契机，以“丑小鸭应该离家出走”“丑小鸭不应该离家出走”分别为正反方辩论话题，一番唇枪舌剑之后，我让学生写一篇想象作文。在写作活动课中，让学生选择几个自己喜欢的词语和图片，发挥想象，编故事。选定一个地点、一个特定的时间、一个场面，全班学生发挥想象，共同续编故事。利用媒体，播放获奖经典动画，播放前、播放中让学生想象、预测故事情节，播放后续讲。

想象和形象思维互为孪生，二者同时启动，同达目的。

四、服从的异解

学生有创新的表达是建立在教师的思维能跳出常规的引导之上，这种引导往往是学生思维飞翔的突破口，教师的个性化阅读教学，决定学生阅读的个性化理解。学生对“服从”一词的异解可见一斑。

学校组织春游，临行前，我走进教室组织学生。“孩子们，今天我们要去南郭寺享受大自然美丽的春光。可是，如果你们不听从老师的安排，不服从学校的规定，擅自行动，就不可能安全到达目的地。如果你们服从了老师的安排，就可以平安地、快快乐乐地享受，所以服从就是一种享受。”我把最后一句话写在黑板上，让学生读了两遍，然后思考：我们服从校规可以享受到什么？

生1：服从学校的规定就可以享受到安全。

生2：服从学校的规定就可以享受到快乐。

生3：服从能让我们享受幸福。

生4：服从可以享受到成长。

师：是快乐地成长吧。

生5：服从可以享受到荣誉。

师：对！你表现优秀就可以被人称赞，得到荣誉。

生6：服从可以享受到健康。

师：你的回答很精彩。

生7：服从可以享受到温暖。

生8：服从可以享受到和平和谐。

师：你们真聪明……

学生回答的同时，我将关键词写在黑板上：安全、快乐、幸福、成长、荣誉、健康、温暖、和平、和谐。我听着学生发自内心的表达，激动不已。这些深刻的思考堪称智慧的启迪。这些词，我是怀着对孩子们的敬意写出来的。“服从可以享受到什么？”这疑问明确了思考方向，“享受”一词决定这是令人愉悦的思考，这是站在自我需求的角度思考“服从”对自我的回馈。对“服从”一词通常有负面联想：被动接受、压抑、惩罚、冷酷、限制自由。“我们服从校规可以享受到什么？”一问反而改变了学生思考时的情感体验。十分钟的讨论，没有枯燥乏味的规定，没有声色俱厉的吓唬，也没有宣布让人不愉快的违规处罚，反向思维把一个冷冰冰甚至令人反感的词语理解得如此温馨而神圣，就是“享受”这个富有诗意的词所起的点化作用，它激发了学生心智中自我成长的希望。这种变换角度的思考，是站在云端的思考，在此，语言借助思维在天宇翱翔。虽然个体的感悟只是一个小的方面，却已然让我们尽情享受逆向思维、发散思维带来的广博，进而证明,学生在多频次形象思维发展的基础上,逐渐走向理性思维。这正是我们期待的。

个性化阅读教学使课堂教学发生了深刻的变化：由于注重激发学生的表现欲，发展学生的个性特长，鼓励学生个性化的体验和表达方式，关注学生的个体差异，积极地看待每个学生，充分肯定每个学生的进步，所以阅读成为学生赏心悦目的享受，课堂成为学生自我表现的舞台。学生对语文课有期待，课堂中能积极思考，踊跃发言，更重要的是学生能主动选择不同的角度去思考，个性化的阅读就能取得非常好的效果。

徐同在《教师在新阅读教学中的角色和作用》一文中提出一个愿景，教师在现代个性化阅读教学课堂中要重塑“十者”角色：读者、设计者、组织者、对话者、促进者、创设者、引导者、倡导者、推进者、策划者。这是为语文教师实施个性化阅读教学铺展的一幅美好蓝图。其中他说，教师是学生拓展阅读范围，扩大阅读视野，发展阅读思维，增进阅读审美情趣，并最终将阅读中的收益转化为阅读能力、写作能力的推进者。作为一线教师，如果真正扮演好“十者”角色，不独是徐同总编说的推进者，其实也是新课程理念下课改的推进者。但愿春色满园关不住，千者万者涌杏坛。

顾振彪老师点评：

覃晓蓉老师的文章分三个部分。

第一部分介绍了她在阅读教学中搞配乐朗读的经验。当然这种经验是可贵的。如果阅读的是抒情性强的课文，比如古代诗词、抒情散文，有的已有乐曲相配，拿到课堂教学中，辅助学生朗读，这不失为一种好办法。有利于学生进入课文的意境，体会课文蕴含的思想感情，同作者进行心灵的对话。正如覃老师在文章中所说，一味地让学生读、读、读，可能令学生厌倦，从而讨厌读。现在打破这常规，放点音乐，给学生新鲜感，岂不更好？不过，大量的课文是没有音乐可配的，这还要教师想办法激起学生阅读的兴趣，增强学生阅读的能力，指导学生好好读。

第二部分介绍了她指导学生读儿歌、写儿歌的经验。正如覃老师在文中所说，三年级小学生处于形象思维发展的初始阶段，这时期，他们的形象思维只反映同类事物中一般的东西，而不是事物的本质特征。因此，指导这时期的他们读儿歌、写儿歌是最恰当不过的了。读儿歌，主要要求学生读得正确、流利、有感情。在读中发展学生的语言能力和思维能力。在读的基础上，引导学生写儿歌是水到渠成之事。学生大量地读儿歌，读多了，难免跃跃欲试，自己也模仿着写一写。教师加以指导，让学生懂得儿歌的基本特点，大致的押韵方法，写起来就不会手足失措了。覃老师的教学所取得的成功证明了这一点。顺便提一句，读儿歌、写儿歌可以搞得规模大些，可以多搞几次。

第三部分介绍了她培养学生逆向思维能力的经验。这种经验也不错。我只想多一句嘴,对这类事,一定要站在辩证法的高度,考虑周全。比如“服从”一词,先要说服从什么,对的才讲究服从,不对的就不能服从。这篇文中讲的其实是服从学校的规定,当然不能讲条件,一定要服从。但对有些不对的事,就不能无条件服从了。不知以为然否?

有“巧”亦成“教”

——谈作文个性化教学的随机性

语文教学和与之相随的作文教学过程中，有许多未知的突发因素，它们常常是教师上课前或备课时所始料未及的。对此，有人忽视，有人回避。其实这是一个绝好的丰富、生动、深入教学过程的机会，抓住它进行合理有序地调整，使之变成一种新的作文教学资源，会收到意想不到的效果。机会指有时间性的有利情况，抓住机会就能使事情向更好的方向发展，其意为“时机，机缘”。关于机会，古今一理。莎士比亚说:“好花盛开，就该尽先摘，慎莫待美景难再，否则一瞬间，它就要凋零萎谢，落在尘埃。”张九龄关于时机说得更简洁：“机不可失，失不再来。”他们异域异时，认识殊途但意味相同，机会在变化中产生，获得的概率极小，一旦抓住，则能见成果。可见抓住机会改变当前情势的重要性。课堂由教师和学生共同参与对话，思想情感在对话中不断变化，动态中自然会有无数因思索积累的机缘，与课堂外部不断变化的环境联系，产生很多好时机，从而时来则动，为课堂教学服务。

抓住机会，要求教学者具备很高的灵敏度和随机应变的能力，灵光一闪绝不放过。它还要求教学者要有开放的大语文教学观，开放的教学思想要不拘泥于陈规和习惯，最重要的是将“以人为本”的教学理念融于其中，时时刻刻捕捉学生在学习情景中各种突出的需要，随机生成一个表达平台，让学生应需要而作文，这样，习作才能顺情而发，才有率真的个性。

一、抓住机会，顺应需要，巧设师生交流平台

作文个性化教学实验两年后，学生在习作时基本能说真话，抒真情，过去的假话、空话、套话等弊端逐渐呈弱势走向，尤其是习作点评方面，学生、教师都能坦诚表达对习作的真实看法，或喜欢，或赞叹，或鼓励，或说不足，或提修改意见，或谈感受，或劝说，学生率性评中见，而且语言风格和表达方式各个不一：有的冷静朴实，有的激情四溢，还有的俏皮幽默，更甚者图文并茂，生动活泼，趣乐相融。

虽然眼前春光灿烂，但新事物必有新问题。一女生向我申述她不同意同学“读文杂感”里的说法，之后又有两名学生向我抱怨，给她习作写点评的同学不认真，由此引发我对学生之间的习作互评、家长对孩子习作的点评、老师对学生习作的点评几种交流方式的思考。一篇习作，学生煞费苦心，拿出来由家长、同学、老师三方“会诊”，结果优点不多，不足却不少，多少会给学生一些压力。学生到底喜欢谁的点评，笔者随机在班上做了一次调查（见下表）。

“点评”情况调查小计

调查人数：64 人

类别	态度	人数	所占比例	喜欢或不喜欢的原因
家长点评	喜欢	8	13%	△不喜欢的原因—— 1. 沿用过去教师评语中的套话、术语； 2. 缺乏热情，无亲切感，语言平板； 3. 只评文、不评人，过于简单，有的甚至用“不好”“不怎么样”一笔抹杀。
	不喜欢	56	87%	
同学点评	喜欢	21	33%	△不喜欢的原因—— 1. 个别人写得不认真； 2. 不了解作者及作者文章的文意； 3. 作者对点评者有不信任感。
	不喜欢	43	67%	
好友点评	喜欢	60	94%	△喜欢的原因—— 1. 相互了解，比较能从对方的角度点评； 2. 相互理解，文字也容易看懂； 3. 即使是批评性意见，也愿意接受。
	不喜欢	4	6%	
教师点评	喜欢	52	81%	△喜欢的原因—— 1. 点评语气亲切幽默，建议轻松有趣； 2. 内容切中要点，能够帮助提高改善。
	不喜欢	12	19%	

从调查表中可以看出，学生毫不隐晦，直陈利弊，传达出自己的习作需要自己信任的人、需要尊重理解自己的人来点评的希望和要求。

反观我们对学生习作的点评情况：

我平时对学生习作的点评，尽量用充满热情的言辞与他们交流，使他们觉得亲切，不足处多以委婉的语气点出，或以小小的建议的方式或以谈感受方式来表述。点评语言尽量幽默，让学生轻松阅读。因学生习作本本与我见面，数量多，时间紧，多数习作不能面面俱到，所以也不能满足学生在他人点评方面的期望。

学生的“读文杂感”难免片面，引起习作者本人的反对意见，也属常理；部分学生习作的自鉴自评大多简单概括，三言两语，且不能认识到自己习作方面的优点，自我欣赏不足；加之一部分学生非常喜欢同学、老师的激励性评语，但对文中的不足却弃之不理，即使好朋友的点评也不例外。

鉴于以上种种情形，我发现学生习作经他人评点之后，习作者还是有话要说，还有表达的需求，所以我想：在自鉴自评、家长点评、读文杂感、教师点评之外，还应有一个让学生再回首梳理习作及多方点评之后的表达平台，给他们加深自我认识的机会，也给他们发表与家长、同学、老师不同见解的机会。故而在本学期之初，习作赏评课之后、新习作之前，要求学生在认真阅读自己的习作和多方评语之后，给自己设置一个与家长、老师、同学交流的板块，并给这个板块冠一个自己喜欢的体现个性的名称。学生很高兴获得了这样的表达机会，纷纷在自己的习作本上设置了评后板块，有的叫“心灵沟通台”，有的叫“师生交流栏”……他们快乐地飞翔在这片自由的晴空中。

为了解答一些勤学好问的学生的疑问，我又在他们的板块后设置了一个“回音壁”。我们以这样的方式愉快地交流着、进步着，我们本真的个性在这里真诚地碰撞着，互相信任着。令人意想不到的是，这种交流方式竟延伸到了家庭作业里。让我试举几例。

刘杰（化名）的“心灵沟通台”：首先，覃老师，我谢谢您，感谢您对我的关怀，使我的习作水平芝麻开花——节节高。这篇习作我的确查阅过资料。为什么选这个题材呢？因为我见同学都对眼保健操不重视，想以此警诫他们。好了，就写到这儿了。拜拜！

附教师评点刘杰《我知道了学生为什么要做眼保健操》：此文有理有据，有说服力。为了解决这个问题，你一定查阅资料了吧？这很好，但愿以后做眼保健操时，你不再是那种漫不经心的态度了。

徐瑶（化名）的“师生交流栏”：我认为老师给我的评价太高了，写了这篇习作之后我觉得很不好，没信心。我发现我写人、写事的习作写不好，想象作文还可以，希望老师让我们多写写实际生活中的人和事。

附老师点评徐瑶《甜甜的回忆》：习文抓住了朋友高博的特点，相貌描写很出彩。事情虽小，但见人品宽厚，不计前嫌，真值得做好朋友。其实真正精彩的句子是你自鉴自评的话语，感情流露是那样真实自然，让读者我感觉很温馨。

张伟（化名）的“心灵沟通栏”：覃老师，这篇习作《我最喜欢的一个人》没有认真修改，语句有些啰唆。可我不知道写一个人的神态该怎么表达，请您帮帮我。还有一点，有些同学写的点评太不负责任，我该怎么对他们说？

回音壁：写人物的神态有如下表达：严肃的表情，惊讶地说：“……”，微笑地说：“……”，红着脸问道：“……”，兴奋地嚷道：“……”，等等。对同学不负责任的点评，你可坦诚地当面直说。这也有我的责任，在这方面，我会向所有的点评者强调，我们共同努力吧！

张伟的“心灵沟通栏”：覃老师，我有一个问题总是解答不出来，就是我的诗写得很乏味，流于表面，不像秦璐那样写得那么深奥，我该怎么办？

回音壁：1. 多看书；2. 不能与她比，你知道“人比人气死人”嘛？3. 你有属于自己的个性；4. 勤于思考；5. 诗写得深奥才是诗吗？

附《对不起，母亲》的教师点评：诗中显露出多么可爱的童心，表达了多么诚挚的感情，作为人类的一成员向地球母亲真诚地道歉。想法真奇妙！

陈佳（化名）的“心灵深处的天堂”：覃老师我觉得秦璐所说的不正确，也不了解我，《爷爷》一文中的事情是我亲身经历的，而她的意思是我编造出来的。

回音壁：相信自己。

附《爷爷》一文的教师点评：吃鱼这一细节写尽了爷爷对孙女的关爱，感人至深。一个深爱子孙、生活朴素的老人形象跃然纸上，简洁的对话、准确的动作和神态描写功不可没。

附秦璐（化名）同学点评：佳佳的这篇习作写的是生活中的小事，爷爷舍不得吃鱼肉，只嚼辣椒油，比较具体，但我认为作文最好写自己亲身经历过的事，那样就会更感人了。

附白杰（化名）同学点评：陈小妹的习作写得有真情实感，尤其是爷爷抽着旱烟，笑着看孙女吃鱼的句子，既感人，又可看出你是个有心的人，写得具体，希望你更上一层楼。

高博（化名）的“快乐驿站”：我的《回家》写得一点也不好，有点前言不搭后语的感觉，不过修改后可能会好些，但这次评选竟然榜上有名。我现在写作文找到了诀窍：那就是作文之前要仔细观察，平时要多留心身边的人和事。

回音壁：一点即通，真是聪明的小鬼头。

附《回家》教师点评：爸爸那“高射炮”在楼上向“我”开火，召唤“我”回家，黑灯瞎火的在楼道里的“恐怖”经历；自然地想起了一个人坐夜车回家途中心惊胆战的事，心理活动真实地反映了一个小女孩在公交车上复杂的心理：担心身上的五元钱被打劫，又有被误认为男孩的有趣。两次回家，一路自言自语，个性化的语言凸显童真、童趣。以后你一人尽量少出门，特别是在那令人毛骨悚然的夜晚。

闫睿（化名）的“心心互动站”：老师点出的缺点也是我想到的，写作文时犹豫了。我想：鹰是广为人知的，不必再写得太具体了。

回音壁：那就大错特错了，因为你的习作题目是《老鹰》，而且是看图作文，它考察的是你的观察力。图上的老鹰一定有它与众不同的地方，如样子、羽毛颜色、眼睛、利爪等。

陈文（化名）的“心灵速递”：谢谢覃老师赐予我“上帝就恐惧……上帝就微笑”的评语，但我知道上帝都会恐惧和微笑的发明一定是像爱迪生发明电灯那样伟大，不过我也会努力让上帝发笑的。

附陈文《我的新发现与发明》的教师点评：你只要一思考，上帝就恐惧，因为他怕你超过他。你只要一行动，上帝就微笑，因为你在帮他改变世界。多思考，勤动手！

苏玲（化名）的“真心话信箱”：我的《陈佳》主要向大家介绍我的好朋友陈佳，但是老师给我的评语是让我修改作文，这点让我非常不满意。

附自鉴自评：刚开始，我对这篇习作十分满意，因为要求的人物外貌、神态、特点描写，我都做到了，所以我很开心。谁知陈文同学《我的偶像》一文写班主任魏老师不光有这些，而且在写外貌、神态时还体现了魏老师的个性特点和思想感情，我就感到我的习作太平淡了，经过紧急修改才好了一点。

附同学点评：陈佳也有很多优点，你应该再多举几个事例，还有关于陈佳的动作该写出来。

附教师点评：全文重点写了人物的“要饭”事例，足见她率真纯情的性格，文中显露出一个极为可爱的“小馋猫”形象。事例中对陈佳“要饭”时的神情、动作没有做精心描写，要不然那才精彩哩。题目可否改为“要饭的小馋猫”？

我们就是这样交流着，无拘无束，随心而写，交换着看法又相互激励，师与生、生与生又多了一个关于“作文个性化”的讨论平台。笔者认为：作文个性化教学决不能忽视个别学生个性亮点的闪现。个别学生在足够表现个性的空间里觉悟早些，个性激发率先些，在某些方面有所突破，这种主动展示个性的行为里蕴藏了学生在某一方面的需求。学生的个性行为表现有可能就是有代表性的，教师应敏感地意识到这一点，以此为契机，以一种学生乐于接受的方法，再次拓宽个性表达的空间，满足先觉悟者这方面的需要，打消一部分学生想做又不敢做的疑惑，唤醒一部分学生朦胧的意识，牵引那些还不更事的学生免走弯路，直奔个性化表达的新天地。我给学生这样的表达平台，是对学生作文个性化的促进，更是希望利用作文这块天地把学生自我认识引向纵深。

二、巧抓阅读情景，妙设话题，激发表达欲望

“学而不思则罔，思而不学则殆。”孔子提倡的读书与学习方法，学与思之间设置巧妙的过渡，合理有效利用文本，引导学生进入深思，达到对课本知识的透彻理解和运用。语文阅读教学中有些阅读情景的生成是由学生应“需”而“文”的最佳时机。抓住它，搭建学向思的过渡桥梁，适时的疑问让学生挖掘课文人文内涵，去生发、去联想、去写作，读与写两者有机融合，语文的工具性与人文性也完全融合。

案例一

学习《鹿和狼的故事》，学生了解了罗斯福下令捕杀狼来保护鹿这一错误决策导致了美国凯巴伯森林的生态失衡，并且知道了狼在生物圈中的重要地位后，我乘势说道：以鹿为食的狼因危及人类的利益和安全，自以为主宰一切的人就想要消灭它。毒蛇、老鼠、苍蝇、蚊

子、跳蚤它们获取食物与人类的健康利益发生了冲突，人类就要消灭它们，要它们用生命作代价。学完这课后请同学们思考一个问题：如何对待危及人类健康、利益的弱小动物？把你的想法写成短文。

学生的习文大多表示了对生命的重视，把人与其他动物平等对待，清醒地认识到人类自身要加强环保意识。一部分学生从以人类自我为中心的思想里跳了出来，这是本次小练笔中激发出来的个性华美的闪光点。请看例文。

（一）

“为什么要让我去好好地待它们呢？它们带来的祸端还不多吗？病从口入，部分也是它们带来的，不是吗？”我心里起伏不定的这些念头反驳着覃老师的那句：“如何对待危及人类健康、利益的弱小动物？”其实这些动物就是让人憎恨的害虫，比如苍蝇、蚊子、虱子、跳蚤等，这些令人恶心的东西。如果真让我对待的话，只有一个选择：让它们消失。

其实我错了，我不应该想让它们消失。也许我这个想法谈不上对待，但也尊重了它们。我的方法是：它来侵犯我时该杀生时杀，平常跟我无关的我不管。你们一定会问我为什么不杀呢？其一，因为人是万物之灵，世界之所以叫世界，因为它有各种各样的生物活着，如果我们将其中任何一方赶走就不能称为世界了。其二，大自然是一个大家庭，任何一环少掉都会导致生态的不平衡，只要自然这个世界的定心丸动摇，人类的灭亡期也就到了。因为假如这些害虫全没了，青蛙也会退化对吧，因为任何生物都会随生态环境的变化而变化，那时也许青蛙倒变成害虫了。青蛙没了，鸟也没了，好多吃虫的动物都将没了，这将是自然界一大亏损。所以我们应当适量减少它们的数量，不能图一时之快，忘了大局，应该去尊重大自然的裁决。因为它们是大自然造出来的，生命所属权应掌握在大自然手中，我们不应擅作主张去破坏。（陈文）

如果有一个出于生存需要伤害你的弱小动物（比如：蚊子，苍蝇）来了，你该如何的待它呢？是无情地杀死，还是爱惜地让它走？

我问过很多人，多数人说杀死，少数人说不理它。不过还有同学居然说要用水泡、针刺、火烧等，像用这种残忍的手段的人我就不说了，他们这样肯定是不应该的，不对的。至于是杀死还是放生，我想说说我的想法。

首先让它走是对的。因为它是动物，我们也是动物，动物与动物之间应该是平等的。我们强大，它们弱小，一个小小软弱的动物能有多厉害。它们只想吃一顿饱饭，对人类的小小伤害迎来的是生命的付出。再说我们也不应该以强欺弱，如果世界上这一类的动物全部都死了的话也会破坏生物链，使更多的动物死亡，最后受难的就不光是我们，也是整个世界。这种情况看起来还很远，但仔细一想，这并不远。

但是杀死了也是对的，如果不杀的话，它们将会不断地繁殖，这样的话我们就将受到威胁，就像那《狼和鹿的故事》，如果狼全死了，鹿大量繁殖，结果森林遭到破坏。像苍蝇、蚊子这些，它们还会传播病毒，一个病人没什么，但一群人呢？这样下来就成它强我弱了。可是它们不懂人类的思想，它们只知道饿了就吃，这样做的话，也该杀。

这样说来，杀也不是，不杀也不是，好像思路有点混乱了。其实有时杀掉一些，有时不杀，这不就结了吗？刚才的杀与不杀都是最极端的行为，保持平衡就行了！还有一个最好的办法就是不要给它们制造生存的环境，注意环境卫生，不就解决问题了吗？（苏玲）

案例二

学完毛泽东的七律诗《长征》后，在写字练习时布置学生认真抄写或默写《长征》三遍。学生王杰（化名）立即说："三遍！抄死都抄不完。"

我立即反驳道："写三遍还不到两百个字，就需以抄死为代价，这困难未免太夸张了吧！我们刚学完《长征》，艰苦卓绝的二万五千里长征，红军战士要一步一步走出来，前面有国民党军队的堵截，后有追兵，要杀出重围，那困难不知有多大。而高低起伏、绵延不绝的五岭山脉在红军眼里是什么？"

众生："是翻腾着的细小波浪。"

师："那高大雄伟、气势磅礴的乌蒙山在红军眼里又是什么呢？"

众生："是脚下滚过的小泥丸。"

师："那红军是把困难扩大了，还是缩小了呢？"

众生："缩小了困难！"

师：王杰抄三遍诗就叫苦不迭，而且以抄死为代价还抄不完，这是夸大困难，还是缩小困难呢？请同学们思考：是夸大困难好，还是缩小困难好？

有生答："夸大困难好！"

有生答："缩小困难好！"

师：既然有争议，那今晚回家思考一下夸大困难与缩小困难哪个想法有利，把你想到的内容写成演讲稿。

结合课堂上突发的情况，我布置了作文，学生的积极性很高。学生在习作中大胆地表达了自己的观点，对于困难有了比较清醒的、正确的认识。请看学生习作例文。

（一）

尊敬的老师，各位同学，大家好！今天我演讲的题目是"藐视困难"。

我觉得，应该藐视一切困难，把困难看作前进中的曲折。伟大的领袖毛泽东和红军在长征中不怕艰难困苦，把困难看作平常事。他在那样恶劣的环境中仍然写出了铿锵有力的诗句："五岭逶迤腾细浪，乌蒙磅礴走泥丸……"在长征途中战胜了重重艰难险阻，最后终于取得胜利。

做任何事都不是一帆风顺的，都要遇到困难。爱因斯坦曾说过："在科学的道路上没有平坦的大道，只有勇于攀登的人才能到达光辉的顶点。"去年，我国的"神州五号"载人飞船发射成功，这是科学家们刻苦钻研、不畏困难的结果。载人飞船，在国际上也只有一两个国家才掌握了这种技术。我们中国人也不畏惧藐视困难，终于圆了飞天梦，使我们的航天事业取得了巨大的成就。如果当初把困难夸大，被困难吓倒，我国的航天事业就不会有这样的成就。

古今中外，许多取得辉煌成就的人，都遇到过困难。他们都把困难看得并不那么可怕，而且勇于战胜困难。

比如张海迪，她五岁时因为疾病高位截瘫，但她后来仍然坚持自学，终于成了我国著名的女作家。

再比如霍金，他十七岁考取了牛津大学，二十一岁时，却患上了肌肉萎缩性侧索硬化症。医生说他只能活两年半，他听后不但不退缩，反而向命运挑战，轻视困难，最终活了多少个两年半。最后，他写了《时间简史——从大爆炸到黑洞》，风行世界，终于被选为皇家学会会员，成为只有像牛顿这样的大科学家才能跻身的卢卡逊数学讲座教授。

我们在学习中也要藐视困难，把它们看作“细浪”“泥丸”，勇敢地踏过去，踩平它！【王梅（化名）】

（二）

中国红军二万五千里长征这个故事，大家也许并不陌生。是的，我也不例外。红军战士爬雪山，过草地，历尽艰苦，击溃了敌人的多次围追堵截，经过福建、江西等几个省，1935 年 10 月到达陕北根据地，这不仅仅是中国史上的一次壮举，也是对我们的一次再好不过的教育。为什么这么说呢？因为红军队伍能够缩小困难，而不是夸大困难，这正是我们今天要说的话题。

困难，每个人的人生路上都会遇到，例如做题时有道题不会、有个很高的东西你够不着，这都是生活中随处可见的小困难；说大点的，好比“神舟五号”飞船研制过程中遇到了困难，假如你是科研人员，你会怎么办？

解决的办法有两个：一是把它视为一个庞然大物，二是把它缩小。

说起来容易做起来难，但并不代表做不到。两个办法两个结果，到底哪个更好呢？就拿长征来说，五岭山脉绵延不绝，但红军视它为细小波浪；乌蒙山那样气势磅礴，可在红军战士眼中就像泥丸在脚下滚过去一样。假如把五岭山脉视为一望无际的大海，把乌蒙山看作插入云霄而不可翻越的陡峭山峰，那后果可想而知。正是这种视困难为动力的精神，才让长征得以胜利。

也许你会说，这些离我们太遥远了。不，其实这种事例离我们并不遥远，我就有一次因为缩小困难得到好处的亲身经历。那次我正在练乐器，有一个技巧把我给难住了，我就想："这个技巧都是人创造的，我怎能被它难倒。不要怕，怕什么，没什么好怕的，为何要害怕它呀？自己为何不敢挑战它呢？相信自己可以。"这时，觉得好像它已经跟针尖差不多大了，于是我又试了一下。果然，经过两三次的练习，我已经可以将它吹奏出来了。不用说，我的挑战成功了。

各位同学，我还是那句话，每个人的人生道路上都有可以让你停步也可以让你明白许多的困难。只要你缩小它，合理地解决它，眼前定会是一条星光大道。【杨梅（化名）】

（三）

面对困难时有人会选择夸大困难，也就是退缩。有人选择缩小困难，那就是与困难战斗。

困难时时刻刻都在，你就得不断克服它，但必须要有勇气正确地对待。困难就像挡在你面前的石头，一拳一拳地击碎它，把它推下山，这样才是最好的。退缩是不自信的表现。爱迪生说“自信是成功的第一秘诀”，如果不自信那你必定失败。虽然人们常说“失败是成功之母”，但你如果不自信，失败一百次也不会成功的。正所谓“志不强者智不达”！

我们都应做志强、志坚、自信之人也。【闫睿（化名）】

“关注人”是新课标的核心理念，其中蕴含“关注每一位学生”“关注学生的情绪生活和情感体验”“关注学生的道德生活和人格养成”。《鹿和狼的故事》与《长征》两文的教学过程中突显出来的德育目标，在一个适当时机对学生的情感、态度、价值观做了一次提升。那就是促学生作人的作文，充分挖掘阅读教学过程中的作文契机，引导每个学习主体在已知的认知水平中展示个性。它更是“教学过程成为学生一种高尚的道德生活和丰富的人生体验”的有效途径，巧设的环节于动态中生成，丰富了学生情感，培植了学生的人文情怀。

三、捕捉机缘，适时体验，解决习作素材

课堂内外连接，必然成就教育佳境，“风声雨声读书声声声入耳，家事国事天下事事事关心。”校园与外部世界从来就没有断过联系，但刻意为之略显生硬，去雕饰的天然衔接更显魅力，那衔接就是千载难逢的神来时机。教师把尽情体验的机会留给学生，融进外部世界，耳中读书声风雨声，心中家国天下事，如热爱自然、人间真情、纯真品性、珍视和平等在学生的表达间荡然涌出。

学习《第一场雪》这篇课文的那天早晨，碰巧就下着今冬第一场

雪，本想这样的巧合一定能帮助学生理解课文内容，黑板上又恰逢有班主任魏老师给学生抄的一首食指的诗《相信未来》，真是天助我也。峻青在《第一场雪》中不也通过瑞雪让我们对未来充满了希望吗？当我把文章的写作背景与《相信未来》糅合在一起，结合窗外正下着的第一场雪进入正题时，发现许多学生托着腮，面对着我，而眼光却落在了窗外，“身在曹营心在汉”形容此时的学生再恰当不过了。看着学生们眼巴巴地望着窗外飞扬的雪花，实在不忍心扼杀他们急迫地想走进大自然的好奇心。自然之景，无须创设，这样的机缘失去了太可惜。其实与其在教室里通过文字感受距今已有42年的那场鹅毛大雪，体会峻青笔下的瑞雪给人们带来的美好希望，还不如真真切切地融进大自然。而在雪中尽情放飞过的心灵，也一定有与人交流、与人分享的渴望。峻青不正是拥抱了那场罕见的冬雪，才热情地写出了《第一场雪》这篇旷世佳作吗？于是决定改讲读课文为习作实践指导课。

师：“同学们，现在我们就置身于2004年冬天的第一场雪，你想怎样去体验它，感受它？要知道，我们的感觉器官有多种：触觉、嗅觉、味觉、听觉、视觉，你如何利用它们？”

生1：“我想听下雪的声音。”

生2：“我想吃雪，尝尝是啥味道。”

生3：“我想看看雪花为什么在房顶上不化，在地上却化成水。”

生4：“我想看看雪花到底有几种形状。”

生5：“站在操场中间，用心去体会漫天飞舞的雪花。”

生6：“用心去想有关雪的圣洁和故事。”

生7："看看雪是怎样融化的。"

生8："我想听脚踩在雪上发出的声音。"

生9："走出去闻一闻下雪天清新的空气。"

生10："我想跟雪来一次亲密接触。"

生11："我想出去和雪说说悄悄话。"

……

学生明确了体验方法和目标后，走进自然，尽情体验，用心感悟。学生动笔习文，把第一自然搬进文章，成为让人感动的第二自然。

冰戒指

陈 佳（化名）

在这个世界里，有金做的金戒指，有银做的银戒指，可你听说过用冰做的冰戒指吗？

这节课我们来到操场体验第一场雪的感觉，同学们像平常一样在雪中跑来跑去的玩儿。我感到很无聊，就四处溜达，谁知这一溜达竟然溜达出一个冰做的戒指来。

映入我眼帘的是一排高低不平的冰凌，定是昨晚下雨时留下的。我突然想起电视里曾经说过，有的冰凌中间是空的，于是我突发奇想，如果用小树枝把它串起来，不是就可以当戒指了吗？

说干就干。做什么都容易，唯独找空心的冰凌不容易，既要用眼睛看，还要用手摸是实心的还是空心。如果是空心的，就要麻利地小心地摘下来，快点串起来，否则化了就白费工夫了。不信你自己看。

我先用手摸摸滴着水的冰凌，看它的空心度够不够标准。忽然，一颗水滴悄悄地顺着我的手流进了袖筒里，那冰凉的滋味让我一阵寒颤。戒指上的“钻石”终于找到了，它挂在房檐上，我小心翼翼地把它拿下来，生怕它出了什么闪失，拿下时我的手里湿答答的，不知是水还是汗，最后用小树枝串起来，然后一系，一个戒指就诞生了。瞧！这两头向外张开，像两朵晶莹剔透的喇叭花，中间被墨绿色的茎枝映得有点发黑发绿，好看极了！我的心里好像藏着一只活蹦乱跳的兔子。

我把它拿给苏玲看，结果被拿到覃老师面前。她小心地戴在无名指上，左看看，右瞧瞧，爱不释手，说：“真漂亮，送给我好不好？”我微笑地点了点头。王凯看见了，立即凑过来张开嘴“呼呼”地吹，说：“它马上就化了。”老师却把手伸过去，让他吹，微笑着说：“它永远都化不了。你们知道是为什么吗？”不知哪个快嘴地说了一句：“这里面包含着师生的情谊。”

我没想到这个戒指里还有这么一段情谊，而这段情谊将我的心染得红红的，久久不能褪色……

札记：写这篇作文之前，我就对覃老师的话感动不已。这篇作文也算是借物抒情。我写的时候就想通过这枚特别的戒指来反映老师与同学之间的情谊，让同学知道老师平日里对我们的苦心。

家长点评：大自然是个丰富多彩的物质世界，它千姿百态，变化无穷，深深地吸引着富有好奇心的孩子。家长应从讲述一些常见的自然现象入手，来激发孩子对大自然的兴趣，培养孩子的观察能力与分析能力，并写观察日记。孩子有了运用多种感官的机会，视野就开阔了，思维也变得活跃起来，并能促进孩子们的抽象思维和创造性思维能力提升。

陈佳平时也很爱玩，对什么都好奇，在不经意地玩耍中能发现和捕捉打动她的美好事物，比如冰戒指和老师的一番话语。美好的事物在生活中，有真情实感的佳作来自丰富多彩的生活。希望陈佳以敏感的心灵多多地挖掘生活中的美。

同学点评：陈佳同学的这篇作文写得非常真实，而且语句通顺，最让我感动的是永久不能融化的师生情。这篇文章把冰戒指写得非常晶莹美丽，也表现出了陈佳同学对课堂活动课的细心认真。（巩平）

一个美丽又精致的冰戒指，是用小作者一颗善良又真诚的心做成的，所以久久不能褪色。作文写得非常真实也令人很感动，希望哪一天她也给我做一个带有回忆的冰戒指。（李杰）

教师点评：陈佳在习作中思路清晰地描述了她制作冰戒指的起因、经过和结果，欢欣之情毫无保留地表露出来。那枚美丽的冰戒指，状如精致的小喇叭，这样的稀罕物，太吸引人了，我一时"贪心"就让陈佳送给我了。亲眼看见那令人爱怜的物件逐渐变小了，化成水，消失了，真于心不忍，后悔不该要来毁在自己手里，还不如让她和学生们细细玩赏。不过，如我不"贪"，又怎么会有习作那令人回味无穷的结尾呢？又怎么会有暖融融的感动呢？看来，得失都是美呀！

一个心灵手巧的小姑娘，个性如冰戒指一样玲珑剔透。习作的不足是"为什么要在操场上上课"应该交代清楚。即使这样，《冰戒指》仍然是来自生活的惊奇。

天使的眼泪

戴　成（化名）

死板的人说："雪是半固体的水。"顽皮的人说："雪是老天爷的恩赐。"我却认为，雪，是天使的眼泪。

今天的这场雪是2004年的第一场雪，也是我2001年后看到的第一场雪。久别重逢后，我再一次感受到了她的圣洁。

雪，是神圣的。她洁白无瑕，一尘不染。虽然没有些许点缀，但仍然是美的。美在无限柔情：悄悄地下，悄悄地离开。来年草木春辉，又有多少人能想到柔雪呢？美在冰清玉洁：万物中，唯有雪与冰最纯净，她们就像天使的眼泪，她们就像一颗颗充满希望的心。

雪，是有生命的，有感情的。我可不是在编童话故事。最近，一位日本科学家用雪的结晶做实验，观察用不同感情说话是否能让它改变排列形状。一开始，他温柔地说："和平。鲜花。"奇迹随之出现，结晶颜色愈发鲜艳，并排列成美丽的形状。科学家见状便吼道："战争！希特勒！"结晶随之变成了灰色，并惊恐地乱撞。

我爱柔情似水的雪，我更爱天使眼泪一般的雪！

秦璐（化名）日记

2004年11月24日　星期三　小雪

今天是今年我们这里第一个雪花纷飞的日子。

我踏着已化的雪，感受雪花落入人间的瞬间，用心去听，我感到静静的，缓缓地，无声无息……看到雪花纷纷扬扬地从天空飘下，看到那楼檐上由雪而形成的冰挂，看到那冻结在树叶上的、花上的、屋顶上的薄冰，我感到一种无言的美。接下一片雪花，闻一闻，清新的、自然的味道。放在嘴里，起初，有冰冷的感觉，到后来，我尝试着去感觉不同的味道。“找到啦！”绿叶上的雪是带着一种涩涩的味道，屋檐上的雪带着一种苦苦的土的味道，雪已和它们融为一体了。

雪是一个不善言语的孩子，不好意思说出自己的心里话，可它用自己的行动表明一切，使我们觉得它更为可爱天真，不得不永远记着它。可爱的孩子，此时此刻我只记得你，想着你，已经和你融为一体，净净的，静静的……

新课标要求：学科教学一定要以人的发展为本，服从、服务于人的全面健康发展。这堂阅读课变习作课的课型的改变正是服务于学生的真正心理需求，巧妙地引导他们了解自己真正需要知道的东西。学习着，快乐着，然后与人分享，习作便应自然而生了。孔子说：“知之者莫如好之者，好之者莫如乐之者。”古今教育是一脉相承的，我愿在作文个性化的教学中，知之，好之，乐之，并努力探索，力争有所前进。

臧博平老师点评：

教学过程中，由于施教者与受教者都是活生生的、有着自己情感的人，因而我们拒绝僵板。在师生的交流中，一节课，也绝不只是僵化地按教师预先写就的“教案”逐步推演。因为它不是“表演”，一切需遵从“导演”的意志，也不是生产模式化的产品，一切需按照预设的“程序”进行，而是常常出现“意外”情况，也即是我们常说的会出现“生成性问题”。对此，有的老师因年轻无经验而手忙脚乱，有的则因观念陈旧而置之不理。于是，课堂上或“乱”了“环节”，或成了一节学生兴趣泯然的“听讲”课，课堂上应当具有的生动、活泼消失了。

读了覃老师的文章我们看到了一种新理念的实践，体会到了一个有事业心、有探究精神也有能力的老师，在这方面所进行的富有成效的探索。你看，覃老师第一个大问题的论述，说明她不忽视学生在自己的教学过程中“生成”的新需要，而且在学生有了需求时，及时调查、适时调整自己的教学方案与方式。学生在作文之后，在受到多方“点评”之后，又有了发表自己意见的天地，与老师有了更深的沟通。而这种沟通，是对学生的思想与作文都是一种更深入的学习和更广泛的提高，而且在沟通中，师生的感情更近了。这对于教师的教与学生的学都是必要的，而且是那么生动活泼！覃老师不视教学为僵死的程式，而是重视在教学过程中对随机性的把握，并从中让教学过程闪现出“以人为本”的光辉。覃老师心中有学生，更有学生的“需要”。

而在第二个、第三个问题的论述中，覃老师抓住课堂上的瞬间反应引出写作题目。适应学生当时心理需要改“阅读”课为作文辅导课的做法，也都显示了教学中的“随机性”，做到了教师心中有学生。它的好处就是：学生写作的需要被激发了，学生的胸怀拓宽了。这样生动、灵活、富有趣味的作文教学又怎能不受到学生的欢迎！当然，这种教学中的“随机性”，对教师而言，诚如覃老师所说：要求“具备较高的灵敏度和随机应变能力”，要求“要有开放的教学思想”“以人为本的教学理念”。其实，它还对教师的学识与驾驭教学的能力提出了更高的要求。因此，教师不能放松学习，不能怠于革新，不能淡化心中对学生的爱。一种新的探索和努力，其基础是教师为推进自己的事业应有的责任心和事业心！我们希望所有课题组老师都有这样的责任心和事业心。

覃老师的文章，是自己实践后思考的总结，对人颇富启示，但以实例的展示为主，如果理论上能有更高、更深的升华，会对人更有理念上的帮助。此外，从文章中所展示的学生习作例文来看，学生在写作上，记叙与抒情的能力远胜于议论的能力（这也不是覃老师一个班的情况，而是较有普遍性）。对于学生的议论能力，教师还是要下一点功夫，使之在有了较明确的观点之后，也能有条理清晰的议论，力争语言也有较通畅的逻辑及表述。

我是你们忠实的读者

——预后评价、关注需求、激活个性

评价是学生完成习作后迫切希望看到的结果，但对教师来说，对于要推动学生个性化作文的引导者来说，评价仅是个起点。既然如此，教师的评价必须预后，就是要考虑到它对学生将来的影响：评语是否会使学生对本次习作做过的努力感到满意？是否会影响学生习作信心？是否会使学生逐渐地对习作产生兴趣？教师应当带着这种预后思想去下评语。要学生不视作文为畏途，关键就在教师的这一念之间。有了它，即使要批评，也会减弱其锋芒。所以评阅作文的过程应当是师生之间感情交流的过程，甚至要作为真诚的朋友，抱着去欣赏而非挑剔的态度去评阅，实际上就是教师要以读者的身份谈学生作文的体会、见解，这会让初学习作者觉得有读者，就会产生成就感。反之，教师如果居高临下地从理论层面作技术分析，如：选材是否得当，立意是否高远，结构是否完整，布局是否巧妙，表达是否准确、生动，等等，这些话语对于刚进入习作阶段的小学中年级学生来说，显得空泛，既无针对性，又不能切中要害。这样的套话只会让学生觉得作文深奥难测，否定性评语还会使之产生莫名其妙的挫败感。那么学生需要老师怎样与他们交流呢？笔者在班上进行了一次问卷调查："你希望老师怎样评阅你的作文？"

反馈回来的内容我归纳成七项：一、93%的学生希望老师真诚地与他们交流，评语要写出老师自己的"真实情感"，甚至要对他们表达的感情"心领神会"；二、92%的学生希望老师认真细致地评阅，要求指出不足，肯定精彩的地方，仅此一点学生需求也不一样，有的希望先指出不足，后肯定精彩处，有的则相反；三、92%的学生希望从老师的评阅中获得新的知识；四、88%的学生希望老师公正公平，不带任何偏见地评阅作文；五、80%的学生希望老师带着愉快的心情宽容地评阅，写出幽默、风趣的评语；六、62%的学生希望老师写支持肯定、鼓励表扬的评语；七、73%的学生不希望老师写连笔字。

从以上七组内容中，我了解到以往在评阅学生作文时，对学生在这些方面的需求缺乏了解，七项不同的内容反映个体不同的需求，而且需求还不是单一的，是多项的，甚至是理智的。个体需求不同，但追根溯源，回到了一个点上，那就是：人。学生普遍重视自己完成习作后得到的认同，渴望从教师的评阅中了解自己，了解自己的情感、认识事物的态度、习作中的价值和习作本身的价值度在有权威身份的教师眼中是怎样的一种存在。所以有人说"习作是学生的精神家园"。的确，调查中学生传达的各种需求确实是他们的精神需求。习作教学强调："以我手写我心"，鼓励学生大胆表达真实的自我。

由此，学生的习作，不仅是文字符号运用得是否精妙的文字群，更重要的是学生一颗颗鲜活、真诚的心，内含学生敏感心灵与世界万物发生碰撞、摩擦产生的火花，它虽然幼稚，却是饱含个性的生命独白。面对承载着生命质量的学生习作，我没有理由不以心换心，没有理由不怀着真诚去和他们交流。那么怎样让这些已有一定生活积累的学生能通过作文发自内心地与老师交流，谈论他们最关心的事，自由地表达他们内心真实的喜怒哀乐？这就需要人文关怀，这种关怀要触动学生的灵魂，引发他们的共鸣，震撼他们的心灵。

为了满足学生这些方面的精神需求，在习作评阅、习作讲评课中，我常常告诉他们这样的话语：我是你们最忠实的读者，因为我总是怀着迫切的、兴奋的心情等待你们的作文本，在你们的习作里，我能读到新奇、美妙的故事；习作中反映了你们内心丰富的感情并时常让我感动；文中强烈的爱憎就像燃烧的火焰，让我激动万分；我还能从习作里获得新的知识；你们丰富大胆的想象力真让我羡慕；习作让我回忆起快乐无忧的童年；你们风趣幽默的语言常使我心花怒放，让我不必花费金钱就能获得最大的快乐，老师谢谢你们。在《第一次感受生命所在》这篇习作里，我这样评阅："太出人意料，也太让我惊喜了。在十岁的年纪，居然思考起生命的意义、生命对人的重要以及生命在于奋斗这些严肃的问题，竟然思考得这么深刻，记得我是二十几岁的时候才认真思考这些问题的，你真了不起！"类似的语言都传达出这样一个信息：老师确实是在认真地、真诚地阅读我们的习作，老师就是我们最忠实的读者。所以，当就"你最喜欢的评语是什么？"在班上问卷调查时，学生就摘录了以上的话语。

改进评阅习作，带着预后思想评阅学生习作后，效果是出人意料的，基础扎实的学生进步很快，他们已经张扬起个性的风帆，兴奋地航行在个性化作文的海洋里。喜欢习作的学生主动把自己的日记、平时的札记拿来要求修改，不爱习作的学生也跃跃欲试，把自己认为不错的习作大胆地在班上让同学们评说，一次次不厌其烦地修改。学生习作内容完全倾向于表达自己内心真实的喜怒哀乐和独特的感受。看到这样的变化，我发自内心地喜悦，不由得思考“我是你们最忠实的读者”这句话里包含的意义，至少它传达出这样四方面的信息。

一、**师生互爱**。听到或看到这句话，学生认为“老师喜欢读我的习作”。这样师生之间的心理距离无形中缩短了，学生会因为老师的喜欢而乐于习作、勤于习作、精于习作。这就是“亲其师，信其道”。

二、**尊重认可**。这句话里蕴含了尊重学生，认可他们的习作的内容。学生意识不到这层意义，但他们能感知自己的劳动成果得到老师的承认，自己在老师心目中有一定地位，会让同学感到他是班级中不可小觑的一员，自信由此而生，便会更加严肃地对待每一次习作练习。所以，教师尊重习作者，即尊重他们的劳动，学生会因此更加尊重教师，最终转而尊重自己和自己的劳动。自尊的人格魅力就形成了。此为“尊其师，奉其教”。

三、**成就自信**。历来是学生被动地接受老师的安排，成为别人的读者。现在一向控制学生的老师成为自己的读者，总是诚惶诚恐地等待评判的自己成了拥有读者的写作者，而这个读者又是那么让人喜欢或敬畏甚至崇拜，这种角色转换使学生获得了自信，它激发学生从一个角落里走出来，让他们在感觉豁然自由的空间里表达自己，展示自己与众不同的个性。这样个性就显示出了灿烂的光环。“敬其师，效其行”，这是融洽的师生关系才能达到的佳境。

四、需求满足。这是需求的满足。学生的习作老师喜欢读，自己的劳动成果得到老师和同学的尊重，老师竟成了学生的读者，这些合力无疑会满足学生的精神需要。“需要是个体发展能力的动因”，个性化作文能力的形成首先要满足学生在这方面的需求。评阅习作时这是很关键的一个环节，老师不得不考虑学生的需要。

希望学生作文个性化就必须要关注学生内心的需求。学生需要尊重，需要认可，需要倾听，需要交流。习作评阅这一环节是师生心灵互碰的最佳时机，教师应抓住机会，预后评价，满足个体的精神需求，一定会促进学生个性的发展。这样我们就能在习作里感受到真实的鲜活生命的表达和表达中显示着真实的鲜活生命的存在。

星萍老师点评：

当前世界教育改革大潮中有三大课题，就是教师、课程和评价。覃老师正是从评价入手，激发学生的内动力，使学生产生一种写作的需求，同时激活了学生的个性，产生了较好的教学效果。“我是你们的忠实读者”，这句话说起来容易，真正做到并不容易，关键在于教师观念的转变。当前课程改革的重要内容就是要改革过去教学过程过分注重接受、记忆、模仿学习的倾向，倡导学生主动参与交流、合作、探究等多种学习活动，改进学习方式，使学生真正成为学习的主人。教师必须具备这种意识，才能从内心中说出“我是你们的忠实读者”，把课堂还给学生。我以为覃老师在这方面做出了可贵的尝试，给我很大的启发。

规范书写　提高学力

——问题成因分析及对策

规范汉字书写是学生学习能力和学习习惯的显现，涉及兴趣、态度、方法、幼儿教育、家庭、记忆力、观察力、理解力、判断力、分辨力等，综合性极强。其中某一方面发展滞后都可能影响汉字的规范书写。教学中发现具体问题如下：

1. 书写兴趣不浓，信心不足，笔顺有误。

2. 书写态度不端正，潦草敷衍。态度决定一切，态度不端正，目的不明是写不好字的。

3. 握笔姿势、坐姿不正确，与意志薄弱有关系。学生无力从一而终，虽然是小学生的共性，但还是有强弱高下之分。这与孩子的成长环境关系密切，家长的认识、书写习惯以及教导方法决定孩子的书写习惯，更与幼儿园提前学习书写汉字有不可忽视的关系，幼儿身心发育状况与书写汉字需要的身心条件不对等，出现抓握笔错误现象就是必然，三四年的错误习惯根深蒂固，致使进入小学三年级的孩子还无法改正，无论提醒多少次都难以改变。

4. 汉字间架结构不合理，反映出学生的记忆观察力、眼手协调能力不够，以及没有掌握正确的方法，如：三年级学生写字前做到“两注意”:（1）注意汉字重要笔画在字中的交叉退让等态势，确保不写错别字;（2）注意字的结构、偏旁部首的宽窄高低大小，确保写好字。教学中忽视“两注意”，就是忽视方法，忽略对汉字基本笔画、重要笔画的认识与准确定位、忽略对汉字结构的分辨确认。“两忽视”导致学生写字时心中无字，所以只能凭空画字，怎能有规范可言？郑板桥因有成竹在胸，成就一代画竹圣手，写字亦同理。

5. 审美意识缺乏，对不同笔画的运行方法没有掌握也影响汉字的规范书写。每写一笔用力一样，形态一样，长横短横一样，横撇竖撇一样，悬针竖垂露竖一样，相向点、东西左右点一样，看不出变化，没有笔画该有的情势，自然就无美无趣。

《义务教育语文课程标准》在写字方面针对第一学段有明确的要求：小学一二年级打好硬笔字的书写基础，包括养成正确的写字姿势和良好的写字习惯；了解汉字的基本知识，能把硬笔字写得规范、端正、整洁；初步感受汉字的形体美，强调要学生喜欢学习汉字，有主动识字的兴趣和愿望。具体落实方法与措施探究如下。

一、扎实准备三部曲

首先培养良好的书写习惯，把“三个一”落实在每次写字练习中，对意志薄弱的学生多关注，多支持，常鼓励。写字姿势，先行规范“三个一”，即必须要做到：第一，胸离桌边一拳头，手离笔尖一寸远，眼离本子一尺远。坐姿规范也很重要，做到：头正、肩平、身直、足安。教师示范，学生照做，教师检查纠正。第二，初写汉字时，先要引导学生知道“上”“中”“下”“前”“后”“左”“右”这些方位名词，然后再进一步告诉学生田字格各条线和各小格的名称以及它的位置，比如:横中线、竖中线、上半格、下半格、左上格、右上格、左下格、右下格。掌握各小格的位置,为笔画的准确安置提供必要条件。第三，引导学生认识笔画,记住笔画的名称,在后面指导学生写汉字的时候，提到这些名称学生就不会感到陌生，并且能快速消化，减轻学生理解的负担。这样循序渐进地做好写之前的准备，为学生规范写好汉字打下基础。

二、笔画与生活结合

规范汉字书写的前提是识字教学，而识字教学要将儿童熟悉的语言因素作为主要材料，同时，充分利用儿童生活的经验，用多种形象直观的教学手段，创设丰富多彩的教学情境。因此，要遵循少年儿童身心发展规律，在写字教学中教写基本笔画，可以将生活常识融入其中，采用多种教学方法，激发和培养学生识字和写字的兴趣，提高识字、写字的能力。

如认识“月”字，教师引导学生记住这个字时分两步走：第一步在黑板上画出象形字月亮的形状，第二步，写出简化“月”字，然后讲解嫦娥奔月的神话故事，那“月”中的两横是夜晚挡住月光的两朵云，也可能是月亮中的嫦娥和玉兔，还有可能是吴刚和桂花树。学生们听得津津有味，这样理解了字义，也记住了字形，写起来自然容易。

如“日”字的第三笔悬空横，要求不占满左右，空出右边一部分。告诉学生“-”代表太阳中的黑子，是温度最高的部分，有十分强烈的紫外线辐射，对地球生物损伤极大，如果这“-”代表黑子太长太大，太阳会把地球烤焦的，人类将无法生存。孩子们听后很吃惊，在懂得了关于太阳黑子的简单知识的同时，也记住了这第三笔的写法。

同理，“目”第三、四两笔如法炮制，说这两笔相当于眼珠的中间部分——黑眼球，只能占据整个眼珠的一部分，否则那没有眼白的黑眼珠会是你的眼睛吗？让同桌相互观察黑白分明的眼珠，学生心领神会，欣然接受。

“见”第四笔学生易与“贝”混淆，告诉学生“L”表示一个人走了很远的弯路，才回到了家，见到了亲人。

“电”第五笔表示电线穿过房屋才能到家啊。针对学生把“L”写得过低过长便可以这样说：电线太长等于是浪费你父母辛苦挣来的钱，不能浪费，所以不要把“L”写得过长。

“车”第四笔悬针竖写的时候告诉孩子，这一竖代表路面要平直，路况好，车行驶才安全，这一笔写不直，就像车在弯弯曲曲、高高低低的马路上行驶，容易出交通事故。而下象棋时，“车”一定走直线，长驱直入。写字要求和生活常识相结合，学生既了解了字形字义，也强调了对特别的笔画的规范要求，学生在拓展延伸的知识中，欣然接受写字任务。

随文识字写字，如学习火车的故事，开始让学生讲述他们见过的火车模样，当讲到座位时，便随机引导学生识、认、写“坐”和“座”

两个字。重点区分不同处。“你上火车找到了座位坐下。”让学生书写，教师板书出两字，告诉学生记住它们的字形以及笔顺，“广”字旁代表房子或天空或车厢，里面是两个人坐在一个土堆上。现在房里房外车子里都有供人休息的地方，那叫座位，随即教写“座”字。然后写“坐”，告诉学生坐下时，最有教养的坐姿就是要把人的腿收回屈膝，不能长长地伸出去，否则既不文雅，也不美观，所以“坐”中的两个“人”的捺要变成点。这种先识字后写字是打破了教材的编写顺序的，丰富了课堂内容，规范汉字书写知识的过程中增加了丰厚的人文内涵，这叫随文识字。

三、发挥学生的主观能动性

1. **一锤定音法**。良好的开端是成功的一半。书写汉字前，要求学生观察，找准位置，能准确无误地确定第一笔在田字格中的位置，再观察重点笔画的位置，然后按正确笔顺依势而下，达到规范书写。

2. **写前“两注意”观察**。注意当前这个汉字容易与哪个字混淆，注意字中哪些笔画容易写错。趣味观察，譬如情景演示。让一高两矮三个学生摆成“大”字，组成“众”字，让学生明白“众”字第四笔要礼貌退让成点，整个字三个部分才协调。两个相同的部首并排放在一起时，前一部分的最后一笔都要变化，如“林”“森”“双”“炎”“焱”等字都是如此。既有如何做人的教育，更有汉字关键笔画的趣味记忆，这样会使学生乐记乐写。观察记忆、定位笔画和部首时，趣味化、生动化、幽默化，使字的形象鲜活起来，达到印象深刻、落笔准确的目的。以编顺口溜或讲简单故事的方式进行强化记忆，使字形在学生大脑中具体化、形象化，经过学生自己的大脑加工的记忆过程，印象更深，记得更牢。

四、汉字情景化

汉字识记和书写由简单独体字向合体字逐步提高难度，笔画的变化规律涉及部首的宽窄高低和特殊笔画的变化，以生活场景的真实再现或以拟人化的人物关系有趣地演绎。

如独体字“身”是一个人的身体的样貌，第一笔表示人体的头部和毛发部分，第二笔表示人的身体的上半身前面部分，第三笔“乛”则表示身体的后背及大腿部分，第四、五、六笔则表示人的内脏——心、肺、胃、肠等，最后一笔“丿”和第三笔“乛”相互呼应，形成一个人走路的态势。教师请一个学生做模特儿，对照孩子的各身体部位进行讲解，并让学生演示走路的姿势。情景演示字形以及各笔画表示的意义，实现生动有趣地记忆和快乐书写，也不易出错。

如会意字（合体字）“看”。教师把手放在眼睛上方演示看的动作，再结合字形了解“看”由“手”和“目”两个部首组成，让学生自己演示看的动作。再如“拜”，左边“手”，做双手敬拜姿势，右边表示敬拜的人要径直（一竖）踏上许多台阶（四横）去恭敬行礼，教师一边讲一边演示。学生容易把右边的四横写成三横，在这里要强调四横表示台阶有很多。“看”上下结构，“拜”左右结构，两部分大小均等。

形声字“课”左窄右宽，“颗”左右均等，“裹”上中下结构，中间的"丿""㇏"要缩短，"彩""创""粼"左宽右窄，"冀""意"上中下三部分宽窄大小均等。汉字部首变化丰富，下笔前一定要引导学生掌握，为规范书写做准备。

五、总结规律编字谜

规律性总是能让知识简易化，运用简易化。比如"手"字部首的变化多，"手"字在左变成"扌"旁，如：扯、拉、提、打、拍等字；"手"字在右变成"攵"旁，如:救、教等字;手字在下变成"夂"旁，如:复、夏、厦等字;"手"字在上又变成"爪"字头，如爱、受等字。规律明了于心，再让学生自编字谜，巩固记忆，为结构规范提供前提，写起来得心应手，不易出现错误。

六、故事激趣改正错别字

让学生针对自己的错别字进行拟人化，想象笔画之间的故事，他们之间有哪些曲折的经历？由错误变成正确的变化故事。用这种方法引导学生反思，当初写错字的思路、不当的习惯，以写作文的方式进行反省，一举多得，加深印象，达到改正错字的目的，促进规范书写。

七、审美引领用媒体

利用希沃白板的田字格，可以完成汉字正确笔顺的动画演示，其中易错、易丢、易混淆的笔画用不同的颜色标注出来进行强调，形象直观，能留下深刻的印象。利用网络资源让学生观看少儿硬笔、毛笔书法入门视频，边看边仿写；观赏古今名家书法作品及评鉴，体会汉字的艺术美、结构美、建筑美、和谐美。学生怀着崇敬的心情来学习，不仅会对书写产生强烈的兴趣，喜爱写字之情油然而生，甚至会对自己未来的学习产生持久的良好期待。

八、声东击西法

这种方法主要是针对个别手眼统合能力弱的学生采取的课外拓展练习，通过游戏、运动、绘画等促进协调能力的发展，行在此意在彼，提高写字能力。这需要学校和家庭长期合作。

九、汉字常规教学和拓展相结合

教师要规范书写，美的示范给学生美的享受，同时掌握正确的写字笔顺，常规教学要扎实有效。每次练习任务少而精，使学生尽快获得成功的体验，保护写字兴趣。评价灵活多样，如书面、口头评价、展示、建议、各种奖励等。拓展介绍文房四宝、关于汉字演变历史和书法家的故事，激发兴趣。

建构规范书写汉字的认识，培养规范汉字的书写习惯，提高书写能力和审美水平，是小学阶段必须完成的教学任务。激趣先行，示范同步，方法指导，认真练习，审美熏陶，持之以恒，终能规范汉字书写，提高学习能力。

体验情感　激活思维

——童话《丑小鸭》文本意义的自我建构

《义务教育语文课程标准》对小学第一学段提出了这样的要求：阅读浅近的童话、寓言、故事，向往美好的情境，关心自然和生命。阅读教学突出学生主体地位的同时，教师以对话者的身份营造富有活力和创意的对话氛围，激活学生的思维和创造力、想象力，使阅读成为开启学生心智和美的享受，成为一个发现和充实的愉快旅程，促使学生自创文本意义。所以“阅读是一种被引导的创造”（萨特）。独立思考、独创构思、扣题筛选、价值观的构筑在文本意义的自我建构中得以巩固。

教学《丑小鸭》一文时我做了这样的尝试。童话《丑小鸭》是家喻户晓的丹麦作家安徒生的著名文学作品，大部分小学生在学前听父母讲过，甚至自己早已读过了。因为学生对童话十分喜欢，又做了充分的预习，在教学时，没有一点文字障碍，在引导学生正确流利、有感情地朗读之后，我设计了辩论环节。

我说:“丑小鸭因为忍受不了孤独,就钻出篱笆,离开了家。可是应不应该离家出走呢?请你们认真想一想。赞成丑小鸭应该离家出走的孩子请举手。”我一清点,只有九个孩子,便请他们走上讲台,组成辩论的一方。随即告诉学生:“他们九人支持正方观点:丑小鸭应该离家出走。你们坐着的五十五人支持反方观点:丑小鸭不应该离家出走。辩论的孩子,要求观点鲜明,还必须在课文中找出依据。现在请正方一辩开始发言。”

正方生1:我认为丑小鸭应该离家出走。因为丑小鸭在家里谁都欺负他,哥哥、姐姐咬他,公鸡啄他,连养鸭的小姑娘也讨厌他,丑小鸭感到非常孤单。

反方生2:我觉得丑小鸭不应该离家出走,因为课文上说“丑小鸭来到世界上,除了鸭妈妈,谁都欺负他。哥哥、姐姐咬他,公鸡啄他,连养鸭的小姑娘也讨厌他”,那鸭妈妈没有欺负他呀,他可以去鸭妈妈那里躲躲。

正方生3:我认为丑小鸭应该离家出走,“丑小鸭来到树林里,小鸟讥笑他,猎狗追赶他”。猎狗看丑小鸭来了,为了保护自己的地盘不受到侵犯,才追赶他而不是要欺负他。

反方生4:我认为丑小鸭不应该离家出走,“丑小鸭来到世界上,除了鸭妈妈,谁都欺负他”,所以,别人欺负丑小鸭的时候,他可以躲在鸭妈妈的怀里。但“天越来越冷,湖面结了厚厚的冰。丑小鸭趴在冰上冻僵了。幸亏一位农夫看见了,把他带回家”。如果没有那位农夫,丑小鸭可能就会冻死!还不如在鸭圈里暖和地变成白天鹅!

正方生5:我认为丑小鸭应该出走。他在家里被亲人欺负,离开家虽然趴在冰上冻僵了，但幸亏一位农夫看见了，把他带回家。如果他不离开家。他还发现不了世界上还有这么善良的人呢！

反方生6：农夫把丑小鸭带回家，要是农夫馋了，就会把它杀了吃了，所以还是待在家里好。

正方生7：我反对反方三辩说的话，因为他是自编的，而且农民既然把他救了出来，为什么还要吃他呢？丑小鸭在家会受到哥哥、姐姐的欺负，公鸡啄他，他的主人也讨厌他，只有妈妈爱他，加上他很孤单，受不到保护、爱护，所以应该出走。

反方生8：丑小鸭不应该出走，因为长得丑没关系，只要多一分忍让，多一分勇气，多一分爱心，就多一分和谐。我觉得它在外面又饿又害怕，有一次都趴在湖面上冻僵了。我们只有一条命，要珍惜。

正方生9：我认为丑小鸭应该离开家，因为课文说“一群天鹅从空中飞过，丑小鸭望着洁白美丽的天鹅，又惊奇又羡慕”，怀着梦想在丁香花开的时候，丑小鸭发现自己变成了美丽的白天鹅。如果他不出来怎么可能知道自己会变成白天鹅呢？

反方生10：丑小鸭不该出走，因为他离开家以后，冬天来了，丑小鸭被冻僵了，万一农夫没有碰上丑小鸭，他一定会冻死的。虽然他在家里会被哥哥、姐姐咬，公鸡啄他，连养鸭的小姑娘也讨厌他，但是鸭妈妈还可以保护他，说不定，丑小鸭长大以后，变成了天鹅，哥哥、姐姐还会喜欢他呢！再说，丑小鸭离家出走了，“来到树林里，小鸟讥笑他，猎狗追赶他。他白天只好躲起来，到了晚上才敢出来找吃的”，那么害怕，还可能受伤。所以，我不同意丑小鸭离家出走。

正方生11：丑小鸭要不离家出走的话，也会被哥哥、姐姐欺负死。

自己出去虽然会有生命危险，但总比在家难受好。我的想法是：宁愿毁在自己手里，也不毁在别人手里。

师：你那句“宁愿毁在自己手里”是什么意思?

正方生11：就是哪怕出去受苦，也不愿被人欺负。

师：你是说人活着要有骨气、有尊严，做自己的主人?

正方生11：嗯，就是。

师：现在请反方发言。

反方生12：不对。丑小鸭不应该离家出走，因为“小鸟讥笑他，猎狗追赶他，他白天只好躲起来，到了晚上才敢出来找吃的”，丑小鸭在家里只是受人冷落，感到孤单，在外面不仅仅是这样，还有害怕，随时有意想不到的事情发生，随时都有可能丢了他的命，太不安全了，我觉得丑小鸭还是不离开家好。

正方生13：丑小鸭在家里被哥哥、姐姐咬，被公鸡啄，这是以大欺小，他会越来越胆小，会变得没有勇气。丑小鸭没有磨炼的话，就无法实现理想。鸭妈妈是不可能一辈子保护他的，鸭妈妈也会老死，他离家出走也是一种好的锻炼。

反方生14：丑小鸭不应该离家出走。我不同意你的观点——让丑小鸭出去磨炼。我觉得丑小鸭出去虽然可以磨炼，但是他万一被别的动物伤害了，或者被冻死、饿死了，怎么办？还不如待在家里，让鸭妈妈保护他，因为母亲的爱是最伟大的，不会允许谁来欺负他的。

……

孩子们的话语太精彩了，我只是摘录了其中有代表性的一部分。

当我点评后不得不宣布双方获胜时，他们竟然毫无芥蒂地悦纳对方，击掌欢庆。《丑小鸭》短短的七段文字，已经与他们心灵水乳交融，而他们的心灵又与生活、社会紧紧相连。辩论中呈现出的灵动思考，让我无法相信他们只有七八岁。对孤独的承受，对亲人以外的压力的思考，对善良的赞同，对美好的向往，对安全的思考，对生命的思考，对成长、勇气、信心的思考，对尊严的思考，对母爱的热赞，这是孩子们与丑小鸭对话中显示出的智慧火花，通过辩论碰撞出耀眼的光芒。

辩论需要依据，本文便是他们打开话匣子的基础。辩论是他们第一次经历，他们觉得新奇、有趣，思维便从这里开始叮叮咚咚地欢畅了起来，不同角度的认识、不同个性的表达又激发孩子们对自己喜欢的内容、认为很重要的情节，主动进行思考、建构，甚至创造了独特的意义。

辩论到此我意犹未尽。还是在“丑小鸭离开了家”这里，我找到一处留白，相信孩子们依凭他们七八年的生活、学习积累，近一年的写作基础，定能在此发挥他们丰富的想象力，改编出一个个动人的故事，尝试完成说与写的结合。所以在另一堂课开始时，把这个想象的权利留给了他们。

开场白是这样的：丹麦童话作家安徒生把丑小鸭离家出走以后的故事写出来了，那是他对你们讲的丑小鸭可以变白天鹅的故事，是他对丑小鸭的同情，对美好的向往。那么你们呢？你们自己能不能想象一下与安徒生写得不一样的故事。假设你们现在都是丑小鸭，你们根据上节课自己的观点想想：丑小鸭离家出走以后还会遇到哪些事情？如果丑小鸭不离家出走会一直这样孤单吗？又会发生什么事情呢？请把你想的内容写下来与安徒生爷爷比一比，谁的故事更精彩？

孩子们饶有兴味，准备好笔纸，凝神静思之后，一气呵成，写出了异彩纷呈、富有童真童趣的小故事。

《义务教育语文课程标准》对第一学段提出阅读教学要注重情感体验，对感兴趣的人物和事件有自己的感受和想法。学生在阅读《丑小鸭》的过程中被安徒生悲天悯人的情怀所熏染，从而他们在自己的想象中抒写了内心的体验：对善良的歌颂，自尊自强的追求，竭力改变自己的命运所做的种种努力，以及他们对和谐人际关系进行的各种设想。他们的心走近了安徒生，21 世纪的稚嫩童心与 19 世纪的丹麦童话作家遥相呼应。如果安徒生读到孩子们改编的一篇篇故事，也该欣慰无比吧！虽然笔触稚嫩，但那些奇特的想象不能不说是一种创造。他们情动于中，行成于思，言表于外，辞发于文。这是学生与文本贴心对话之后，根据自己的生活经验，构建的个性色彩浓重的文本意义。读议结合，融情于文本，解读了文本，升华了文本；读写结合，促进学生形象思维的发展，创造了文本。

每个孩子都在学习《丑小鸭》过程中，体验了从可怜的丑小鸭到洁白美丽的天鹅的情感体验，这从读到议、从议到写的引导过程，扩展了学生吸纳知识的视野和思维的广度、深度。由此，我深信：给学生一口井，他们便是青蛙；给学生一条江，他们便是大鱼；给学生一片海，他们便是鲸鲨；给学生天空，他们便是雄鹰、鲲鹏。附学生习作两篇。

《丑小鸭》故事改编

二年级（1）班　颉扬（化名）

丑小鸭来到世界上，除了鸭妈妈，谁都欺负他。哥哥、姐姐咬他，公鸡啄他，连养鸭的小姑娘也讨厌他。丑小鸭感到非常孤单，就钻出篱笆，离开了家。他离家出走之后首先遇到了一位自称医术高明的美容医师，要拿他做试验，说要免费为他整容，丑小鸭想了想就答应了。整容之后的丑小鸭十分漂亮，可没过多久，丑小鸭又长回了原样。于是，丑小鸭知道自己被骗了，决定先放松放松，长长见识。

丑小鸭后来的生活非常悲惨。有一天，他饥肠辘辘地在小溪边等小鱼吃。忽然，他发现一个猎人拿黑漆漆的枪口瞄准了他，准备开枪，在那千钧一发之际，丑小鸭用尽全身的力气，飞了起来。子弹从他身后飞过，差一点儿就打着了他。丑小鸭没飞多远，它因为体力不支，摔了下来，由于他用的力气太大，又飞得太高，所以摔晕了过去。当他苏醒的时候，感到又冷又饿。忽然，爬过来一只他从没见过的彩色大虫子，是居住在湖边的虫王，丑小鸭非常饿，于是闭上眼睛，张大嘴巴，一口把虫王吃了下去，吃完后，他又晕过去了。不知过了多长时间，等他第二次苏醒的时候，他感到口很渴，于是就去湖边喝水。湖水像一面镜子，映出了一个漂亮的影子，雪白的羽毛，长长的脖子，美丽极了。丑小鸭自言自语地说："这会是谁呢？周围又没有其他动物，难道是我自己？"他又低头看了看影子，说："原来真的是我啊，看来，阳光总在风雨后，经历过磨难才会有灿烂的明天！"

他从湖边向家里飞去，刚到家门口，鸭妈妈就问："你是我的孩子丑小鸭吗？”丑小鸭说:“对啊！”鸭妈妈赶紧开门,和他热烈拥抱。丑小鸭的哥哥姐姐们向他道歉说:“对不起，丑小鸭，以前是我们错怪了你。”丑小鸭说:“没关系，忘记以前的事吧！我们重归于好。”公鸡也说:“对不起。”丑小鸭原谅了公鸡。从此以后，丑小鸭在家里和鸭妈妈、哥哥姐姐们、公鸡、养鸭的小姑娘一家幸福、快乐地生活着!

自鉴自评：我觉得我写得很好，我很同情丑小鸭，所以写了这样一篇作文。

同学的评价：想象力很精彩，能写出一篇这么好的作文，真是了不起。

家长的评价:写得很好，充分发挥了想象力，故事情节也较完整，文中的“丑小鸭”勇敢、机智、大度，被描写得活灵活现。

教师的评价：颉扬聪慧伶俐，毅力强，有恒心，日记写了三年，听他说有十几本了！她的文字表达能力在二年级学生中已算是佼佼者。丑小鸭的故事经她奇特的想象，情节变得十分曲折：首先遇到一个骗子美容师，饥肠辘辘的时候差点成为猎人的猎物，逃命时又从空中摔晕了，醒来又意外地吃了一只奇怪的虫王，等到第二次晕过去又苏醒时，奇迹发生了，丑小鸭变成了美丽的天鹅！丰富的冒险经历让丑小鸭不再是一副可怜样，而是飞回家宽宏大量地原谅了哥哥、姐姐，并和他们幸福地生活在一起。习作者感慨:“阳光总在风雨后，经历过磨难才会有灿烂的明天。”习作语言通顺，思路清晰，故事精彩，引人入胜。

《丑小鸭》故事改编

二年级（1）班　郭梦瑶（化名）

丑小鸭来到世界上，除了鸭妈妈，谁都欺负他。哥哥、姐姐咬他，公鸡啄他，连养鸭的小姑娘也讨厌他。丑小鸭感到非常孤单，就钻出篱笆，离开了家。

丑小鸭来到湖边，请了两只小鸟帮自己做了一个草窝。丑小鸭在湖边种了许多花，心里想："等这些花长大了，我就把花摘下来，送给鸭妈妈、哥哥、姐姐、大公鸡、养鸭的小姑娘。"于是，丑小鸭早上给花浇水、施肥，下午到湖里找田螺和小鱼玩，饿了就吃一些田螺，晚上就在草窝里睡觉，日子过得无忧无虑。不知不觉，过了一年，丑小鸭发现自己变成了天鹅，就把盛开的花摘了下来飞回了家，把美丽的鲜花送给了他们。鸭妈妈问："你是谁呀？"丑小鸭说："我是丑小鸭，现在已经是天鹅了。"大家一看，果然是丑小鸭，高兴极了，从此不再欺负他，一家人高兴地生活在一起。

自鉴自评：我写得不太好，有的标点错了，我要努力改正。

同学的评价：要是鸭妈妈和哥哥姐姐一起问，我觉得才能显得大家都很吃惊。继续为你加油！

家长的评价：希望你能永远发挥想象力，在任何事情上，勇敢表现，发挥你的优势。

教师的评价：郭梦瑶心中的丑小鸭通过勤劳、善良来改变自己和亲人的关系，最后得到了大家的喜爱。丑小鸭变成天鹅后有什么想法、心情，还应该细细想想。

北师大版作文教学策略探究

——以高年级为例

《义务教育语文课程标准》对小学语文核心素养界定为：语感、语文学习方法和学习习惯。这三方面都离不开语言文字的学习与运用。写作实践是核心素养的综合体现。北师大版小学高年级语文教材非常重视学生大量练笔实践，而教材给教师教学留有大量拓展空间，教师个性化教学要呼唤学生个性化独创精神，在此背景下，我开展了作文教学策略探究。

北师大版小学语文高年级学段（9~12 册）教材综述

四册语文教材涵盖 36 个人文主题，由年级从低到高分别是：马、奇观、变化、韵味、水、方法、面对错误、危急时刻、礼物、家园的呼唤；龙、书、角度、真诚、心愿、劳动、尊严、火与光、破除迷信、我们去旅行；高尚、美与丑、母亲河、体育、往事、战争、地球家庭、“岁寒三友”；乐趣、遗迹、英雄、生命、冲突、科学的精神、珍惜、告别童年。随着年级的增高，内容更广、更深、更复杂，同一意义单元文化逐年提升，表现形式也愈加多样化，现代文、文言文中涵盖了记叙文、散文、诗词、戏剧、寓言、童话、对联、说明文、小说、回忆录、报告文学等。每单元有 **4～6** 篇的同主题文章，有群文阅读教学的特征。旨在从独特的角度诠释主题，通过广角度与文本对话、灵活多样的实践活动全面推动学生语文素养的不断提升。

作文教学单元特点归纳：

（一）遵循为交流而写作的心理需求特征。

这一点解决为什么写的问题。

（二）遵循素材来源于生活的写作原则。文本展现生活，有作者的生活、文中人物的生活，学生写作的素材来自生活。

（三）时代感强。如母亲河、体育、战争、英雄、冲突、地球家庭等单元，环境保护、热爱祖国、奥运精神、和平发展的感召紧扣时代最强音。

（四）意义主题鲜明，思想性强。外延广、深、多元，选择范围大。

（五）实践性强，趣味性强。

以上四点是解决写什么的问题。

（六）遵循写作方法先习得后运用的思维训练原则。每单元有金钥匙指导学生如何读写。重在实践。

（七）灵活开放，体裁多样。允许教师以学定教，允许教师创造性发挥和学生自主灵活地表达。

以上两点是解决怎么写的问题。

教材解决为什么写、写什么、怎么写三个问题贯穿在每一单元每一篇阅读教学的显性和隐性目标中，体现于听、说、读、写。

常规训练力显新意

亚里士多德指出：模仿是本能，模仿也是学习的一种方式，能使人得到健康的发展。写作模仿是提高写作技能的重要途径。教学中我分别实践了文体、语句、结构的仿拟。

古诗扩改写成叙事故事；童话、寓言、神话改编为剧本，并表演课本剧。深化对文本的理解，培养追求真善美的高尚情操。

鼓励学生轮流写班级日志，积极关注身边人、事、物，把精彩故事如实记录下来，亮点颇多：如图文结合、文质兼美、温馨告诫、传递爱心、积极回应评点等。班级日志既是学生语言思维的训练平台，也是记录学习生活的记忆库，更是真诚交流、传递友爱、互促成长的心灵栖息地。

绘本积累，选取课内外书中精彩片段、佳句，摘录并配简笔绘画，轮流进行，欣赏交流，快乐积累。

多元评价，经常采取教师点评、同学互评、学生自评、家长点评等形式，评人、评文相结合，促使学生审美、思想、情感、个性共生。

常规作文教学方式灵活多趣，力求推陈出新，生动调取学生乐抒“我”心的原动力。

主题单元教学策略的突破

一、想象力聚合

康德认为：想象力有很强大的力量，所形成的审美意象，具有新的生命力。想象是人类特有的基因，如此，语文教学把针对学生想象力的激发放在相当重要的位置。丰富的想象力、求新求异的思维、灵活多变的思维、深度思考的能力，聚合而成创新能力。“奇观”单元要求对学生进行想象思维写作训练，我设计了一种新的写作方法，让全班学生合作写探险作文，要求把所知的奇观融入探险作文中，人人发挥想象，都获得了锻炼机会。教师提供精致笔记本，成立编辑小组，请班级写作能手崔佳创编故事引子及第一个故事，以后每一次续编经编辑成员修改后，让续编学生誊抄入笔记本。每周分享、点评。全班学生以章回体形式续写了 72 个故事，历时 2 年，近 7 万字。学生凭借大胆、奇特、丰富的想象，创设曲折离奇的故事情节，表达新奇有趣，生活影子嵌入了梦想的种子。主人公活泼机灵，勇敢涉险，战胜了千难万险，展现了智慧及人性光辉。一个令人神往、美轮美奂的魔幻世界，引人入胜。学生都自认为是班级中神奇闪亮的星星，所以这本“书”名为《星际探险记》。这种独特的写作方式是愉快且耐心持久的长途“旅行”。苏霍姆林斯基的思维课主张孩子到大自然中旅行，提出“让鲜明的思想、生动的词语和儿童的创造精神来统治学校的王国”。《星际探险记》就是学生“旅行”的精神王国。

为了掌握准确信息，针对全班 66 个学生开展了一次调查：

问卷调查：你喜欢哪些写作练习形式?

调查项目	续写	改写	扩写	日记	读后感	想象作文	活动作文	仿写
喜欢人数	36	2	2	11	5	65	28	10
百分率	55%	3%	3%	17%	8%	98%	42%	15%

调查数据显示，学生最喜欢具有明显自由发挥特征的想象作文，占比为98%。其次续写占比为55%。其余占比从大到小的依次是活动作文、日记、仿写、读后感、改写和扩写。由此可见，学生对习作自由发挥程度要求比较高，渴望表达不受限制，这是绝大多数学生的心理需求。因此，作文教学就应当针对学生的需求实施相应的教学策略。学生合作《星际探险记》能坚持两年并完成，与学生对想象、续写倍加喜爱密不可分。

二、作文实践学会解决矛盾

让学生进入对话学习的三个维度:文本对话，与教师、同伴对话，与心灵对话，构筑对话性实践。“冲突”单元，灵活性、实用性很强，对话特征明显,主题与生活密切相关,题材从不同角度反映了人与人、社会、家庭、自然之间的冲突。学生从不同侧面理解了矛盾的对立统一、面对矛盾冲突的正确态度和解决冲突的策略后，我引导学生沿读达写。(一)与文本对话——《矛与盾》改写,《鹬蚌相争》续写。写作前对学生进行了独特的想象训练。讨论在什么地方可加什么情节，拓展思维，引导从故事情节和人物形象（外貌、神情、动作、语言、心理）上下功夫，找到拓展关键点（留白）。（二）与教师、同伴对话——解决矛盾实践。写作前通过口语交际处理近期同学之间、师生之间课内外矛盾冲突。提出问题，分析问题，当面致歉，化解矛盾冲突。（三）与心灵对话——写作。写作联系实际，要求学生以书信形式实践解决矛盾冲突，写出事件起因、经过、结果，诚恳反思。针对三个维度对话性摩擦促进学生语言表达、思维、应对冲突、交际能力同步提升。陶行知的生活摩擦教育作用在他者应答中得以体现。

三、多向思维促深爱

“角度”单元，学生学会从不同角度看待问题、处理问题，通过写作理解换位思考、发散思维带来的不同感受，思辨性极强。策略：(1）以“×××，我懂得你的心意”为题，引导学生换位思考，体察他人的好心好意。(2）学生自设题目，模仿《一颗螺丝》进行反思式叙事写作，反映一件事从不同角度进行处理，可以发展成不同结果。要求结合自身经历，运用顺叙、插叙、倒叙方法，然后换角度反思：用相反态度或其他方法处理这件事会是怎样的结果？培养主动追问意识，提高写作热情，发展认知。(3）发散思维训练。以“假如我是……”为题，要求学生想象换角色，合情合理地表达多方面愿望。从多角度探知、培养发散性思维能力，同时引导学生对文章进行深度思考，联系实际探索他人对自己的影响，提升认知水平，进而体会爱，学会爱。正如王阳明所言“知行合一，止于至善”。

四、实践活动与快乐写作

语文教学要体现学生的主体地位，培养创新精神和实践能力。杨斌《教育美学十讲》中凸显学生的主体地位已经上升到学科美学的高度：学科美学就是要凸显学生在课堂上的主体地位，让课堂教学不仅是学生学习的过程，而且是学生不断地“发现和创造”的过程，心灵不断变得丰富和充实的过程，生命不断发育和成长的过程。实践活动能充分突出学生的主体地位，而“发现和创造”的过程就是学生生命蓬勃向上发展的过程。

实践离不开生活，而作文教学要联系学生生活，重观察、重思考、重真情体验，因而实践与写作紧密相关。“体育”单元实践活动，要求学生完成运动会策划案。策划和写作双重实践如下。

活动 1：明确任务。

设计班歌、班徽及说明书、运动员誓词、裁判员和运动员誓词、裁判员和运动员规则、运动员入场广播词、同学刻苦训练事迹、挑战书等。每项都分工合作，由组长收集择优汇总。

活动 2：创设编写运动项目。

口语交际：你知道哪些运动项目？运动会有哪些常规比赛项目？你创设的运动项目是什么？比赛规则是什么？交流过程中，学生思维活跃，争相贡献。比如，瓶子作球拍的乒乓球赛或乒乓三人打，花式跳绳、钢琴跳弹舞（即兴表演）、人肉滑板（贴地爬行）、美声酷跑（边唱边跑）、全能八项（自选八项）、水上摩托（浅水中负重奔跑）、泥坑游泳、前空翻、后空翻等。趣味项目拓展了传统运动会规模。

活动 3：文案汇总。

小组长录成电子版，由我提出修改意见并汇总调序排版，打印成册发给学生。其中魏泽（化名）小组创编的班歌，用心巧妙，热情激励，斗志昂扬，真挚感人。

运动会班歌

魏　泽

你们的汗水洒在跑道浇灌着成功的花朵开放，你的欢笑飞扬在赛场，为班级争光数你最棒，你们挥舞着充满力量的双臂化成美丽的弧线，跑吧，追吧，你们比虎猛，比豹强。

踏上跑道是一种选择，离开起点是一种勇气，驰骋赛场是一种胜利。年轻的我们自信飞扬，青春的气息如同初升的朝阳，蓬勃的力量如同挥洒的阳光，跑道便是我们的舞台，声声加油便是我们最高的奖项！

论何成功，谈何荣誉，心中的信念只有一个：拼搏！萧瑟的秋风，挡不住你们破竹的锐气。迎接自我，挑战自我，战胜自我！我们相信你们一定能行，加油吧，运动员！汗水、笑声、歌声一同展现！青春的脚步，青春的速度，青春的活力，将会被你们尽情体现。

万杉（化名）设计的六年级（1）班班徽精致美观，构思巧妙，寓意深远，引人注目，赢得了全班同学的赞许。

活动 4：分享成果。

学生阅读运动会策划文案，评优劣，谈不足。学生畅所欲言，收获丰实：如团结协作、大胆创新等能力提高；责任心、认真、友谊、慷慨、服务、勇气等美德弘扬。

活动 5：写作。

我引导学生做了“阴差阳错乐翻天”的游戏，游戏训练大家仔细观察精彩细节，为写作做铺垫。选材相对自由，个人、团队在活动中的表现，或其中片段，或自己完成任务全过程及收获等。要求叙事具体，感受真实，详略得当。最后，作文赏评。

此活动听、说、读、写贯穿全程，历时两周，学生共同表达辛苦但快乐充实。热爱、向往运动将持续影响他们，更重要的是发挥了实践使主体重新认识自己和改变自己的强大作用。

五、诗意空间

康德颂赞:“诗开拓人的心胸,因为它让想象力获得自由……诗也振奋人的心胸,因为它让心灵感觉到自己的功能是自由的,独立自在的……”诗歌是一块精神圣地,教师当极力挖掘儿童心底天然的诗意。“心愿”单元发掘了儿童生活中的诗意表达。校刊《你我他》常有我创作的诗歌,以示引领。学生的诗歌在校刊“丝路花雨”栏目中的灵性表达精彩纷呈。关于“诗歌鉴赏与创作”校本课程资源开发,我极尽所能,经典古诗词、现代诗、儿童诗等,纸媒、电媒、互联网等,人、事、物、景等,音、画、视频……凡能寻得的资源都为我所用。

辅导小学生诗歌创作,我认为有几点必须做到。

1. **鼓励模仿,更要鼓励新创**。虽然王国维认为模仿有缺陷,或者说模仿可笑:东坡之词旷,稼轩之词豪。无二人之胸襟而学其词,犹东施之效颦也。但对初学的小学生,模仿学习是可行的路径,且随着积累逐渐丰盈,自然会摒弃模仿,走向酣畅淋漓的个性化创新之路。

2. **不以教师喜好限制学生喜好**。诗词渊薮浩如烟海,正是前人豁达包容的体现。要有开放的胸襟,清高自负、轻贱他人是不可取的,要允许新鲜多样的存在。让任何一种美好情感和风格特点理直气壮地存在,即尊重鲜活生命尽情地绽放!豪放旷达、清新典雅、奇诡朴拙、平直畅达、真诚含蓄……都是美!

3. **呵护兴趣**。兴趣久远,佳作常新。

4. **重视积累**。厚积博采,表达自然新鲜独特,别有洞天。

5. **鼓励诵读**。吟诵可以调动潜藏的热情、勇敢,提升语言感知力、审美能力、理解能力。

6. **鼓励想象**。善于想象是儿童的特质。越呵护越鼓励，儿童精神世界越灵动，作品越精彩。美国19世纪传奇诗人艾米莉·狄金森幻想着《种草原》：

种一片草原吧，去找三叶草和小蜜蜂。三叶草，小蜜蜂，加一点，白日梦。假如找不到蜜蜂，光有白日梦也行。

诗人童心烂漫，在幻想的草原上做个白日梦，想象何其美好！孩子们诗意地行走在成长的路上，何其美好！

现实的一切都是顺应历史的需要而产生的，而现实的需要催生想象。想象是探索未知世界的触角，也是方向。想象和具探索意义的实践活动，其中的不确定性就是儿童的兴趣所在。而兴趣这种非智力因素恰恰是助推儿童写作进步的关键，兴趣萌发的好奇心也是创新的萌芽，因此，更能极大程度地培养学生的创新思维能力。作文教学竭力挖掘学生兴趣写作的训练点和表达的需要所在，探索教材显性目标之外的更多可能性，遵循写作方法先习得后运用的思维训练原则。带领学生到达写的途径较多，如先学后写、先做后写、先玩后写、先读后写、先导后写、以范促写、以评激写、以赛促写、以目标引领写作等。创造性探求新的策略，通过实践证明这是有效提高学生写作能力的教学策略——既形式多样又独特的写作实践。它能给学生提供洋洋大观的表达平台，学生主动参与，积极推进，最大限度地发挥个体潜能，从而唤醒学生写情抒真的个性表达，提高写作水平，激发主动探索的创新精神，促进学生的人格心智正向发展。

我的天空下着诗

“我”的世界

诗歌是诗人独有的精神世界，意象用情感和语言建构意境，与外界同频共振。诸多触景生情诗中，李白“此夜曲中闻折柳，何人不起故园情”，杜甫“露从今夜白，月是故乡明”，张九龄“海上生明月，天涯共此时”，他们与思乡人共振。移情入境诗，如杜甫“感时花溅泪，恨别鸟惊心”，是与多舛的国家命运共振。李白“赧郎明月夜，歌曲动寒川”，与忘情劳动者共振。物我两忘诗，李白“相看两不厌，只有敬亭山”，陶渊明“看云羞对高飞鸟，临河愧对水中鱼”“众鸟欣有托，吾亦爱吾庐”，这是与大自然同频共振。由此可见，诗中的山、水、人、物、情、思全是“我的世界”，是“我”的心之所指与他者共情交流。

《早发白帝城》：“朝辞白帝彩云间，千里江陵一日还。两岸猿声啼不住，轻舟已过万重山。”这时的李白心境愉悦舒畅，行千里越万重山一日而达，只有李白的轻舟才能做得到。千古一“轻舟”，只属于李白。《闻官军收河南河北》中，杜甫忽闻战乱平定，喜从天降，欢欣的洪流冲刷了思乡的愁云，狂喜之下，一念之间，便回到了故乡——“即从巴峡穿巫峡，便下襄阳向洛阳。”数月的行程一念即达，这条青春做伴的回乡路只属于杜甫。李白的轻舟也已逊色，杜甫坐的不是高铁、飞机，简直就是情感时光机呀！

无论是触景生情、移情入境还是物我两忘，诗就是“我”彼时的世界。

发现之旅

敏锐的触角发现美好、欢乐、忧伤、恐惧、愤怒。发现得多，世界就回报更深一层的丰富，生命就获得更广阔的延展空间。李白“仗剑去国，辞亲远游”，从23岁开始远游，“长风破浪会有时，直挂云帆济沧海”，目光所及，沧海之上。杜甫在“收京”后回洛阳，路经新安、石壕、潼关发现男女老幼饱受战祸之苦，《三吏》《三别》把“诗圣”的悲悯情怀推向巅峰。岑参北上发现“北风卷地白草折，胡天八月即飞雪”。而李清照为避金兵之祸，一路南逃，从此开启“寻寻觅觅，冷冷清清，凄凄惨惨戚戚”的悲苦人生。一路行，一路吟，如无发现感怀，哪有我们现在耳熟能详的辞采华章？诗在别处，在“万里路”上，在“万卷书”中，敞开心扉，脚步与之同行，发掘心之所好，栖居在诗意的旅途。

思考之旅

诗歌所显，皆因所见所闻触动敏感的神经而生发。眼前物象联系思想储备系统，产生联想，催生诗意，再勾连语言系统，催生了表达。周国平认为诗是语言的万花筒，诗表达世界和人另一个角度丰富的关系真相，诗歌语言的万花筒展现丰富深邃的生命视界。从物象进入诗歌的思考之旅确实奇妙，如欧阳修闺怨词《蝶恋花》中的“泪眼问花花不语，乱红飞过秋千去”，男人着眼闺怨，奇思异曲一；看花人看花竟然流泪，感时奇思二；看花人问花为什么流泪，人同情花询问对话奇思三；流泪的人与花儿无言以对，幽怨无语奇思四；落花飞扬，兀自随风布化，零落秋千外，无意搭理问花人，无奈落寞奇思五。作者借花自喻佳人自伤，起文特异的构思，层层细腻的思绪，被捕捉得无处可遁，此两句意境丰盈，思之深远。思浅则文薄，思幽则文厚。

简约之旅

简约主义源于20世纪初西方现代主义。相比之下，我们的诗歌源头《诗经》成书于东周，语言突显的简约风格要早两千多年。周国平认为写诗是一种练习把话说得简洁独特的方法。诗歌注定简约，当然要去繁除杂，存精去冗，直陈要核，简化即锤炼，以最少的语言蕴含最深的内涵，这需要很高的语文素养和长久的实践积累。简约是创作艺术的较高境界。视觉空间越简，思想越能自由驰骋。古典诗词是最好的印证。《上邪》:“山无棱，江水为竭，冬雷震震，夏雨雪，天地合，乃敢与君绝。”山平、江枯、冬雷、夏雪、天塌地陷才分离，谁都明了，在当时这是不可能出现的自然现象，看似粗而简的语言文字，却是青年男女之间恋情浓得化不开的坚贞誓言。而诗中五种假设又撑开了丰富而磅礴的想象空间。在想象中品味，一定能获得震撼人心的力量。“删繁就简三秋树，领异标新二月花。”清空杂芜，就能装下更大、更多、更新的东西。这岂不就是简约的精华！

诗歌足够长寿——这种浓缩的精华一直绵延有史记载的上下三千年。

接近灵魂之旅

“言为心声”，相比其他文体，诗距离灵魂最近。不仅在形式上，其内涵更能体现这一点。一首诗堪比裸露的园林，消喧排噪之后肝胆相呈，以最精练的内核坦诚面对游历者，就像太阳的光芒，直达人的肌肤，温暖心扉。因此，诗歌是语言的赤子。有人认为诗是喂养灵魂的，我深以为然。“粗缯大布裹生涯，腹有诗书气自华”，饱餐诗书即成精神贵族。泰戈尔认为教育的目的应当是向人传送生命的气息。其实，诗歌自带生命质感，自带教育特质，接近诗就如沐浴在鲜活的生命中，被感染，被教育。读诗、写诗都是试图揭开表象接近作者和自己的灵魂之旅。

童年是人一生的春天，童诗则是儿童最赤诚的灵性表达，走进童诗，鲜活的生命气息迎面而来。校园第五届诗歌节落下帷幕，一首首浸润灵魂的童诗在眼前灼灼闪耀。诗句背后是生发出的丰富的联想，随人而异。诗从外部景象写到内在感悟，显露了孩子们的审美要旨：语言美，人情美，景象美，足见作者思虑深，感悟透。想象和逐渐丰富的认知使儿童的诗歌趣意横生。成长是消除残缺、魔怔、危机的不二法门，诗歌催生灵魂洗尽铅华，成长真好！下面精选几首，可见纯真性灵。

王润泽（化名）的《袜子》：妹妹有双新袜子 / 袜子里装着她的梦 / 睡觉时 / 她穿上袜子 / 做梦时 / 梦从袜子里钻出来

新袜子里装着梦，梦随着妹妹的足迹行走、飞翔。王润泽安放梦的方式奇异，希望保持一朵独一无二的花的姿态。

王妤（化名）的《袜子去哪了》：迟到了 / 就要迟到了 / 可是袜子去哪了 / 去给芭比娃娃当睡袍了？不是 / 藏到沙发下捉迷藏了？不是 / 坐着弟弟的汽车旅行了？不是 / 噢！我明白了 / 它一定是害怕迟到 / 逃跑了

小诗展现的情景好逼真！迟到了，找不到袜子，那一刻的胡思乱想比飞还快速。欲进又欲退，矛盾心理真实可感，孩童那抓狂的形象瞬间流出诗语，急中生趣，趣味中又拓出一个丰富的童话世界。生活中的诗意竟被孩子演绎得如此动人。保持细致入微的观察力和天真烂漫的想象，能养出敏锐的触角、深邃的思想、美好的期待。

董啸（化名）的《上课铃声》：她是一个 / 无形的清洁工 / 总是 / 喜欢把在操场上嬉闹的学生 / 扫进自己的“簸箕”

周国平在《人生哲思录》中写道：“人们往往把朴素误认作浅显，又把华丽误认作丰富。”董啸的诗语无疑朴实，但却无法看出浅显。上课铃声响起的一刹那，孩子们向教室疯狂奔跑，倏忽之间消失在操场，如清洁工干净利落的清扫。把上课铃声比作无形的清洁工，把教室比作簸箕，声音与形象互移（移觉），比喻、拟人奇诡独特，想象别出心裁，朴素而丰富便水到渠成。这种神来之思令人叫绝。

王字（化名）的《微型宇宙》：我家就是一个微型宇宙 / 妈妈是金星 / 常年被温室效应笼罩 / 所以脾气很暴躁 / 爸爸是木星 / 虽然离我较远 / 但在他的位置 / 可以观察妈妈与我 / 我是一颗不起眼的星 / 但我相信迟早有一天 / 我会散发出耀眼的光芒 / 照亮爸爸和妈妈

家就是一个小宇宙，初读因为作者的奇思妙想不禁莞尔。宇宙行星他了解一些，家人性情他了解一些，二者巧妙结合，就有了生花效果。孩子敏锐，善于捕捉，善于感知联想，抓住刹那间奇异灵性的思考，就有了诗意。平常与当前联系，思考就显得不同寻常。王字平时就是开朗幽默的性格，诙谐的语风就真是文如其人。承享父母的爱，有信心成为光耀的星星，有反哺感恩的情意，定能做一个有责任心、能担当的男子汉。文思动人！

姚一（化名）的《口罩》：太阳听说有新冠病毒/忙扯了一片白云当作口罩/天空急了/找了一片最大最大的蓝布当口罩/夜空觉得自己的黑口罩不好看/便找来星星和月亮做装饰

新冠病毒带来的恐慌肆虐全球，巨大、各异的口罩下是满满的求生欲，作者时空视角宏大，拟人化的宇宙与人间生活情境天地相融，时、景、事、情勾连巧妙，想象奇特，令人叹服。

李瑜（化名）的《补衣服》：我去天水湖/赏景/突然/看见一只大鹅/把湖的衣服/拉了条长长的口子/湖没有生气/叫风把衣服补好了

一“拉”一“补”使读者眼前展开了一幅和谐轻灵的画面。恰适的动词，可化平淡为神奇。一字千古的诗句譬如：贾岛的“僧敲月下门”的“敲”，让诗的灵意顿显；王安石《泊船瓜洲》中“春风又绿江南岸”，因诗中用了“绿”字而使江南生辉；毛泽东的《沁园春·长沙》中“鹰击长空”的“击”，“鱼翔浅底”的“翔”，让鹰和鱼具有了人的灵性，形象鲜活，妙趣横生。锤字炼句需要多年功！“湖没有生气/叫风把衣服补好了”一句，风过湖面皆是波，像极了密集规整的针脚，情态形象逼真，妙句！大自然万物之间的交流很奇异，而且各自都有“补衣服”功能。你来了，留你一片空隙，即使蹭破一道口子，你走我便自愈；他来了，交流不冲突，互补平衡，生气循环。作者观察思考，诗意想象中印证大自然存在的规律。自然就是老师，无言，让聪慧者敏悟。

张悦（化名）的《被罚站的星星》： 我站在地球上 / 望着深邃的星空 / 突然 / 一颗小星星引起了我的注意 / 它在很远很远的地方 / 一个人孤零零地站着 / 我想 / 它一定是犯了什么错误 / 被银河妈妈罚站“墙角”了吧

孩子面对浩瀚的宇宙还是安心的、好奇的，“银河妈妈”的称谓呼出家的温暖。孤零零的小星星，被银河妈妈罚站，被观察者同情，同时读者会有更多联想。事物、作者、读者三方联动，作品应该是有生命气息的。陌生的外太空与熟悉的生活相关联，想象就产生了奇异的化学反应，远古神话故事可以证一二。

杨凯（化名）的《遥控器》： 小的时候 / 我生活在 / 慢放镜头中 / 大人的叮嘱 / 只有慢点慢点 / 等长大一点 / 我生活在 / 快进播放中 / 大人的催促 / 变成快点快点 / 我觉得 / 肯定是遥控器 / 坏了

诗中写的是个人成长经历和感受，事实上这是每个人的成长实录。从襁褓里走出来的孩子渐渐强大，父母的心态也随之发生了变化，从呵护到鼓励，从怀疑到信任，从扶助到放手。就如诗中从“慢放”到“快进”的变化，前两小节鲜明的对比，两个极差，极度违和，所以才有了后文。“遥控器坏了”的断语中，虽然有孩子不能理解的为父母的心意，但社会中又充斥着真真切切需要修理的功利“遥控器”。孩子的小诗无意间反映着大事件。童心老成，笔下有力。

王霏（化名）的《糖果的故事》：傍晚的夕阳像一颗巨大的糖果/天空就像一片糖纸/糖果终于耐不住热/慢慢融化在了河里/随着河流消失得无影无踪/只留下了一片漆黑的糖纸/和在糖纸上星星点点/发着光的零碎的糖渣

这首甜甜的诗，源于王霏借想象对傍晚和星夜的熬制。夕阳及斜阳坠落、天空及夜幕渐临、繁星及星光闪耀，都是悦眼悦心的存在，作者用恰巧的比喻把这些事物和现象化为一个时空流动的故事，都与糖有关联，可见孩子对美的体验等同对糖果的偏好。没有不喜欢糖果的孩子，但唯作者在诗中如此联想，形状、温度、颜色、光线，还有读出来的味道，呈现丰富的甜美。用心，独特。

教学如诗

我的世界，亦是发现之旅，思考之旅，简约之旅，创新之旅，接近灵魂之旅。

早年读到宋朝柴陵郁禅师的《悟道诗》："我有明珠一颗，久被尘劳关锁；今朝尘尽光生，照破山河万朵。"其中禅意，当时一知半解，只觉颇有灵趣，钟爱至极。反观我近三十年的教学轨迹，恍然觉察，竟与之暗合，一意独钟诗里的变、灵、活、新。"花前花后日复日，酒醉酒醒年复年。"[①]

① 【明】唐寅《桃花庵歌》。

教学工作在许多人看来简单枯燥，多年如一日，到最后烦不胜烦。其实不只教学，所有行业如不涉新，不求变，结果都会如此。所幸认识教师之始便无那样消极的心理，反而崇敬有加。教师多么伟大！把一个个天真烂漫的孩子变魔术般教成了知天地、懂人伦的社会人，这层光环我一直自戴在头上。因为崇敬所以喜欢，因此想做得更让自己中意；不想乏味，所以不停涉新；教无定法，所以敢灵活求变；不断寻求教学中的乐趣，不断体味其中的奥妙，所以诗情画意满生涯！

“老生不打诳语”，肝气郁结处常能绝处逢生，缘于儿时读了《西游记》。唐僧师徒四人历经八十一难，逢凶化吉，全是解决问题的经典案例。悟一回事，做则另一回事，但大气化小气，小气化没气，可以做到。旧路不愿走，单独辟蹊径，兴趣更浓。一览众山小，抬头望星辰，痴嗔亦无悔。

这一个角度，值得回眸一望。教学味如五谷，酸甜苦辣辛各味杂陈，滋养教者灵魂，说的就是教学相长。教师借助语文帮助孩子建立一个完整的“我”的世界框架，这个完整的框架可以比作厚实的大地，需要楼群的地方建高楼，需要沟通的地方建桥梁，需要五谷的地方开辟田地，在合适的地方出现草原、高山、河谷、大海，在适宜的时候出现风雨雷电，云雾霜雪……这个框架里不包括所有事物，而是指所有事物产生的可能性条件，如大地一样坚实的地基，精神需要丰厚的营养。栖息在语文丛林的诗歌，显示语文教学的独特魅力。教学亦如诗歌，充满诗情画意，令人流连忘返。诗歌的最高境界是“笔落惊风雨，诗成泣鬼神”，追求创作的终极才华。我以为教学的最高境界是春风化雨，厚德载物。育如春风化雨润苗催果，培养德才兼备的莘莘学子；厚德应如感动鬼神的诗歌，不驱之，反而感而化之。所以二者相通。教语文，学语文，用语文。以下是下水诗文，学以致用，以期引领学生。

学拟古韵

（一）

三尺春秋一世圆，四方稚子流水欢。

尺牍内外相扶长，仁德俯仰庆余年。

（二）

熠熠星光豆芽稀，妙龄咿呀万千疑。

稚气蹒跚鸿蒙来，偏学太白释天地。

（三）

舞笔弄粉入杏坛，技艺捧着文道来。

初心循律润童心，倾情托举催栋材。

（四）

钟灵异秉朗月星，冬冰欲闻夏虫吟。

纵然化蝶拼到蛹，几山几水几重行？

（五）

一生一世一情意，一书一笔方寸地。

一粥一饭谁赐予？一天一地一良知。

（六）

三秋树上芜杂空，枝头摇待春芽涌。

探微索源幽籁底，豁然浮游天地中。

（七）

冬苗拱雪静候仰，笑送蜿蜒千山苍。

不愁涡旋瀚海尽，直上碧落云霞光。

（八）

莲开不拘一荷塘，拔节听风竹下觞。

当年护菊抗顽劣，原是贪恋霜后香。

七律·国庆感怀（藏头歌）

丝纭蜉蝣意阑珊，路开文忠始销烟。

华夏浊流百余载，章短句矮难书怀。

复水重山正清明，兴义薄云羡谪仙。

远志育英汇汪洋，大道朝天乾坤翻。

春节回乡观农忙

东田西垄棵棵行，春夏青果秋冬黄。

问是谁家勤耕耘？山山橘园户户忙！

春醉柏林早

啾啾白鹭竹雨欢，翠屏乳帐凌波仙。

游烟浩渺生何处？江南莫名一河川。

清 明

一山一水一乡人，地偏语软无远尘。

啪咚陌生夜雨急，依我香眠到清明。

望春风

秦州茂林桃华，飞鸢岭上川下。

炽阳阴里闹伢，园里郊外人家。

香莲台

飞蝶妙曼，枫叶意暖，

娇娇稚子揽入怀，辛酸苦辣甜。

三尺莲台，含芳吐蕊，

俯仰安织彩华年，赤橙黄绿蓝。

寒暑无期，光阴连绵，

点亮心灯万千盏，中东西北南。

天籁令

新月明，流云舒，

闪闪繁星处，
行行兰芷休妒，
款款清音绕穹庐，
天宇化奇谱！

卜算子·归乡易

花谢怨秋长，葵子肥落忙，竹兰桂菊和霜香，玉兔寻路慌。
望月逐日惶，拮据填空囊，他乡故乡易无妨，雁归年年畅。

诗词解读

《学拟古韵》八首绝句分别是对教师、学生、教学、禀赋、求新、简约、坚持、品性的思考，自勉。

《七律·国庆感怀》正值新中国成立七十周年大庆，祖国繁荣强盛，万众一心，踏上复兴之路，思来之不易，感怀而作，抒发教师应尽的职责。七律每句头藏“丝路华章，复兴远大”，胸臆足现。百余年前，疲弱的老百姓命若蜉蝣，寄望于鸦片，民不聊生。禁烟英雄林则徐开启了强民强国之路，自鸦片战争始，中华儿女舍身救国，驱除鞑虏，鲜血汇浊流，汤汤百余年，这全华夏的集体之痛刻骨铭心，区区几句短诗不能尽意。往事去，但山河在，惨痛的经历之后，国家统一，新中国徐徐挺立，一代又一代的共产党人带领百姓，砥砺前行，除积弊，兴民生，固国本，勇毅刚决，融通四海，政通人和，义薄云天，直至人人都能靠努力实现自己的梦想，会不会羡煞那极具浪漫情怀的李白？作为教师理当志趣高远，尽责育英才，汇入浩浩荡荡的建设强国的大潮中。期待这迥异于曾经羸弱的强大恢宏气象，其光芒永照着换了的人间新天地，华夏儿女合力织就万紫千红的中国结，谱写波澜壮阔的丝路华章，实现远大的复兴梦想。

《春节回乡观农忙》为春节回家乡重庆永川的所见所闻所思，感动于家乡农民勤劳致富的热情。我忙于走亲访友，途中不时看见田垄间、橘园里，有乡民除草上肥，勤劳习惯的乡亲竟在节日里，忍不住要去田间地头挥锄劳作，这是一个别样的新春，写来以飨对乡亲乡景的思念和赞誉。

绝句《春醉柏林早》为春节回家乡重庆永川柏林的所见所闻所思。一年一度的春节，人欢，食丰，车忙，情浓，我遍享之外还发现一美事:家乡早春美景如画，仅是窗外的呢喃飞鸟、青林翠竹、烟波朦胧、流黛绵山、春雨淅沥、河川蜿蜒，已令人醉不欲醒，更何况流连其间呐。尝过西北的料峭春迟，才觉巴蜀家乡人勤春早，令我感喟不已，醉倒在这样的春节，也值啦！

《清明》为春节回家乡重庆永川的所见所感。柏林是成渝铁路临近重庆的一个小站，巴蜀腹地，属永川辖地，依山傍水，四季雨水多，物阜民丰，乡风淳朴。春节归乡，人面桃花，热情祝福，互相拜年嘘寒问暖，听到乡音温软，无比亲切，内心满足安然，即使通夜春雨“滴答”,各家房檐“噼啪叮咚”,也不影响我香甜的睡眠。心中有个愿望，清明时节能祭祖以表对故去祖辈的怀念，然而家在异乡，清明归乡不易，所以在诗中寄托此意。清明，有明丽晴朗的清晨之意，又含清明节气之意，更喜风尚之清明。

六言绝句《望春风》是携学生登南山春游、观闲人放风筝的和乐景象而兴之所作。天水市秦州市区，耤河纵贯东西，南北两岸崇山秀岭，南山中有杜甫徙居秦州时留下的足迹，南郭寺中有他的诗魂所在，方圆数里，茂林郁郁，四季不同，是秦州人踏春秋游的绝佳去处。当此之时，春和景明，大人孩子走出家门，赏春景，放风筝，漫天的欢声笑语，姿态万千的飞鸢，这恬然和美的情景令人流连万分。如果杜子美看见如此安宁幸福的场景，一定会乐不思蜀。

《香莲台》作于秋季入学迎新。有感于教师生涯的各种滋味，喻讲台为普济莲台，怀仁爱之心，尽摆渡育才之责，成就孩子和自己的多彩人生。当桃李缀点天下，万紫千红时，最感欣慰。这是作为教师的朴实愿望。愿依随斑斓的童心，编织璀璨的光阴。

《天籁令》词牌题目合一，属于自创。这是梦中奇景，所见月明星稀，仰望湛蓝天空，浩渺天宇中，惊现一巨大曲谱，美妙乐音随之而起，空灵清越，余音缭绕。希望自己学中教，教中学，岁月如歌，所思之绪，所听之乐，所写之文，纯净如天籁。

《归乡易》远离家乡，陇中成家兴业三十余载，每年中秋佳节倍思亲，归乡情切，积攒盘缠，盼得一个合适的寒暑假期，不惧路途风雨颠簸，如大雁一样如期而归。

后三首有词曲意味，但最厌规格限制，长短独自随写，题名自创，两者合一，平仄字数无拘，形神较之古代经典差之云泥，但愿独径尝新。

教学的使命担当、殷殷期望如诗般纯粹美好。窃以为事事时时处处皆有诗,如司空图在《二十四诗品》中所言:“俯拾即是,不取诸邻。俱道适往，着手成春。”若有诗心，不用苦寻，但需顺应事理吐纳，练就“着手成春”的功夫,还要虚心探究。同理,教育教学遵规循律,钻研素新实践于课堂，俯仰吐纳于纯淳稚子，岂不如诗?

“含英咀华以诗养诗”实施策略

语文阅读教学要求学生对文学作品进行品鉴，含英咀华，培养文学鉴赏能力，提高学生审美趣味，在大量积累的基础上进行创作，筑实学生的文学素养。教育活动关注的是：人的潜力如何最大限度地调动起来并加以实现，以及人的内部灵性与可能性如何充分生成。总而言之，教育是人的灵魂的教育，而非理智知识和认识的堆积。鼓励学生诵读经典古诗文，鼓励新创现代儿童诗歌，就是两者结合挖掘儿童诗歌创作潜力，“内部灵性与可能性”被教育引燃，通过笔和诗歌绘出灵魂深处的火花。两者如何有机统一？策略如下。

一、**目标定位，难易分明，诗歌教学有依据**。说读诗感悟也可，仿写也可，二次创作也可，无论哪种定位，都是以偏概全。设计一堂这样的课,从读到写,徐徐铺垫,方法途径大胆探索。确定教学目标,分层分课时螺旋抵达，具体如下。

1. 能熟悉古诗文内容并背诵，了解古诗作者、写作背景、创作风格、相关故事和古诗解析鉴赏。

2. 能在古诗的内容、写作方法、语言风格、写作背景、写作意图等方面提出疑问。

3. 通过查阅资料，进一步理解诗歌内容，对自己的问题进行解答。

4. 能在所有问答中找到自己最感兴趣的诗歌元素，通过联想与想象进行现代诗歌创作。

5. 能进行推敲修改，交流品读新作。

目标的设置显现阅读—思考—创作—修改—交流五个环节，是读与写的有序结合，循序渐进。其中前三个目标阅读、提问、解答是重点，第四个目标创作诗歌是难点。写作必在思考的基础上进行，而对所选内容进行自问自答是进一步理解内容、深度思考的过程，选取诗歌元素是排除、抽取、概括的思考过程，抽丝剥茧，含英咀华，发挥联想、想象对所答内容进行组合或进行更高级的创造，这就是创新思维。从已经美到极致的经典古诗中发现美，再创造美，从一个高峰走向另一个高峰，学生读写过程实现了从欣赏古诗到创作现代诗的跨越式发展。

二、兴趣选择，自学古诗，阅读手抄报。英国物理学家牛顿说，他之所以看得远，是因为站在巨人的肩膀上。我让学生站在我们中国古典诗词巨人的肩膀上，读他们的诗，涵养心灵，激发内心的诗性，我称之为以诗养诗。中国古典诗词的海洋里有两座无法超越的高峰，那就是唐诗和宋词，这些诗人、词人在那里闪耀着璀璨的光芒，可请学生做动画游戏拖动鼠标，把那些诗人请进相应的时光机里，让他们穿越来到我们的课堂。学生自制手抄报内容是自己选择喜爱的古代诗人一首诗作，包括诗人简介、诗意阐释、创作背景、诗歌的赏析，自问自答。学生交流品读，扩大阅读面，开阔视野，丰富原始积累。

三、入情吟诵，理解诗意，品味诗歌韵味。诵读的方法灵活多样，可以由教师范读，可以和学生一起读，还可以吟诵、歌唱甚至表演，增强语感的同时能进一步理解诗意，这也是一种创作。灵活的方式激发学生以“我”之口，吐纳经典古韵，品味诗歌的音律美、意蕴美、建筑美。

四、介绍诗歌，源头活水，润泽丰富心灵。学生或读或吟或唱或演的圣贤诗书都是我们的源头活水，正如南宋朱熹一样，他把自己的读书感受写成了一首诗。我们可以引导学生品味其《观书有感》:“半亩方塘一鉴开，天光云影共徘徊。问渠那得清如许？为有源头活水来。”心如明镜，镜中的陆离风光源自敞开心扉接纳新的事物。鲜活的思想来自不断汲取经典的营养，把自己汲取到的营养传播出去，像源头活水一样流出去，滋润周围的人，让学生向伙伴准确、简洁地介绍手抄报中的诗人诗作、诗意、背景、风格等。在学生自己的半亩方塘中演绎各种天光云影，丰富的源头活水，就这样润泽丰富了心灵。

五、风暴热身，拓展思路，确定创作方向。“他山之石，可以攻玉。”通过专题知识竞赛或借助生动形象的动画趣味视频，介绍古典诗词作者的创作风格，比如李白的创作风格。而央视综艺“经典咏流传”演绎《蜀道难》那一期可让学生观看跟唱，体会第二次创作的妙趣。美的声音、画面、诗文三结合激活学生发达的形象思维，学生依据自己的兴趣，亦庄亦谐，下笔创作。有人说诗歌无高下，审美趣味不同而已。学生也一样，有自己的兴趣趋向，创作前向学生提供几种思考的角度，减少创作的难度，避免学生临到创作时候一头雾水，如同题（题目）诗，同意（诗意）诗，同物（事物）诗，同事（事件）诗，同体（体裁）诗，同法（写法）诗，同感（感受、感情）诗，还有其他角度。有章可循，有法可依，创作方向明晰。

六、想象引导，学生实践，进行二次创作。教师引导学生在古诗里寻找想象力丰富的诗歌，开展诵读有想象力的诗句的“飞花令”游戏，只针对想象力进行评鉴，感悟想象力体现诗歌魅力的重要作用。“白发三千丈,缘愁似个长”“飞流直下三千尺,疑是银河落九天”“不敢高声语，恐惊天上人”“举杯邀明月，对影成三人”“西当太白有鸟道，可以横绝峨眉巅”“蜀道之难，难于上青天！使人听此凋朱颜”，仅李白诗句的想象力就足以震撼学生，读着诗句就能引发敏感而幽远的情思。鼓励学生进行想象力的迁移，在自己的创作中尽力展开想象的翅膀，大胆想象，写出令自己满意的诗句来。

七、推敲修改，成果交流，欣赏佳词妙句。鲁迅先生认为好文章是修改出来的。学生经过认真思考，静心创作，写出了自己的作品，但要成为真正的好作品,还有一段距离,那就要反复朗读,字斟句酌。以唐朝诗人贾岛“推敲”的故事为引子，明了那句“鸟宿池边树，僧敲月下门”的由来，了解这一段创作修改的佳话，鼓励学生互相推敲修改，达到最佳表达效果。再进行成果交流，互相欣赏，教师此时可随机指导修改，能起到耳提面命的速达效果。

八、故事渗透，目标引领，激发创作热情。举行讲述古代诗人的故事会活动,学生讲,老师讲,利用媒体讲。比如唐代著名的“诗仙”李白和“诗圣”杜甫，他们两人见面的时候，杜甫小李白 11 岁，杜甫非常仰慕李白的才华,他写诗赞美李白“笔落惊风雨,诗成泣鬼神”。李白写诗的时候，想象力丰富，笔力非凡，能惊动狂风骤雨，诗写成之后，能让鬼神哭泣。杜甫高赞李白诗非常感人肺腑，让鬼神都为之感动。这是诗歌的最高境界，也是创作的最高境界，以此来激励孩子们的创作热情。

站在巨人的肩膀上思考，会有更快、更好、更多的收获，诗歌来自美好纯净的灵魂，读者用心体味古代诗人思想的光耀，抓住一刹那间的思维火花——灵感，记录这美好的一瞬间。世界上并不缺乏美，只缺乏发现美的眼睛。以经典诗文涵养孩子们的心灵，使之变得更温暖、更灵敏，这样才会有发现身边美好的能力，语言表达获得灵性，创造力也从此获得前进的助推力。

留白的无限可能

——校本课程资源开发探微

“天地之间，其犹橐龠与？虚而不屈，动而愈出。多言数穷，不如守中。”老子把天地之间的人间比作一个大风箱，内部通畅才可以让风畅行无阻。如同做人，多而无用的语言堆积在人们之间，只能阻塞交流，不如修养诚敬谦和的仁德，做一个“守中”之人。“守中”即谦虚于内，深思慎言，这是高明做人的留白艺术。

留白是中国绘画艺术的一个构图方法，以无表达有，也叫“余玉”。通过这个雅号，我们就可知道中国艺术创作者对它的喜爱和珍视，它是艺术创作审美的极致。通过读者对无形的想象产生无穷有形的形象。天地之间，不出其右，只有保持一定的空，才能其用无穷。“言有尽而意无穷”，诗人严羽在《沧浪诗话·诗辨》中用它来强调诗境的重要性，将它用在《寒江独钓图》的墨色与留白关系上，同样合适。绘画提留白必推崇马远的《寒江独钓图》，简单的画面，内含丰富的意味，令观者产生无限遐思。

因为留白具有去繁而简致丰的审美特征，绘画艺术、文学创作、音乐创作，甚至生活做人，对留白都推崇备至。留白在教学艺术中同样存在很高的教育审美价值，教材留白、课堂留白与师生探索实践、联想、想象、发挥、丰富、发展、创新紧紧相关联。“虚而不屈，动而愈出。”言之凿凿，虚空留白的地方就是情感、能力、精神快速生长的地方。

一张空白的纸，就是心灵自由翱翔的蓝天，没有教材的校本课程，存在诸多不确定因素，正是这未知的留白是教师拓展辟新的阵地，在内容、方式、途径等方面给教师的教学的发展提供无限可能。活动课开始之际苦恼无米下锅，方式单一，枯燥乏味。要改变这种状况，那就先改变观念，改变面对活动课的心态，比如题目，如开篇所说的那样，心态决定一切，山重水复，一念之间即柳暗花明，现在的活动课我无惧无恼，学生更是万分期待，我与孩子们共同行走在奇花异草的芬芳路上。以下内容拟从诵读、写作、诗歌赏析与创作三类校本课程为例，阐述教学资源开发具有的广阔空间。

诵读课教学资源开发

一、**内容丰富资源广**。拓展教学资源，书如繁星，何况这是一个便捷的信息化时代，诵读内容更是多得不计其数，古今中外经典内容、韵文小说、散文诗歌等，没有读不到的，只有找不到的。仅中华传统文化一个板块就家珍无数，《三字经》《弟子规》《论语》《孟子》《大学》《中庸》《诗经》《声律启蒙》《增广贤文》《唐诗三百首》……诗词歌赋浩如烟海，古今中外大背景下，仅教学资源而言，就为我们选择诵读文本提供了无限的可能。

二、诵读方法多样化。除却个人、小组、全体，还有男生、女生、师生；单读、齐读、轮读、接读、赛读，方法多，可灵活选择。可以唱、可以吟，可以演，可以看视频，可以听录音，可以模仿，可以多种结合，甚至自创方法，等等，仅此也给我与学生诵读方式的选择和创新提供了无限可能。

三、理解文本万花筒。对文本的理解，要注重学生个体独特的情感体验，所以与文本对话的那个读者更是一人一叶，一千个读者便有一千个哈姆雷特。诵读也为我和学生对文本的感悟展现出无限可能的空间。

四、评价多元灵活新。在诵读的过程中，对学生学习行为的评价愈加多元化，如内容方面，涉猎广泛，感悟独特；声音方面，富有特点，如洪亮、甜美、清晰、优美；诵读方面，通顺流畅，情感丰富，恰当处理不同的语气、语调、节奏、感情等；独特的诵读方式，比如吟诵、歌唱、表演，或几种方式的结合；倾听能力的评价，比如认真倾听，纪律优良，合作默契，尊重读者，尊重老师等，都是获得好评的方面，要积极发掘闪光点，真诚点评。在我的诵读课中，就是这些灵活多样的评价方法，让学生乐于诵读、期待诵读，因为多元评价调动参与者多方面的感知，全方位的愉悦体验展现出广泛的不可计数的可能性。

写作活动课教学资源开发

一、充分利用网络资源，想象思维与语言训练同步进行。奥斯卡获奖动画片短小精悍，趣味无穷，意蕴丰富，故事情节曲折，播放过程中适时暂停，让学生猜想往后可能发生的故事，也可以让他们自编故事结局。动画片对儿童有巨大的吸引力，让想象作文训练足够有趣，也有足够大的想象空间。

二、利用学生喜欢涂鸦绘画的兴趣，进行绘本写话训练。学生可随意选择，把心中喜欢的人、事、物以及他们之间可能发生的故事，用简单的构图画下来，并不做绘画方面的专业要求，只需随意涂画，配上一段话。那段话可以自己写，可以同桌互换，给对方的画配上文字，后者更具猜想难度，但他们十分喜欢。

三、利用校内外环境进行观察训练。引导学生调动自身各种感觉观察事物，学会方位变化的有序观察，利用学生满意的美术作品，进行观察训练，边观察边写，也可以同桌、好友互换观察。利用校园以及周边环境让学生进行有序观察，有条理习作，由观察到写作的过程是循序渐进的。

四、利用美术课所学，自行设计文化衫。设计文化衫，是美术课的延伸，然后要求学生写出自己的设计过程、设计的样子、色彩图案、意图等，把以上的内容清楚地写在设计稿纸的背面。这样一个一面是画，一面是文字，图文并茂的设计，让孩子们兴趣浓厚，喜爱有加。只要他们动手设计动手写，表达思路顺畅，语言文字表达清楚、准确便是佳作。

五、充分利用生活事件，感悟抒真。丰富的生活事件，可作为教育教学资源，对学生进行有条理的叙事写作训练，比如多彩的校园文化活动、温馨的家庭生活，把它们作为话题引入，学生有话可说，有事可叙。如学校的三节三爱主题活动，五日主题活动……结合生活有真情可抒，不愁无话可说，无米下锅。中年级写作目标：有根有据，有条有理，有主有次，有情有义。相机灌输要求达成并无难度，为了鼓励学以致用，让学生把掌握的一些成语写在黑板上，在练习中根据需要选用，积累、运用同步跟进，一举多得。

诗歌赏析与创作教学资源开发

学校活动课程——四年级的诗歌赏析与创作，给了我充足的发挥空间。四年级学生学习、背诵古诗有基础，但创作才起步，有畏难情绪是正常的。儿童有天生的想象因子，他们是想象的天才，兴趣是最好的老师，所以开学生兴趣之先，做兴趣所指之事，先让他们喜爱起来，不再谈诗即认为神秘莫测、遥不可及。打消他们顾虑的实践如下。

一、了解诗歌之源，认识诗歌，追溯诗歌源头。诗歌是一种抒情言志的文学体裁，源于古代人们的劳动号子，激发于人的情致，表现于人的言语。《毛诗序·大序》载："诗者，志之所之也。在心为志，发言为诗。"语言凝练，情感饱满，节奏美，韵律美，内容丰富，包罗万象。

1. 东方诗歌的源头——《诗经》。学生收集、汇报相关资料，交流、品读其中最美的诗如《采薇》《关雎》等。

2. 了解西方诗歌之源——《荷马史诗》和希腊诗歌。通过资料了解荷马其人、史诗创作背景，品读荷马史诗片段，讲其中的精彩故事。

二、顺应时节，品读描写传统佳节的古诗。如写中秋节的古诗，用幻灯片展示，朗诵赏析最美的中秋古诗《明月几时有》；写春节的《元日》；赏析秋韵之古诗，用幻灯片展示观赏秋天景致的图片，以朗读古诗《秋夕》为引子，发掘秋天丰富的诗意，筛选公众号“鉴赏诗词集”中的合适内容分类鉴赏，如最壮美的秋、最忧伤的秋、最富人情味的秋、最清新脱俗的秋、最欢快的秋。

三、用幻灯片赏秋花——菊的诗歌。菊为“四君子”之一，以菊赞品行高洁的人，黄巢的《题菊花》、范成大的《重阳后菊花》、唐寅的《菊花》、白居易的《咏菊》等。品读中学习菊花傲寒凌霜、战雪而不辞寂寞的高尚品性。类似的还有陶渊明的《饮酒（其五）》、郑板桥的《画菊与某官留别》、朱淑真的《黄花》、刘克庄的《菊》等，都可选而品之。

四、赏秋游的诗歌。儿童诗有《我们一起去秋游》《秋游去》。古诗类如宋代邵雍的《秋游六首》、唐代白居易的《秋游原上》、唐代李咸用的《早秋游山寺》，品味古人眼里的秋韵。

五、书写自己的秋游诗歌。学生亲历秋游，所见所闻所感都真实可感，他们爱自然，爱生活，从诗中抒发自己的心灵，基于之前丰厚的铺垫，自然想下笔一试，水到渠成。

秋游

如此幸福的一天 / 我期待着你下凡 / 收获你栽种在山里的快乐——空气正在凝结 / 为你制作盛大的欢迎 / 整个山谷都在忙碌 / 你同烟云一起来到山谷 / 永远逃脱不了时间的魔掌 / 每年悄悄地 / 与我们同行

我们去秋游

今天我们去秋游 / 觉得路边的虫子都在跳舞 / 花草都在唱歌 / 鞋子里全是怪石头 / 小沙子 / 而我们的脸上满是笑容

天鸟人

我们去秋游 / 天蓝蓝 / 云白白 / 大雁往南飞 / 燕子也跟随我们去秋游 / 叶黄黄 / 草黄黄 / 秋虫把歌唱 / 山菊开 / 松柏翠 / 大家拍个照 / 我们去秋游 / 笑盈盈 / 拍拍手 / 大家一起跳起来 / 欢声笑语山间

去秋游

一起去秋游吧 / 看 / 路边百花齐放 / 小溪缓缓流淌 / 小朋友欢快蹦跳 / 一起去秋游吧 / 听 / 秋风的鸣叫 / 书包里小零食沙沙作响

六、书写最爱。兴趣所指莫过于最爱。鼓励学生写最爱的人、事、景、物。孩子们的心里是有许多美的情感和奇思妙想的。让落叶带着孩童的思想情感回家。秋天能看见许多不同形状、色彩的植物叶子，让他们去拣拾、去观察，请他们发挥想象，写出自己心里关于落叶的诗意。

落叶

落叶把台灯打破了 / 他害怕妈妈责怪 / 悄悄地 / 离家出走了

落叶的思想

即将入冬 / 满城无花 / 问谁摘了它 / 风儿没有回答

落叶歌

春天绿绿的 / 夏天繁茂的 / 秋和冬孤独的 / 谁说落叶没有用 / 化成泥土让花红

落叶

落叶坐在地上 / 哭红了脸 / 妈妈，我什么时候能回家

落叶旅行

树上有一群兄弟姐妹 / 他们商量好 / 秋天的时候出去旅行 / 到了秋天 / 风婆婆来接他们了 / 可是他们感冒了 / 只好穿上黄色的厚棉衣 / 跟着风婆婆去旅行了

落叶

秋天树妈妈营养不良了 / 为了治好妈妈 / 树叶掉到地上 / 化成了营养液

忧愁的落叶

树叶犯了大错 / 妈妈气得把她赶出了家 / 落叶又忧又愁 / 把脸都愁黄了

冒险家

有几片叶子 / 想去周游世界 / 于是他们趁树妈妈睡觉时 / 偷偷地溜了出去

跳伞兵

落叶是勇敢的跳伞兵 / 又像一只只花蝴蝶一跳而下 / 亲吻美丽的大地阿姨

树儿的泪

深秋来了 / 可树儿不舍春姐姐和夏哥哥 / 他落下了一片片黄色的泪

落叶

秋天到了 / 落叶要去大地奶奶家 / 她穿上黄外套 / 蹦蹦跳跳出发了

飘

落叶的心 / 像孤舟一样 / 向远方飘去

秋观黄叶

绿树干枯叶发黄，悠闲飘落带清香。

不忘母心狠教诲，愿做飞碟盖树梢。

七、欣赏经典，学唱经典。利用媒体美的画面、声音冲击学生的视听知觉，拓展学生的审美视野，边听边看视频，然后背诵、交流自己最喜欢的诗句。

综上所述，提高学生诗歌鉴赏能力与写作兴趣，应秉承以下理念：激发兴趣为先，竞赛朗读、背诵自己最喜欢的古诗，写自己喜欢的人、事、物、景。贴近学生的生活，抓住各种活动，如春游、秋游、运动会等；应时应景的节日，巧用节日入诗，让学生有景可写，有事可叙，有情可抒，人、事、物、景、情都真实可感。抓住学生的心理，打消读诗易、写诗难的疑虑，给他们展示丰富的诗歌的世界。如前所述，有了丰厚的积累，兴趣引领下，体味诗意，饱读诗歌万千首，下笔成诗终不难。校本课程开发方法多，渠道宽，丰富了课堂，也丰富了心灵。

没有教材的课堂，是对教师执教能力的考验，唯有大胆探索实践，方能辟出新天地。校本活动有许多不确定的内容，不确定的方式，不确定的情感体验，不确定的评价点和不确定的评价语言。所有这些不确定的因素，决定活动的丰富多彩，促进学生在不同方面、不同程度获得发展。留白处即是舞台，如想象，闪耀出无限可能。

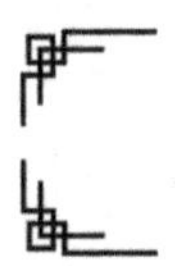

课堂与个性

善歌者，使人继其声。善教者，使人继其志。其言也，约而达，微而臧，罕譬而喻，可谓继志矣。

——《学记》

儿童的发展、儿童的生长，就是理想所在。

——【美】约翰·杜威

丝路语文人

——口语交际：辩论教学设计

开放性辩题：“一带一路”上 ××× 最多

教学目标：

1. 学生能勇敢表达，清楚表达，有序表达，文明表达。（重点）

2. 学生能尊重他人表达，认真倾听，听明白同学表达的意思。（重点）

3. 能抓住对方辩手表达的漏洞进行反驳，能进行简单的转述。（难点）

4. 通过实践活动，引导学生关注和了解社会、国家的重大战略部署，培养学生胸怀世界、热爱祖国的情怀，激发为强大的祖国而骄傲自豪的情感。激发学生向往远方、热爱生活、热爱学习的热情。（重点）

教学准备：

1. 提前布置学生查资料了解语文的知识：语文是什么？

2. 查阅资料了解“一带一路”的相关内容。推荐相关资料，如“学习强国”App 中的相关内容。鼓励学生进图书馆查阅需要的资料。

3. 画出“一带一路”的路线图。

4. 完成一份简单的研究报告。结合所查资料，在丝绸之路上寻找语文（语言、文字、神话传说故事、世界文学名著等）。寻找语文以外的内容（音乐、历史、地理、美术、体育、舞蹈、著名建筑等），并把找到的内容和所在的地名标注在“一带一路”的路线图上对应的位置。

5. 课件制作。

教学设想：

小学语文高年级综合实践新课标要求：初步了解查找资料、运用资料的基本方法。掌握解决与学习、生活相关的问题，利用图书馆、网络等信息渠道获取资料，尝试写简单的研究报告。利用寒假开展综合实践活动，让学生从教科书中抬起头，走进生活，读社会、世界这本大书，切身体验大语文观理念下的语文学习视界，引导学生关注和了解社会、国家的重大战略部署，培养学生胸怀世界、热爱祖国的情怀，激发为强大的祖国而骄傲自豪的情感。

通过实践活动，激发学生向往远方、热爱生活、热爱学习的热情。小学语文高年级口语交际新课标要求：与人交流要尊重理解对方；乐于参与讨论，敢于发表自己的意见；听人说话认真耐心，能抓住要点，并能简要转述；表达要有条理，语气、语调适当；能根据对象和场合，稍作准备，作简单发言；注意语言美，文明表达。结合部编版教材小学六年级下册第五单元的辩论活动设计这个综合实践活动。以上教学准备的内容是寒假完成的，利用书籍、网络、媒体等途径查阅资料，完成一份简单的研究报告。

完成研究报告分享交流后，组织一堂辩论的口语交际课，依据新课标和教材设置了四个目标要求，开展辩论。辩题确定为："一带一路"上 ××× 最多。因为是开放性话题，所以设置多辩方，先由四个小组自行讨论，决定一个辩题。根据辩题，对假期里搜集的资料进行重组，找到为自己辩题服务的内容依据。四方辩论之后，进行主辩题之下自设辩题的自由辩论，教师相机参与，形成生生、师生互动的丰富多彩的语文课堂。

教学过程：

一、图画导入，明确辩论要求

1. 大家看这几幅图，是你们假期里研究"一带一路"的简单报告，（幻灯片）请 ××× 简单介绍"一带一路"。

2. 我们所有人，包括这丝绸之路上不同国家和地区来来往往的人们，交往中双方通过交流表情达意，当观点不同时，需要辩论清楚，还要保证关系和谐，双方应该注意什么？（出示幻灯片）

辩论要求

说：文明　清楚　有序

听：尊重　认真　明白

（设计理念：辩论要求是高年级学生口语交际要达到的目标。让学生明白，在与人的交往过程中，表达不同意见，听和说都是有规范的。）

二、多方观点，精彩辩论

（一）我们通过许多途径，了解了“一带一路”，这宏大的丝绸路上到底什么最多？这节课辩论的主题是（幻灯片出示辩论题目）：“‘一带一路’上 ××× 最多”。请四个辩论小组的各位辩手，勇敢地亮明自己观点，并陈述理由。

1. 请第一组主辩发表主要观点并陈述理由。

2. 请第二组主辩发表主要观点并陈述理由。

3. 请第三组主辩发表主要观点并陈述理由。

4. 请第四组主辩发表主要观点并陈述理由。

5. 请四组中一辩、二辩分别发言。

6. 自由辩论，有序发言。

（二）自设辩题，发表观点。同学们，你们有没有与这四种观点不一样的结论？请你说说。

（设计理念：四组辩论环节是对以前正反两方辩论的方式的改进。这是一个开放性话题，并不涉及是非对错，无须设置正反辩题进行深入的讨论，自设辩题，发表观点。此环节是查漏补缺，满足一部分学生有自己的主张也想表达的愿望，在课堂呈现内容和形式的丰富多样性。"'一带一路'上×××最多"，这个辩题我认为更多涉及世界观，目的是通过"一带一路"把孩子的目光引向远方。世界如诗，"横看成岭侧成峰，远近高低各不同"，仁者见山，智者见水，学生通过多角度的表达，拓展语文学习视界，引导学生关注社会，了解国家的重大战略部署，体会生活的丰富多彩、世界的千态万状。培养学生胸怀世界、向往远方、热爱祖国、热爱生活的情怀，激发为强大的祖国而骄傲自豪的情感。）

三、教师参与辩论，发表观点并陈述理由

同学们在辩论中，不知不觉与不同观点的同学形成了对手，现在你们的对手只有一个，那就是我。我非常赞同你们的想法，但我的观点与你们不一样，请听：我认为丝绸之路上的智慧最多。因为无论是政治、经济、文化、哲学、宗教总体方面的成就，还是刚才我们辩证过的具体的文化艺术、语言、交通、建筑、景观方面的成就，无论何时何地何事，它们都体现着不同国家、不同地区人们的聪明才智，我们找到的还有没找到的，全都包含在全人类的文明里，这些全是人类的智慧的结晶，你们同意吗？所以丝绸之路上智慧最多。智慧推动着人类文明不断向前发展，无穷无尽的智慧又开创着新的美好的未来！

四、课堂评价，提升审美能力

你们积极勇敢地表达自己的观点和理由，知识面很广，辩论得文

明、精彩。站在你的角度想一想，看看谁能获得图片中的哪枚奖章？教师提供范围（出示幻灯片）：

表达流畅	勇敢争辩
机智应答	沉着应辩
知识丰富	语言优美
最有风度	文明辩论

（设计理念：学生依据以上标准推荐自己心仪的辩手，既有是非的辨别，也有语言表达审美要求的知识内化。）

五、总结

这节课我们借助“新丝绸之路经济带”和“21 世纪海上丝绸之路”开展辩论，放眼世界，世界为我们展现了一幅波澜壮阔的画卷。你有什么想法，或者有什么收获，请说一说。

同学们，学会说话，学会交流，学会辩论，收获和谐的人际关系，开启智慧和精彩的人生！

责任促需求　需求促个性

——《建议书》习作指导案例

实验班级：甘肃省天水师范附属小学五年级（1）班

教学目标：激发需求，促进个性化表达

教学重点：建议书的内容和格式

课时安排：两课时

课前准备：搜集关于发现问题就有创新的名言警句，思考在学校、家庭、社会中有哪些亟待解决的问题、成因及解决办法。

教学步骤：

一、名言激趣，关注问题，话爱心。

二、个性表达，抒写真情，显责任。

三、他评自改，互相帮助，话真心。

四、以题取文，鉴文评人，赏佳作。

课堂实录：

一、名言激趣，关注问题，话爱心

师：有这样一句话，你们知道是谁说的："只要能发现问题，就可能有伟大的创新。"（生茫然）

师：此乃小人物覃某某昨天说的话。（生恍然）昨天让同学们查找一些关于"发现问题就有创新"为主题的名言，不知找得怎样？

生："于不疑处有疑，方是进矣。"（张载）"在学问上最好的解决问题的方法就是坚持的和经常的怀疑。"（法国哲学家阿伯拉尔）。

生："科学方法有六种：一观察、二实验、三比较、四分类、五演绎、六证实。"（秉志）

"即使永远上不了大学，自学吧，有纸张，有支笔，有志气，就能自学成才。"（叶大年）

师：你搜集的名言是关于"发现问题就有创新"这个主题吗？

生：我搜集到的是爱因斯坦的一段话："提出一个问题往往比解决一个问题更重要，因为解决问题也许仅是一个数字上或实验上的技能而已。而提出新的问题，新的可能性，从新的角度去看旧的问题，都需要有创造性的想象力，而且标志着科学的真正进步。"

师：这些名人都有真诚感人的爱心和极强的社会责任感，你们也都是有爱心、有责任心的孩子，今天，我希望你们在爱心、责任心的感召下，睁大你们心灵的慧眼来看看，也就是开动你们聪慧的大脑来想想，我们所处的学校、家庭、社会大环境包括地球内部、地球表面和地球以外浩瀚的太空，都存在哪些问题、不足？存在这些问题的原因是什么？你有解决这些问题的精彩而独到的建议吗？说来我们听听。

生：我的住处安居小区有安全问题，原因是防范措施不得力，我建议物业管理部门安装防护网。

师：那你的目标就是……

生：发现问题，努力改进，创建……

师：没想好，谁来帮他？

生：创建美好家园。

师：你好像不满意？

生：创建文明安全小区。

生：我发现一个社会问题，就是很多有问题的奶粉、火腿肠在市场上出售，原因是那些商家素质低，想牟取暴利。我建议政府要多检查，不要等到问题出现后才关注，消费者应该依法保护自己的消费权利，还要教育那些不法商家，提高他们的素质，让他们依法经营、生产，做正当的生意。

师：不再让他们唯利是图，应当唯大家的生命是图。那你的目标是什么？

生：我的目标是：发现问题，努力改进，创建真正的健康家园。

生：我发现公交车上小偷很多，原因是车上没有警察，管理不严，建议车上安装监控系统，加强管理，在车上安排一个警察。

师：你的目标？

生：目标是发现问题，努力改进，创建安全文明公交车。

生：我发现我们儿童的活动场所太少，原因是政府缺钱和忽略了儿童的娱乐要求，我建议让大家捐款，建立儿童活动场所，希望到处都有。

师：如果政府不同意怎么办？

生：可以投诉政府。

师：给政府建议，只要是老百姓的事，他们一定会考虑的。

生：我们小区的管理存在严重问题。社区中大部分硬件设施老化落后，更别说软件。记得2002年，我们楼的变压器烧了，向他们反映，房产公司和物业管理部门置之不理，最后，楼里所有住户联名与政府交涉了两次，物业公司才安装上了新的变压器。他们只顾赚钱，没有信誉。我建议：让社区的管理进入信息化管理，安装电脑，进入互联网管理阶段，当网上有更先进软件系统时，它会自动调整安装并升级，如果小区内的硬件设施跟不上或护理清洁不当，系统会自动报警，并自动瘫痪，作为惩罚；当一切正常后，系统自动恢复正常。这就是我梦想中的高科技社区。

生：我们小区有二十几幢大楼，每幢大楼挨得很紧，老人和小孩子的活动范围太小，许多老人出家门只能在街道上溜达或围成一堆打麻将。我建议建立老年、少年儿童活动中心，多栽种些花草，目标是创建大家自然的活动场所。

师：你的目标听起来有些别扭，换个说法？谁来帮她？

生：创建娱乐自然的活动场所。

师：还是别扭，花草是自然界自然生成的自然物，通过人工搬运来就成自然的场所了吗？

生：创建娱乐优雅的活动场所。

师：应该是优雅的娱乐场所。

生：创建与大自然相结合的健康娱乐场所。

师：这就通顺了，也说清楚了。

生：我发现伏羲庙附近的花草被人损坏了，路灯被人砸破没人管。还发现现在下岗工人多，我想把两方面结合起来，让下岗工人来护理这些花草和路灯。

师：你既有爱心，又有责任心，连下岗工人的就业问题也解决了。那你的目标是什么？

生：我的目标是：发现问题，努力改进，创建花的地球。（学生掌声起）

师：多美的愿望啊！我们似乎看到了那万紫千红的花的世界。

生：我发现一个世界性的问题，机器的轰鸣、汽车喇叭声等这些噪声污染已成为全世界人看不见的杀手，成为环境污染的三大公害之一，严重危害人们的身体健康……（读资料）

师：你提出了一个世界性的噪声污染问题，资料显示的是科学家的研究创新，那么你自己的解决方案呢？

生：我采用配乐抵消法，就是让它们发出悦耳的声音。

师：这办法真奇妙。汽车喇叭“嘟嘟嘟”的声音刺耳难听让人惊慌，把它变成“哆、瑞、咪、发、梭、拉、西、多”音阶这样的乐音，感觉不一样吧？

生：我发现乱扔垃圾、破坏环境现象有这方面的原因：垃圾桶太少。应该增设更多的垃圾桶，不光是主要街道要放，背街处更要放。

有些背街处根本见不到垃圾桶，手里攥着垃圾都攥出汗了，还找不到垃圾桶，结果是看哪里垃圾多，就扔在哪里。我希望创建绿色家园。

生：我发现乱扔垃圾、随地吐痰的人没有环保意识，建议提出警告，改正不文明行为。

师：两位同学提到垃圾问题，我们来看看学校，随手乱扔垃圾的现象也很严重，除了他们说的警告和增设垃圾桶以外，还有什么更好的办法吗？

生：改造地面，让地面可以吸收垃圾。

生：在地面安装吸尘器。

师：你的主意好。开始想象一下，那工程就大了，因为随处都可能有垃圾的。

生：在地面安装垃圾感应器和语音提示器，垃圾一到地上，它就提醒扔垃圾的人，要他捡起来。

师：这办法也妙，带有想象成分。

生：德国的大城市垃圾桶上装了音响，你只要把垃圾扔进去，里面就会给你放一段音乐和幽默笑话，隔段时间还可以变化内容，重新输入别的音乐和幽默笑话，我们也可以这样做。

师：利用现代音响解决问题，可见你搜集信息的范围广泛，大家都应向你学习。你们发现了许多有价值的问题，虽然我们认识到发现问题就可能有伟大的创新，但要实现创新还有事情要做，你们还小，知识储备量小，能力不足，怎么办呢？

生：我们从现在起树立环保意识，培养责任心。

生：给政府写建议书。

师：哪里有告诉我们怎样写建议书的知识呢？

众生：语文书上第94页有。

师：对了，请翻到第94页，看看写建议书应该注意些什么，写哪些内容，格式应怎样安排。

（生读，师板书建议书内容关键词：问题、原因、建议）

师：现在我们来设置建议书页面。我把建议书的部分内容写出来了，你们看还缺什么？

生：缺标题。

师：好，你来用粗横线把标题在正确的位置标出来，再写上“标题”二字。大家看还缺什么？

生：还缺“给谁写建议书”。

师：那这项内容该在页面上哪个位置？请你标出来。标不出来，那你想请谁来帮你？

生：陈博文（化名）。

师：现在仔细看，还缺什么？

生：还缺建议人和日期。

师：那请你来把它标示出来。（日期在上，姓名在下）

师；你再看看写对了吗？

生：哦，日期和姓名刚好写反了。

师：你能修改吗？

生：能。（他又把“姓名”写成了“娃名”。）

（众生哄笑）

师:你看是“姓名”还是“娃名”,“娃名王佳权（化名）”，行吗？

你自己能改吗？

（生说“不能”）

师：那谁来帮他？（一生上来纠正了错误）

师：好！到现在建议书页面设置完成了。请仔细看，这是建议书吗？是真正的建议书吗？

众生：不是。

师：对，这只是骨架，要让骨架鲜活起来，让它有血有肉，就需要你们来……

众生：写。

师：好！下节课展示你们的习作能力。

二、个性表达，抒写真情，显责任

师：同学们，你们今天发现了这么多有价值的问题，让我想起了这两句诗：“问渠那得清如许？为有源头活水来。”现在我想改改：“问题怎得有价值，爱心责任滋润来。”现在请同学们把你们的爱心、责任感，通过建议书的形式表现出来，是该你们说真话、实话、心里话的时候啦。30分钟内完成。

（学生动笔写，教师巡视指导。30分钟后）

三、他评自改，互相帮助，话真心

我曾说过：“好作文在别人眼里，在自己手里。”意思是让同学评议你的习作，你要虚心接受，自己还要动手认真修改。现在，同桌之间互相交流一下，提出问题，及时改正。

四、以题取文，鉴文评人，赏佳作

师：现在请同学们汇报你的习作题目，对感兴趣的题目，我们大家一起品评、欣赏那篇作文。第一组开始！只说题目。

生：粒粒皆辛苦。

生：争创无小偷的公交车。

生：消灭潜在的杀手。

生：不孤独的儿童。

生：美好的班级靠大家。

（一生站起沉默）

师：你的习作题目是什么？读给大家听听。

生：我还没有写完。

师：不要紧，只念题目。

师：我来替他念吧！发现问题，努力改进，创建美好家园。

师：这么好的题目，你竟没有信心念出来。

生：创造人类未来的宇宙活动空间。

师：你们想听哪一篇？

生：张敏（化名）的“不孤独的儿童”。（张敏自读习作）

师：大家都畅所欲言，说说习作有哪些优点。

生：语句通顺，写出了儿童的心声。

生：表达了一种真实的思想，说了心里话。

生：张敏在文中的感情是发自肺腑的，但问题和原因都没写清楚。

生：开始只提到儿童活动中心，可是快结束时又加了一个老年活动中心，这样前文与后文不对应。

师：看来同学们听得十分认真，点评也真诚正确。那么就给张敏优 ++ 吧！

师：还想听谁的习作？

生：李京（化名）的习作“创建人类未来的宇宙活动空间。”

师：大家评评有哪些优点。

生：想象大胆。

生：李京在作文中写得很真实。

师：文中写的事情是真实的，还是感情是真实的？

生：感情是真实的，写出了他美好的愿望。

师：对！习作是想象作文，文中想象的事物表达了他真实的美好愿望。李京优 +++。

师：我觉得李雷（化名）的“粒粒皆辛苦”不错。听听他的习作吧！

（李雷自读作文）

生：李雷写的浪费粮食的现象是真实的，文中建议我们节约粮食，是应该的，感情非常真实。

生：他的习作里有些俗语和诗句用得好，像“民以食为天”“谁知盘中餐，粒粒皆辛苦”。

生：他的作文最后还有查资料得到的数字，让人觉得很真实。

生：文中的建议分成四条，一条一条地写清楚，有条理。

师：你们评价得有理有据。有四人说出了四个优点，那么李雷本次作文等级应当是优 ++++ 了。

师：同学们，由于时间关系，没办法欣赏到其他同学的佳作，真是遗憾，但我还会给你们机会的。本节课通过你们的辛勤劳动，已经有成绩了，你们比较清楚、有条理地说出、写出了自己想说的话，其中有好词好句，精彩段落；你们还发现了问题，提出了真诚的建议。有些建议是科学的，符合生活实际的，也是能解决的；有的建议发挥了同学们丰富的想象力，连科学家们一时半会也没法解决。不过，没关系，在你们把建议书装在信封里寄出去的同时，我们努力学习科学知识，等长大了，我们亲自动手去研究、去实现这些美妙的梦想。下课！

学生反馈

生：今天我们上了一节公开课，目的是写一份建议书，写出发现的问题、问题产生的原因和自己的建议，这个要求一出来，我们都议论："怎么写？怎么写？"后来覃老师组织我们大家讨论，自己说自己发现的问题、原因和建议，有些不全面的，大家就补充。对怎样解决随地乱扔垃圾的问题，我还发言了——希望像德国那样建立音乐垃圾箱，还得到了老师的表扬，说我会收集信息，会处理信息。这节公开课使我发现世界上竟然还存在那么多问题，如果不解决，后果很可怕的。看来，这节课是很棒的课。

生：今天上的是作文课，要写一份建议书，好多老师来听课。因为第一节课我们把该说的都说了，所以写起来就方便、快捷多了，老师们也为我们指点明路，一堂课下来，既写了作文，又评了作文，让我认识到许多不足。真是有收获的好课呀！

生：每天都要上课，这太平常了，但是专门上一堂作文课的机会并不多，而今天我们就碰上了。“铃铃铃……”上课了。老师先让我们说出家庭、学校、社会中都有哪些问题。师艺（化名）说得好，她说她觉得垃圾太多，是因为垃圾桶太少了，有些人拿着垃圾到处找不到垃圾桶，时间一长拿着不顺手，就随手扔了。她的建议是多增设垃圾桶，不管正街，还是背街。她的目标是：发现问题，努力改进，创建绿色家园。其实这就是我们生活中的问题，改进并不难，就是没人提出。还有许多发言很好，但记得的不多，只能略提一些：公交车上有小偷，要增设监视器和警察；开发人类生存空间；等等。我也提出了假冒伪劣商品的问题。回味这堂课，让我增长了不少见识。

生：这堂作文课，给我留下了深刻的印象。放开自己的心，说自己想的话，表达自己真实的感情，我很喜欢这样的课。这堂课的主题是“发现问题就有创新”，创新要根据自己的内容来确定，这样我们写文章就有中心了。同学们都细心留意身边的一切，所以才说得那么好。这堂课给我的另一个感受是：不努力、不付出，就不会有回报。

生：我觉得这堂课对我有很大的帮助。多上这样的课会锻炼我们的口才，还会增长我们的知识，我以后还会努力争取发言的机会。

生：这堂课气氛好极了，同学们格外自觉，覃老师也谈吐自如，话语既针对关键，又风趣幽默。同学们有了想法就积极发言，写的时候教室里十分安静，四周鸦雀无声，只有笔在纸上“沙沙”地响着。覃老师会心地笑着，好像在夸我们。我觉得这样的上课方式很好，老师轻松，学生轻松，一堂课下来，既学到了知识，还轻松快乐，多好哇！

生：快乐从何而来？从游乐场里来。不，你想错了，快乐在我们班，在覃老师手中，在覃老师嘴中，在覃老师眼中，在覃老师心中。课上，有争先恐后发言的，七嘴八舌补充的，老师全部包容，虽不十全十美，但快乐地开始，又快乐地结束。

生：提起公开课，我就想到待在教室里闷热紧张地坐着、不敢乱动的情景，可这节课，我们开心极了。这节课上，最大的感受是不紧张了，虽然老师多，但我觉得一个老师都没有。在这种状态下，我写作时也十分轻松，这可能是因为覃老师表现得轻松的缘故吧！总之，这节课，因为轻松愉快，所以学到了很多，我们发现了许多问题，也提出了许多真诚的建议。我想，如果市长能采纳我们的建议，天水将会变成世界上最先进、最现代、最美丽文明的城市。

生：我认为这是一堂生动的课，它培养了我们的习作能力和调查能力，还能激发我们更加热爱我们的生活空间。但我却不怎么喜欢其中的一点：在写之前就先说出来。我认为那样“说出来”的作文没有一点美感，又不好记，就算说得再好也记不住，写的时候又得重想。而且说的时候，一般人都不好意思说出一些话，说的时候没有那种像看电影一样流畅痛快的感觉。我觉得在写的前一天，先准备好资料，写完后，再去交流比较好。

生：这节作文课，覃老师用对话的方式和我们交流，我感觉这样可以让我们在写作之前，心里有更好的题目和好的内容。这样既能提高我们写作文的积极性，又能加快我们写作文的速度。如果长期这样上课，我们的作文水平会比现在好十倍、百倍。

学生习作展示

请体谅盲人的苦衷

敬爱的市长先生：

您好！我是天水师范附属小学五年级（1）班的学生，想跟您说说关于盲道的事。

有一天我和妈妈在外散步，我看到了路旁的盲道，便对妈妈说："我要学盲人叔叔阿姨们走路。"说完我在路边捡起一根木棍，学着盲人叔叔阿姨们的样子走起来。我闭上眼睛用棍子探路，走在盲道上，就像按摩脚一样。盲道与我们平常走的路大有不同，我们平常走的路基本上是平的，如果路不好就会出现凹凸不平的情况，而路上的坑都是没有规律的，时大时小，时高时低。盲道就不同了，它虽然是凹凸不平的，但是都非常有规律，一条一条的排放得非常整齐，这样就会给人一种特别的脚感，使盲人叔叔阿姨们很容易判别这是否是盲道。我走在盲道上还有个特别的感受，就是眼前没有了光，没有了大自然的色彩，没有周围的人、事、物，一切都被黑暗抹去，汽车的喇叭声，人们的说话声，大自然中所有声音混杂在一起，在我四周响着。我不知自己在哪个地方、哪个方位，我觉得十分恐慌，汽车打着喇叭好像就从你身旁冲过去一样，人们说话好像都不瞧我一眼就向我走来，我生怕他们撞上我。虽然我在这样一个闹市里，但我感到周围的一切都很静，不是那种悄然无声的静，而是仿佛与大自然融为一体同时我也感到非常无助、孤独的静。市长先生，您有没有想到一位盲人独自走在盲道上，是否会感到孤单而无助呢？这种感觉是我们正常人无法了解的。

我一边走一边用棍子探路，可是不知怎么的，我就撞上了停放在盲道上的自行车。由这件事我想起了那些盲人叔叔阿姨们，我真为他们感到担心呀！

就在这次探险中，我发现在盲道上不仅停放着自行车，还停放着摩托车、汽车等，我想这都是人们的不良习惯造成的吧。有的盲道上居然有高压电箱，而且盲道在中途还会中断，甚至许多地方没有盲道。也许盲道对您来说像摆设一样，并不重要，可对盲人叔叔阿姨来说就好比双眼呀！

我想您不愿意看到一位盲人在外行走时，因为盲道中断而手足无措，甚至原路返回吧，或者是走着走着就撞上了停放在盲道中间的车。您难道不觉得他们非常无助吗？难道盲人叔叔阿姨们就不该出门行走了吗？我们正常人就应该霸占他们的道路吗？

如果可以的话，就请您在这个城市所有的大街小巷都铺上盲道。不管在什么情况下盲道一定不能中断，高压电箱也应该设在离盲道二三米远的地方。如果在盲道的两旁设立护栏，这样盲人叔叔阿姨们行走起来就会更方便、更安全。盲道要派专人管理，不能让任何车辆阻挡，保证盲道畅通无阻，让盲人也享受到我们这个大家庭的关爱吧。我在这里代他们谢谢您。但愿天水这个文化旅游城市变得更文明，更有人情味。

建议人：杨隆（化名）

2004年5月20日

尊重、快乐、表达三位一体

教学目标：鼓励学生相互尊重，快乐地进行个性化表达。

教学过程（课堂实录）：

一、兴趣导入

师：同学们，今天的习作课准保你们眉开眼笑（学生脸上扬起了微笑，好奇的眼神不约而同地聚集在我这儿。）请看这个词（板书：绰号）你们知道它怎么读，它是什么意思吗？不明白的找你们无言师傅——字典或词典。

生：外号、别号、代号、雅号，自己名字以外的另一个称呼。

生：词典上说：绰号，也叫外号，人的本名以外别人根据他的特征给他另起的名字，大都含有亲昵、憎恶或开玩笑的意味。

师：通过讨论和查词典，解决了绰号的含义。刚才同学们说到代号、别号、雅号，你们的理解基本是正确的，不过是别号、雅号有的是古代文人雅士自己给自己取的，完全是出乎本意，是自己喜爱的。

有人给你们起绰号吗?

生(异口同声):有。

师:你听到别人叫你的绰号时有什么感受?

生:讨厌、厌恶。

生:我觉得他们无聊,让人憎恨。

生:我很愤怒。

生:我觉得父母给我取的名字好像没用了似的。

生:我特别难过,又很无奈。(此男生道出别人叫他绰号——根据身体缺陷取的——时的心情,言语中已见他眼中闪闪的泪光)

二、经典导引

师:同学们,你们的心情我十分理解,曾经也有调皮的学生给我起绰号,我与你们的感受是一样的,特别是那些根据人的缺点、生理缺陷起的绰号是对他人的极端不尊重。它是不健康、不文雅的,听后使人产生像你们所说的厌恶、憎恨、愤怒、难过又无奈等不良情绪,破坏友谊,破坏团结,严重的还会伤害别人的自尊心,让人产生自卑感,让人莫名其妙丧失自信心。想想,因为这样的绰号没有了自信心,没有了朋友,这是多么可怕的事呀!可有些绰号、别号、雅号却很好听,比如唐代“诗仙”李白叫“青莲居士”,白居易叫“香山居士”,我国古代四大名著《红楼梦》《西游记》《水浒传》《三国演义》中就有许多叫起来响当当而又不令人生厌的绰号、别号、雅号,挑几个你们喜欢的来说说。

生:《西游记》中孙悟空常把猪八戒叫“呆子”(众生哄笑)。

师:“呆子”,感觉人傻傻的,你觉得难听吗?

生:不难听,这样叫显得他们很亲热。

师:对,这是昵称。

生:我觉得“呆子”还显得猪八戒很可爱。

师:假如我或者不认识你的人叫你“呆子”,你愿意吗?

生:不愿意。

师:所以,这种亲昵的称呼只限于关系十分密切的同伴之间。

生:孙悟空有个绰号是“美猴王”。

师:“美猴王”花果山众猴之王,多么响亮!

生:孙悟空还叫“弼马温”“孙行者”“行者孙”。

师:你知道得可真多。那些都是他的别名,孙悟空还自称“老孙”呢。

生:《红楼梦》里王熙凤叫“凤辣子”。

师:“凤辣子”,一个性格泼辣、行事果断的女性。

生:《水浒传》里人物绰号最多了,我知道“豹子头”林冲、“黑旋风”李逵,还有那个孙二娘叫“母夜叉”。

生:对了,还有“九纹龙”史进、“出林龙”邹渊。

生:“金钱豹子”汤隆、“赤发鬼”刘唐、“玉麒麟”卢俊义。

生:我知道“铁笛仙”马麟、“铁扇子”宋清。

生:梁山上的宋江叫“及时雨”,吴用叫“智多星”。

生:还有一个郑天寿叫“白面郎君”,张顺叫“浪里白条”。

生:“神算子”蒋敬、“立地太岁”阮小二、“花和尚”鲁智深、“小旋风”柴进。

……

学生们兴致正浓，意犹未尽。

师：你们竟然知道这么多，是从哪儿了解到的?

生：从电视里看到的。

生：从书上看到的。

生：小浣熊方便面里有《水浒英雄传》卡片，上面有他们的人物小传。

生：听说的。

三、特点归类

师：看来，获取知识的渠道很多，但都离不开我们的生活，有心人自然知道得多。通过大讨论，我们知道了许多人物的绰号、别号、雅号。别号都是根据什么取的呢？我们来总结一下它们的特点。你说依据时最好举一两个例子，可以说刚才提到的人物，也可说没提到的，这样更好。注意：别人说过的最好不要说，要说别人没想到的。

（学生开始思考，课堂一时安静下来）

师：李林一（化名），我看你已想好了，开个头吧。

生：性格。

师：你能说完整些吗？再举个例子。

生：绰号可以根据性格来取，比如“凤辣子”。

师：说得正确，大家再补充补充根据性格取绰号的例子。

生：“母夜叉”，算不算?

师：当然，孙二娘性情毒辣、凶悍，叫“母夜叉”。

生：老毒物、小魔女也是按性格说的。

生:我觉得还可根据人做事情的特点来取,比如“及时雨”宋江、“急先锋”索超，就是这样的。

师：人做事情的特点，不错，你动脑筋了，我们把它概括成行事风格吧。

生：还可以根据身体特点来取。

师：比如?

生：比如武大郎叫“三寸丁谷树皮”，因为他个子矮。

师：李雷（化名）今天很积极，表现好。

生:“一枝花”蔡庆、“白衣秀士”王伦、“花项虎”龚旺是根据衣着打扮来取的。

生：小李飞刀、大刀王五、铁笛仙、铁扇子都是按照人身上佩带的武器来取的别号。

师：一口气说了四个例子，我们归纳成“所佩器物”这个特点。

生:“智多星”、“神算子”这样的应该是根据他人很聪明，有计谋来取的。

师：那……我们就写成“聪慧程度”吧。

生：根据地位也可以取绰号，像林冲他是八十万禁军教头，所以叫“豹子头”。

师：王旭（化名）说得不错，但不完全是。“豺子头”这个别号至少就有社会地位、林冲本人的性格特征和行事风格三方面的依据，他是八十万禁军教头，打仗猛如猎豹，而且性格急躁，沉不住气，所以综合而成“豹子头”。再如：李逵叫“黑旋风”，是根据他身体特征皮肤黑，常穿一身黑衣服，行事动作神速快捷如一阵旋风，所以得名“黑旋风”。像这样综合了多种特征的绰号、别号、雅号还有许多。

生：小李飞刀、大刀王五就是根据所佩器物和他们的特长来取的。

师：非常正确，你又提到了一个新的特点——技能特长。

生：还可以根据人的官名和他做的事情来取，比如“弼马温”。

师：官名、职业，又一个新特点产生了。我来补充两个例子，鲁迅笔下有一个专门卖豆腐的漂亮女人叫“豆腐西施”，你们看的武侠片《射雕英雄传》里那个丐帮头子就是黄蓉的师傅叫“老叫花”。还有其他的特点吗？其实人的兴趣爱好、愿望、理想等都可以作为取绰号、别号和雅号的依据。

四、讨论雅号

同学们好聪明，我们齐心协力，共同合作完成了绰号、别号、雅号来源特点的讨论，相信同学们应该知道如何取绰号、别号、雅号了。现在，请大家在小组里完成这样一个任务。与他人合作给自己取一个喜欢的绰号、别号、雅号，愿意吗？

生（兴奋地）：愿意。（个个跃跃欲试）

师：小组交流时，一定要尊重他本人的意愿，一定要他本人喜欢，不喜欢的干脆取消，以后也不能拿它来取笑他。老师强调一句：尊重他人，就是尊重你自己。现在由小组长领着大家开始讨论。（讨论气氛热烈）

五、汇报交流

师：看到你们喜笑颜开的样子，我就知道你们有了自己十分满意的别号，说来听听。说的时候，别忘了讲讲根据是什么。先由飞毛腿小组汇报（这是给讨论合作效率高、完成任务快的小组设计的奖励性的荣誉称号，可随时变化，如导弹小组、神鹰小组、火箭小组、神州号小组等）。

生:我们组经过合作讨论,大家都有了自己喜欢的绰号。陈佳（化名）因为皮肤黑,名字中有个“佳”字,叫“佳佳酱油”。思涵（化名）因为他懂得很多知识，爱看书，比较精通电脑，数学成绩在班上数一数二，所以叫“小博士”。徐瑶（化名）是班上的学习委员，就叫“学习机器”。我呢皮肤黑，贪玩，性子比较野，就叫“非洲野人”。

生：我们小组讨论结果——邵勇（化名）跟台湾有名的爱国富翁邵逸夫同姓，我们就在邵逸夫捐钱修建的学校里上学，他希望自己将来也能为国家做点事情，就叫“邵逸夫二世”。秦凯（化名）的个子在班上是最高的，又姓秦，市场上有种很好吃的白馒头叫“秦老大馒头”，很受人喜欢，他在班上人缘也好，所以叫他“秦老大”，刚开始他还不喜欢，说清楚原因后，他就同意啦。

师：秦凯，你现在喜欢这个绰号吗？

生（腼腆、笑眯眯地）：我喜欢。

生：我爱好文艺，爱唱爱跳，会好几种乐器，又特别喜欢中央电视台正大综艺节目，名字中的两字刚好与“正大综艺”中的“正”和“艺”相同，一举三得，就叫“正大综艺”了。

师：你的姓与“正大综艺”的“正”不相同，而是谐音（板书：谐音），音同字不同。真是巧妙的构思。

生：我的同桌王佳权（化名）叫“小眼镜”，杨梅（化名）叫“樱桃姐姐”，董宁（化名）叫“董事长”。

师：有意思。那根据是什么？

生：王佳权因为戴了一副近视眼镜，所以叫“小眼镜”；杨梅爱吃樱桃，她还有个小妹妹，她希望自己做个好姐姐，所以是“樱桃姐姐”；董宁希望将来有成就，就叫“董事长”。

师：那你自己呢？

生（不好意思地）：刚开始，因为我名字中有“清华”两个字，想考清华大学，就想叫“清华大学”。后来我又想起我最喜欢骑马，很想成为骑士，而我的牙现在戴上了银白色的矫正器，干脆就叫“银牙骑士”。我觉得这个绰号有趣。

师：你可真会联想，但愿你将来既能上清华大学，又能成为英俊潇洒的骑士。

生：我们这一组最精彩了。在起绰号时，第一个就想到了杨隆（化名），因为他长得非常胖，远远地看像一只傻乎乎的熊，而且他常给我们班带来荣誉，所以我们把他叫“荣誉胖胖熊”。他听后大发雷霆，说：“不行！不行！太难听了。”我和袁航（化名）为了尊重他本人的意思，只好听从重来。我和袁航同时想到了以前玩过的电脑游戏叫“荣誉勋章”，就对他说，叫你“荣誉勋章”吧，杨隆最终同意了。袁航很聪明，本来叫“中国小智者”，快要汇报时，他改变主意，说他非常喜欢《法国漫画》那本书，他从中学到了许多关于法国的历史知识，又喜欢法国，就叫他“法国小智者”。我叫“搞笑小忍者”，因为我特别喜欢英雄忍者，也特别爱讲笑话。

师：“荣誉勋章”“法国小智者”“搞笑小忍者”的确不同一般，有性格、爱好、聪明程度、愿望、赞美方面，连电脑游戏都融合在里面了，你们还真是动了一番心思。

生：“老师，我们这一组也精彩……”

“我们这一组更精彩……”

“老师，该我们汇报了……”

每个小组的汇报都得到允许，汇报过程是这堂课的高潮部分。学生们饶有兴致、通顺流利的交流，使听的学生十分专注，情绪高涨，时不时哈哈大笑，有的甚至欲站离座位，还有的忘形得擂桌欢笑，笑得前仰后合。等到汇报结束，有些学生已经趴在课桌上哎哟连连，直叫肚子疼。我也被他们的情绪感染得乐不可支，一改平时的严肃面孔。看着这些天真可爱的孩子，感觉到课堂上还给他们快乐是多么重要，悦人悦己呀！言归正传。

六、快乐写作

师：真佩服你们的联想能力。这么多好听的绰号、别号、雅号都是在尊重他人、尊重自己的前提下产生的，以后叫绰号的同学也没有恶意了，听的人呢，也情愿。但愿能像文学作品中人物的绰号一样，叫得响亮，叫得长久。四大古典名著中的人物绰号为什么到现在我们还喜欢？这少不了作家们的功劳，是他们用心灵抒写出来的。现在该我们试试了。我们这两节课经历了说绰号、编绰号的愉快过程，请同学们完成最后一个练习，就是写绰号，可以写整个过程，也可写其中印象最深的片段，谈谈自己的感受，还可以对今天的课和绰号发表自己的真实感想，题目自拟。总之要用心灵来倾诉，就是说真话、实话、心里话。什么时候写完什么时候交。

教后反思

班上因为调皮学生随意开人玩笑，以他人缺点、生理缺陷取绰号嘲弄他人，被嘲弄的学生多次反映，苦恼至极，对嘲弄他的人常感厌恶、憎恶，自己难过，但又无奈。这种不尊重同学也不尊重自己的行为其负面影响是比较大的，学生心灵受到伤害，产生自卑心理，进而自闭，反感交友，自信心受到严重打击。有些学生顽劣，不尊重他人，想必是不了解不被尊重的痛苦心理，抑或是没有领会尊重他人便是尊重自己的深意，再不就是没有领略到受人尊重的甜蜜。为了解决以上问题，使习作与做人紧密联系，便有了以尊重为德育目标、以表达为能力目标的习作课。

上这样的习作课，想法由来已久，因为我知道，这方面的选材，会让学生们乐起来，动笔之前的亲自实践会让他们兴趣十足，而让学生在课堂上快乐学习、愉快习作是我多年来不变的追求。从课堂气氛看，已经达到目的了，学生们在实践中表现出来的奇异的联想能力和发散式思维能力以及高度热情、专注、投入，让我认识到：学生与习作素材零距离接触，是一举多得的明智之举。

从师生之间、生生之间的对话中，从学生交来的习作中，我已欣慰地看到学生们尝到了尊重自己和尊重他人的甜头，通过这种方式在班里营造人人尊重自己、人人尊重他人的良好氛围。虽有待长期保持稳固，但我相信，尊重自己和他人健康人格的种子已经深深地埋进了学生们幼小的心灵。

学生的习作虽不完美，尤其对人物缺乏仔细观察的能力（包括留心人物语言、动作、神情及对人物心理的洞察），在习作中尤为明显，这也是我目前的习作指导重点，但文中内容完全出乎纯然的“真我”。鲜明的个性不难从文中看出，相对个性化习作实验之前已有了明显的进步，这是值得欣慰的。

学生习作实例

一堂特别的课

五年级(1)班　　赵铭（化名）

“同学们，请你们安静一下。”覃老师停了一会儿，又清了清嗓子，说，“今天这堂课保证让你们乐着出教室。”全班霎时鸦雀无声，原来呀，覃老师让我们说绰号的好处和坏处，还让我们说了一些例子。最有意思的是覃老师让我们自己给自己取好听的绰号，她说:“同学相互起个既好听，又符合自己性格特点、兴趣愿望的一个绰号吧。”“好。”“但是要尊重别人的意愿。好，开始吧。”一声令下，全班像炸开了油锅一样，七嘴八舌地在一起讨论。别看平时一个个随心所欲的“出口成绰”，比如萝卜、面皮、豆芽菜等。可这会儿是给自己或别人起好听的绰号，由于人都爱专挑缺点，谁都不愿意，可老师说要想别人喜欢的，这就费尽脑筋了。

时间一分一秒地过去了，大家都在绞尽脑汁地想，我也一样。可大半天还是没有想好，急得我像热锅上的蚂蚁——团团转，眼巴巴地看着别人一个个大功告成，我也干着急呀。忽然，王旭像是从梦中苏醒了一样，说：“喂，‘黑猫警长’可以吧。”“不行，你又挖苦我黑了。”“不是，它象征着你赵铭武艺高强！”“不行就不行，老师说了嘛，要尊重本人意愿嘛。”“那就‘蓝猫’。”“怎么老猫猫猫的，我看你长得才像猫。”“你爱蓝猫是真的吧！又用的是蓝猫文具，难道还不想当蓝猫？”“嗯，蛮有道理的嘛。好，‘蓝猫’就‘蓝猫’！”

“停。”老师说时间到了，全班同学很快坐好。组长秦璐一直笑眯眯地看着我和王旭争论，这时她发话了：“你的外号是什么？”“噢，是‘蓝猫’。”不知是我说得快了，还是她听错了，把好端端的“蓝”字变成“黑”字，“蓝猫”变成了“黑猫”，消息一汇报，同学们一阵哄堂大笑，我急忙说：“不对，我的绰号是‘蓝——猫——’呀。是正义勇敢的化身。”组长秦璐说：“王旭说‘黑猫’是你的外号。”还没等老师开“金口”，不知是谁冒出了一句：“什么蓝猫黑猫的，能抓老鼠的就是好猫。赵铭，你会抓老鼠吗？算了，叫你‘花猫’吧！”我心里想谁呀，尽出我丑，小心被我抓住，打你个大脸猫。可全班同学都对着我捧腹大笑。唉，哪有地缝呀！

别光说我了，把别人忘了，有个很有特点的绰号是马潇的“四眼胖胖白面郎君”。他戴了个小眼镜，又白又胖，蛮形象的。还有“邵逸夫二世”“秦老大”“法国小智者”“爆笑忍者”“正大综艺”……这些外号都是根据他们的理想和兴趣性格等来取的。

这就是我们的一堂特别的课，你们喜欢上这样特别的课吗？

有趣的绰号课

五年级(1)班　正大综艺（化名）

前几天的作文课上，老师让我们四人组成小组讨论，给自己起一个喜欢的绰号。我一听，非常高兴，因为，以前妈妈给我起的绰号都是像“小猫咪”之类的，有点儿像幼儿园的小孩，我不喜欢。老师讲了怎样起绰号后，我就带着组员兴致勃勃地讨论起来。

我们组邵勇的绰号叫“邵逸夫二世”。他的绰号来源于我国台湾的一位慈善商人，叫邵逸夫，他喜欢捐款给贫困地区建学校，连我们学校也是他捐助建的呢。邵勇的梦想是长大后像邵逸夫一样，为祖国做一点贡献，所以我们给他起的绰号是“邵逸夫二世”。秦凯的绰号是“秦老大”，原因有三点：第一点因为他姓秦；第二点是因为他是我们班男同学中个头最高的一个；第三点是因为市场里有一种机器做的馒头，叫“秦老大”，它很受欢迎，而秦凯也很受同学们欢迎，所以他的绰号叫“秦老大”。我的绰号叫“正大综艺”，因为我多才多艺，既会弹钢琴又会唱歌，既会吹笛子又会吹葫芦丝，等等，《正大综艺》还是中央电视台的热播节目。而且我想在这个节目里露一手，真是一举三得呀！我们组的成员都有了自己喜欢的绰号，都高兴得不得了，一张张笑脸像一朵朵开得正灿烂的向日葵。

其他小组也讨论完了。开始汇报了！我一听，世界真奇妙，光是我们班的好绰号就像满天繁星，数也数不清。比如“晴转阴，阴转晴”“小草莓”“董事长”“变脸大王”……很好玩吧。神不知鬼不觉的，这两节课轻松愉快地结束了。

是呀！只要绰号是健康的、善意的、幽默的、对方喜欢的，可以这么叫。像狗狗娃、大鼻涕虫……这些对方不喜欢的，可千万不能这么叫，否则会伤别人的自尊。

我的新绰号

五年级 (1) 班　杨隆（化名）

有可能你有一个令自己很自豪的绰号，也可能你有一个令自己很悲哀的绰号。以前我就有一些很厌恶的绰号，比如“羊咩咩”“锅盖头”等，可今天在老师的引导下，我有了一个新的绰号叫“荣誉勋章”。你别看这四个字乍听起来很别扭，但是这四个字的内涵我却很喜欢，因为它使我有一种成就感。

话还要从今天早晨的作文课上说起。今天早上的第一节课，老师就让我们说一说所知道的一些名人或文学作品中人物的绰号，比如“外星人”——罗纳·尔多，“小巨人”——姚明，“魔术师”——约翰逊，“飞人”——乔丹，还有“智多星”——吴用，“入云龙”——公孙胜，“大刀”——关胜……

这些都是根据他们的兴趣、爱好、身体特征、性格特征以及职业地位，还有他们各自的佩带武器来起外号的。

后来，老师让我们小组讨论，让我们给别人或自己起一个喜欢的绰号。这时候同学们各自发表见解，首先我说“干脆叫我‘小公民’或‘小卫士’”。袁航和温静都不同意，说:“太俗了吧？”我想想也是啊。袁航就说:“叫你‘胖胖熊’，怎么样？”温静说:“杨隆热爱班集体，一定要围绕这个优点来给他起外号。”他接着说:“干脆叫他‘荣誉胖胖熊’吧。”而我不是很喜欢，“荣誉”这两个字还可以，但至于“胖胖熊”嘛，提起这三个字就给人一种傻傻的感觉。突然，温静茅塞顿开，说:“‘荣誉勋章’怎么样？”这个绰号很好，正合我意。这样，我的绰号就成了“荣誉勋章”——四个含有深刻韵味的字眼儿，恰好与电脑游戏名一样。而同学们之所以给我起“荣誉勋章”这个绰号，原因是我比较爱护集体，时刻想着为班集体争荣誉。

同学们为了鼓励我，让我继续为班集体争光。我想我会的，因为作为一个班干部，为班集体争光是自己应该做的，所以我以后要尽我所能，去为班集体赢得更多的荣誉。“荣誉勋章”这个绰号它不仅令我有一种成就感，它也是带我走向成功的指明灯。

我喜欢我的新绰号！

美丽的果实

——菱角观察课堂实录

教学目标：

1. 学会从整体到局部、由远及近的观察顺序。

2. 能通顺、完整地讲述自己观察到的现象。

3. 能利用自身的各种感官去体察事物，并对观察产生兴趣。

4. 结合资料和观察顺序及自己的感受，写一篇感情真挚、语言通顺的习作。

课堂实录：

师：同学们，你们见过、吃过不少大自然赐给人类的植物果实，你认为哪一种果实最漂亮？

生：葡萄。

师：请用一个词语把它形容一下。

生：亮晶晶的葡萄。

生：弯弯的香蕉。

生：圆圆的苹果。

生：红彤彤的苹果，黄灿灿的梨。

生：宝石一样的紫葡萄。

生：害羞的红高粱。

师：你说的话太美了。成熟的高粱红红的就像害羞地低下头来的人，多生动啊！

生：圆圆的、翠绿的大西瓜。

师：你们心中有最漂亮的果实，老师心中也有最美丽的果实，今天我特意带来与你们共享。请看大屏幕。

（我把四个煮熟的菱角放在展台上，让学生通过大屏幕观察。菱角一映入眼帘，孩子们惊讶、唏嘘）

师：你们知道这是什么吗？

生：巧克力。

生：黑面馍馍。

生：蝙蝠馍。

师：我说了，它是大自然里的植物的果实，没有经过精细加工的。而你们说的是加工过的食品。

（学生们一时肃静，他们伸长脖子，睁大眼睛，努力察看、回忆，就是没有答案，最后把希冀的目光投向我。我决定吊吊他们的胃口）

师：我们暂且不说它是什么。你们先说说这些小东西的颜色。

生：黑黝黝的。

生：乌黑的。

生：漆黑的。

师：同一种颜色，不同的表达，词语丰富，好！再看它们整体的外形，你用什么词语去描绘呢？

生：怪异的。

生：奇特的。

生：样子像牛角。

生：应该是像有牛角的牛头。

生：羊角。

师：你是说那种弯曲的羊角？

生：嗯。

生：我感觉它像一把弓箭。

生：它像黑色蝙蝠。

生：它像在天空的大雁。

师：你是说，它像天空中正展翅南飞的大雁？

生：像海鸥。

师：请把语句说完整。

生：它就像在大海上飞翔的海鸥。

师：说得真准确。孩子们很积极，很会联想，你们从整体上说出了它们颜色和样子。说到这儿，你想做什么？把你真实的想法告诉我。

生：屏幕上看太小了，我想再放大一些看看。

师：满足你的愿望。（我把其中一个菱角放大到充盈整个屏幕）

生：我想摸一摸，感觉一下。

生：我想闻一闻，它是啥气味。

生：我想舔一舔，尝尝它的味道。

生：我想一口吞下去。（众生开怀大笑）

师：你还没弄清楚它是什么，就想一口吞下去，真是个小馋猫！

生：我想看看它表面是什么样的。

生：我想知道它有多重。

师：你想用手掂一掂，是不是？同学们想用眼睛、鼻子、嘴巴、舌头、手近距离观察，这些都是观察方法。这些小小的愿望，我能满足你们。但老师提醒你们，想吃的千万忍住，等我们都一饱眼福之后，我会让你们享享口福的，行吗？

（学生们激动不已，满口答应。我把四个小菱角分给四个小组，让他们自由观察。一时间孩子们聚拢成四堆，叽叽喳喳，你抢我夺，拿在手上好奇地摸着揣着，尽情闻着，凝神舔着，疑惑着，猜想、议论着。有的学生还没看够，菱角就被抢走，于是又追着、埋怨着，欢腾的场面显现出孩子们强烈的求知欲。他们眼中这些小菱角真的就是世界上少见的尤物，爱不释手。我看他们如此稀罕菱角，他们的兴趣完全被激发起来了，感觉特别欣慰，看来共享美好的确是件幸福的事情。10分钟后，我让孩子们安静下来。）

师：我知道你们很喜欢它，现在你们明白了，老师为什么说它是最美丽的果实吧？我也跟你们一样对它爱之有加，花了一个小时煮熟了，舍不得吃，拿来与你们分享。现在你们把近距离观察到的情况或者感受说一说。

生：我感觉这东西很硬。

生：它的角扎手。

师：我看见有一个小角没有了，是不是折断了？

生：我和同学抢的时候把它弄断了。

师：看看，你不小心对待它，它就要扎伤你了。

生：我看见表面有花纹，像竖着的眼睛。

生：它表面的图案很精美，像雕刻的一样。

师：这是大自然雕刻的，美得像人工雕刻的艺术品。

生：我用鼻子闻了一下，有点香甜的味道。

师：是吗？我来闻闻。嗯，有烤红薯的香味儿。

生：还有它的下面的纹路像牙齿。

生：它看起来很恐怖，像骷髅头。

生：我摸了，它的表面很光滑。

师：应该是除了有纹路的地方，表面很光滑。

生：它就像古代部落里头人的头像，有黑色的花纹，看了让人害怕。

师：它既然是植物的果实，那么等到第二年春天，它会发芽。你们猜，它的嫩芽会从哪儿钻出来呢？

生：应该从尖尖的角那儿发芽。

师：尖角那儿厚实、严密，嫩芽能出来吗？再仔细看看，想想。

生：应该是从两个角中间，有毛刺的地方长芽。

师：正确。刚才有同学说，它像骷髅头，像竖着的眼睛，像牙齿，你们观察细致，联想也丰富。我想让大家曲起手来，模仿成弯曲的尖尖角的样子，让周围同学看一看。

（学生做动作、表情，龇牙咧嘴，横眉瞪眼，嘴里还发出狼嚎鬼叫的声音）

师：看到同伴的样子，你有什么感受？

生：我感觉很凶恶。

生：它很可怕。

生：让人不敢走近。

生：吓得我想跑。

师：好！刚才有个馋猫说想一口吞下去。现在你还想一口吞吗？

生（齐答）：不敢。

师：为什么？

生：长得太古怪了，不好吃？怎么吃啊？

生：它的角太尖了，会扎破嗓子的。（众生笑）

生：那样子太可怕，不能吃。

生：太硬了，咬不烂。

师：那么现在你想，这小东西为什么长得这样古怪呢？

生：为了吓人。

生：为了不被拿走。

师：它是不想被人或周围其他的动物吃掉，不想被伤害，希望能安全地繁殖后代、发芽、生长。

生：它是在保护自己。

师：对，你们看，它的外形长得怪，但我们觉得它很美，近看之后，发现它还有些凶，可我们还是喜欢它。它是为了保护自己才长成这样的，它还很聪明。所以这是一种既漂亮又聪明的植物果实，那它叫什么名字呢？现在告诉你们。它是江南盛产的菱角。现在一组一个，看看你们怎么吃它。记住要讲卫生，保证每人都能尝一尝。它到底是什么味呢？不过在品尝之前，我有两个要求：（1）你们回去查找菱角的资料，读一读，进一步了解它。（2）刚才对它由整体到局部、由远到近进行了观察。把你的观察和体会结合资料写成一篇习作。你们能做到吗？

学生们欣然答应，然后到各自小组讨论、想办法试验怎么吃菱角。其中一组选了一个大力士，怎么掰都开不了壳，我忍不住加入他们那一组，参与了破壳行动。课间十分钟也在这快乐的分享中悄悄地流逝。

教学反思

《义务教育语文课程标准》强调语文教育应致力于课程内容的革新，强调课程的现代性和创新性，强调从本课程的特点出发实施语文教育，努力建设开放而有活力的语文课程。广阔的生活空间为构建开放而有活力的个性化作文教学提供了丰厚的现实基础，蕴含语言和思维的写作能力训练完全可以借此而纵横驰骋，而观察力作为支撑写作能力的主要支柱之一，就是打开生活大门的钥匙。

这堂实物观察课重在观察方法的引导，同时也进行语言、思维训练，这样的训练不是枯燥的讲授，而是师生互动、真诚交流。“润物”在情感碰撞中，在趣味对话中，在情境体验中，在积极的思考中，在笔墨欢畅的记录中。

要使学生学会从整体到局部、由远及近地观察目标，同时乐于观察，我首先选取学生们极少见的新奇物——菱角，它奇特的外形，一定会激发学生的好奇心。接下来以漂亮的果实为话题引出观察对象，让学生远距离观察菱角的色彩和整体形状，并鼓励他们进行联想。然后，满足学生自然产生的心理需求，顺势过渡到近距离观察环节，在学生们零距离接触菱角之后，明确了利用身体各感官进行体验的近距离观察方法。在学生获得菱角的总体印象后利用“敢不敢吃”的话题引发学生思考：菱角为什么长得如此古怪？站在学生的视角，利用学生已有知识储备来回答，设置情境让他们体验，加上我的点拨，学生知道菱角长得那样奇特就是出于自我保护。观察、思考同步，学生形象思维的发展得以促进，从而培养学生发现问题、分析问题、解决问题的思维习惯。最后进入阅读资料和读写结合的环节，开拓了学生的视野。整个教学流程是抓住了学生兴趣这个激发点，紧依他们的心理需要顺势而行，一气呵成，完成了前三个教学目标。

第四个读写结合目标达成不理想，能查资料的学生是少数，这一点不足应该在观察之前、品尝之后由我来给大家展示。由于我考虑欠妥，菱角的品种和功用在课堂上没有涉及，实在是遗憾。在以后进行课前设计时，还应考虑全面。

习作活动发言有 **50** 人次之多，其中的近距离触摸和品尝是全员参与，师生全情投入，兴趣盎然，课堂气氛十分活跃。学生能乐学于课堂，我甚感欣慰。

学生反馈

生：上活动课的时候，老师给我们带了几个菱角让我们观察。我们把那个老师说的美丽的果实拿在手上时，既有点好奇，又有点害怕，翻来覆去地看。老师告诉我们它叫菱角，可以吃，我们才放下心来。

菱角的味道不错，我觉得它是中国的第一美食呢！

生：上完活动课，我查了资料，知道了菱长在我国南部60厘米深的湖水中，因为它的果实长得像角，所以叫菱角。菱还是一种药材，菱茎还可以做成菜，叶子像荷叶，浮在水面上，有的跟雨伞一样大。菱角果肉白白嫩嫩的，样子像睡着的白娃娃，特别可爱。我想要是我住在菱角里面该多舒服啊！

生：上活动课了，我十分高兴。我猜老师要上什么呢？当我知道我们看的黑黑的怪东西是菱角时，更加兴奋。菱角的味儿很特别，既像熟栗子，面面的，又没多少甜味，淡淡的。这节课我知道了写作文的时候要有层次，跟观察的过程一样，还知道怎样利用好词好句。

生：这节课真有意思，我知道了一种新的果实，它叫菱角，是江南水乡的特产。吃菱角太好玩了，大家都争着吃大块的。它的味道香香的、甜甜的，像我喝的牛奶一样，希望我还能再上这样又学又吃的课。

生：我在作文课上收获很多。我知道了观察事物要从远到近，还要摸、闻、看、尝，全面了解事物。观察要仔细，不能马虎。通过这次观察菱角的活动，我觉得观察是有趣的事！我想：我要多观察身边的事物，写起作文来肯定很容易。

生：在写作活动课上，覃老师让我们观察菱角，她刚拿出来，就让大家猜。有的小声说是一张弓，有的说是牛角，还有的喊出来说是蝙蝠馍。可老师就是不告诉我们，让我们说它的颜色和外形，后来给我们每组发一个，让我们拿在手上观察，最后才告诉我们是菱角，每人都尝了一点。哇！白白的，香香的，这么好吃。老师说：“这就是果肉。”听王凡说菱角还能卖很多钱呢。这是多么有趣的一节课！

学生习作实例

奇特的菱角

三年级（1）班　　李晓（化名）

“一只小船中间低，日日夜夜漂水里。小船里面装香蕉，大人小孩都欢喜。”猜猜它是什么？对，这就是菱角，也叫“水栗子”。

妈妈在市场上买了一堆黑黝黝的菱角，我拿在手里翻来覆去地看。菱角的形状很特别，它既不是方的也不是圆的，长得十分古怪，像个黑元宝似的。远远看去，有的像牛魔王的脑袋，有的像二郎神的帽子，还有的像吕布的战盔。爸爸说：“我看更像一只展翅欲飞的蝙蝠。”我用劲捏了捏，发现它的皮非常坚硬，仔细一看，上面布满了精美的花纹，有的像眼睛，有的像鼻子，还有的像嘴巴，好似能工巧匠雕刻的一样。老师说它是美丽的果实，还是有道理的。

剥开厚厚的外皮，露出白嫩嫩的果肉，咬一口，脆脆甜甜的，还有一股清香呢！妈妈烧开了一锅水，它们像一头头水牛，争先恐后地跳下水。我像牧童一样在锅的周围雀跃欢呼，看着它们欢快地嬉戏，高兴极了。40分钟后，煮熟的菱角热乎乎、香喷喷的，酥软极了，真的有点像栗子。据说，奇特的菱角还有补脾胃、强股膝、健力益气的功效呢。

菱角真像一块宝，既能生吃又能熟用，不仅可以治病，而且它的壳还能做装饰品，难怪大家都喜欢它。

自鉴自评：最初，在老师的介绍下，我认识了菱角。它那稀奇古怪的样子，深深吸引了我。后来，妈妈买了菱角，通过观察、品尝、查资料，我更加了解了它，所以写出了这篇习作，和大家分享。菱角长这样并不怪，它是为了保护自己。

同学的评价：我最喜欢这句："40分钟后，煮熟的菱角热乎乎、香喷喷的，酥软极了，真的有点像栗子。"我都馋得流口水了。

李晓的作文话语通顺，写出了菱角的样子、花纹，它的味道还没写清楚，如果把吃熟菱角之前的心情写出来就更好了。菱角一般在每年4月播种，8至10月中旬采摘，应该把这一点也写上。

家长的评价：李晓爱随意写日记，却很少写作文。这次在文章的结构、字词句上下了些功夫，比以前写的日记水平有明显的提高，愿她能够坚持不懈地写下去。

老师的评价：我在菜市场发现了菱角，惊喜之余，买了两斤，与家人分享。可意犹未尽，拿了几个到学校，准备与孩子们共同品味。最近，学生们正在练习写观察日记，观察方法我给他们讲过，也带他们到校内操场进行了实践。他们对爬山虎、松树、柏树、月季、女贞树、樱花、玉兰、冬青这些花木作了选择性的观察，也完成了自己的观察日记。但菱角属于南方水产果实，对于生长在北方的孩子来说，真是陌生。结合我们的教学内容，我把菱角作为观察对象，拿到活动课上，展现在学生面前，再一次重温了观察的奇妙过程。

李晓是个读书迷，更是个细心的孩子。她的习作开头出现了一个谜语，引起阅读者的兴趣。接下来她按由整体到局部、由外到里的顺序，层次分明地写出了观察所得。其中，对菱角的形状、花纹及煮菱角的描写尤其生动，那一个个漂亮的菱角，在她的笔下，真是情态万分,呼之欲出。充分表露出李晓对菱角的喜爱之情。可见她善于观察，也善于联想。

古怪的菱角

三年级（1）班　王凡（化名）

在我国南部，长着一种特别的植物叫菱，它生长在60厘米深的湖水中。有时，它自己偷偷地从水里钻出来，看着美妙的世界;有时，人们小心翼翼地把它栽种下来，培育它成长，并且给它起了个美丽的名字叫“水中落花生”。菱长着紫红色的茎，碧绿的叶子像一把把雨伞盖在湖面上。到了芬芳迷人的夏天，菱会开出艳丽的白色小花，花谢后，一个个菱角就羞答答地藏在密叶下的水中了。

成熟的菱角有拇指大小，品种很多，有蝙蝠菱、大青菱、无角菱等。菱角有红色的、有紫色的，还有黑褐色的。它长得棱角分明，像一只只沉睡的蝙蝠，又像倔强的牛头，仔细看更像一个个元宝。在活动课上，我拿起菱角摸了摸，吓了我一大跳，菱角立刻就从我的手上滑下来，因为我摸到了它的“盔甲”。不要太大意，菱角的“盔甲”还会生气呢！如果一不小心抓太多，可会扎伤手的。菱角的果肉就藏在这“盔甲”里，要吃到它可不是件容易的事情。先要在锅里煮软，然后晾凉，把“盔甲”使劲咬开。这时就有一股香味扑鼻而来，菱角白胖胖的果肉立刻出现在我眼前，馋得我直流口水。我马上弄出一点果肉，轻轻地放到嘴里，软绵绵的、甜滋滋的，好吃极了，那感觉就像猪八戒吃到了人参果。

菱角不但味道美,而且营养丰富,它含有多种维生素,能滋润皮肤,乌黑秀发。它还是一种药材,用来消暑解毒,有人用菱角的壳配制成药物,预防一些难以医治的疾病。菱角的嫩茎还可以做成美味佳肴。

菱角虽然样子古怪,但浑身是宝,我喜欢菱角。

自鉴自评: 活动课上,老师拿来几颗菱角,让我们认真观察,细细品尝,说出它的特点,写出感受。我很好奇,于是我回家查了许多关于菱角的资料,了解了一些知识,写出了自己的感受。

同学的评价: 王凡,你写作文要查资料,真是好习惯。作文写得很生动,我从你的作文中知道了菱角还能治病。但也有一个我不明白的地方,那就是菱角的果实为什么长得那样特别呢?

作文里把菱角的样子写得挺逼真的。如果下次不查资料,也能写出这么生动的作文,那就好了。加油吧!

家长的评价: 王凡对菱角的观察仔细认真,从视觉、触觉、嗅觉几方面做了细致的研究,发挥了丰富的想象力,并且详细地查阅资料,了解这种植物的习性、作用,这种习惯的养成,一方面是由于王凡对事物的好奇心,另一方面也要感谢来自老师的启发和教育。

老师的评价: 王凡对新鲜菱角很感兴趣,上完活动课后,他回家上网查阅了相关的资料,结合活动课上的观察,写出了这篇内容充实的习作。习作对菱角的产地、茎、叶、品种、颜色、形状、果肉的味道都做了富有个性特点的描写。他不但学会了观察,而且还能通顺地写出他的观察所得,真是个细心的孩子。

“生活处处有韵文”课堂实录

教学目标：

1. 学生能发现所读韵文的特点，并能仿写简单的韵文。

2. 激发学生关注生活，从生活中寻找习作素材。

3. 通过文字、画面、声音的感染，使学生产生阅读韵文的兴趣。

教学准备：搜集资料、制作课件。

教学过程（课堂实录）：

一、让我读一读，看一看

师：同学们，你们把《三字经》《弟子规》背会了，现在展示一下你们的背诵成果。

生背部分内容。

师:《三字经》《弟子规》是古时候儿童的启蒙读本。内容那么多，你们都能全部背下来，是什么原因？上完这堂课就能揭晓答案。

你们很小的时候，爸爸妈妈就教你们读了许多儿歌，有些儿歌至今还没有忘记。现在我们再来回味回味，让我们来背一背吧。

三生背。

师：我也找了几首儿歌，一起来读一读。

生读《小星星》《小田鸡》《小雪花》《谁会这样》。

师：我现在给大家展示一组直接教导劝诫的儿歌。读一读。

生读。

《刷牙歌》：小牙刷，手中拿，我呀张开小嘴巴。刷左边，刷右边，上下里外都刷刷。早上刷，晚上刷，刷得牙齿没蛀牙。张张口，笑一笑，我的牙齿刷得白花花。

《我有一双小小手》：我有一双小小手，一只左来一只右。小小手，小小手，一共十个手指头。有了这双小小手，能洗脸来能漱口，会穿衣，会梳头，自己事情自己做。

《做早操》：小朋友，起得早，一二三四做早操，先学鸟儿飞，再学马儿跑，天天做操身体好。

《洗手歌》：排好队，向前走，做什么？去洗手。小肥皂，给我擦擦手；自来水，给我冲冲手；小毛巾，给我揩揩手。小手洗得真干净，我们大家拍拍手。

男女生问答读《谁会这样》：谁会飞呀，鸟会飞。鸟儿鸟儿怎样飞？拍拍翅膀飞呀飞。谁会游呀，鱼会游。鱼儿鱼儿怎样游？摇摇尾巴点点头。谁会跑呀，马会跑。马儿马儿怎样跑？四脚离地身不摇。

师：第二组是两首讲故事的儿歌，读一读。男女生各读一句，并配上动作。

“一只小蜜蜂呀，飞到花丛中呀，飞呀飞。两只小耗子呀，跑到粮仓里呀，吃呀吃。三只小花猫呀，去抓小耗子呀，追呀追。四只小花狗呀，去找小花猫呀，玩呀玩。五只小山羊呀，爬到山坡上呀，爬呀爬。六只小鸭子呀，跳到水里面呀，游呀游。七只小百灵呀，站在树枝上呀，唱呀唱。八只小孔雀呀，穿上花衣裳呀，美呀美。九只小白兔呀，竖起长耳朵呀，蹦呀蹦。十个小朋友呀，一起手拉手呀，笑呀笑。”

“风儿把窗开，雪花飞进来，轻轻落在我身上，多呀多可爱！小雪花呀小雪花，你从哪里来？雪花不答复，要我看窗外。小朋友们在锻炼，多呀多高兴！我也要到雪中去，锻呀再锻炼。”

师：第三组是三首绕口令，读一读。齐读，并配上动作。

“四和十，十和四，十四和四十，四十和十四。说好四和十得靠舌头和牙齿。谁说四十是‘细席’，他的舌头没用力；谁说十四是‘适时’，他的舌头没伸直。认真学，常练习，十四、四十、四十四。”

“六十六岁的陆老头，盖了六十六间楼，买了六十六篓油，养了六十六头牛，栽了六十六棵垂杨柳。六十六篓油，堆在六十六间楼；六十六头牛，扣在六十六棵垂杨柳。忽然一阵狂风起，吹倒了六十六间楼，翻倒了六十六篓油，折断了六十六棵垂杨柳，砸死了六十六头牛，急煞了六十六岁的陆老头。”

“南南有个篮篮，篮篮装着盘盘，盘盘放着碗碗，碗碗盛着饭饭。南南翻了篮篮，篮篮扣了盘盘，盘盘打了碗碗，碗碗撒了饭饭。”

师：第四组非常特别，是视屏儿歌，它把文字、声音、图像综合在一起呈现给你们。

学生观看《生肖歌》《颜色名称》《和平鸽》视频。

二、让我想一想，说一说

师：同学们，刚才我们享受了一道视觉大餐，《三字经》《弟子规》、儿歌、绕口令，它们都叫韵文，就是押韵的文章。包括你们背过的古诗。将来还会学到很多诗、词、曲、赋，这些都是韵文。我展示的是与你们的生活切近的内容。同学们想一想，这些韵文包括《三字经》《弟子规》、儿歌、绕口令，它们具体写的是什么内容?

生：写的是生活常识。

生：有些韵文写的都是生活中的日常习惯。

生：我发现《弟子规》里有要我们孝顺父母的内容。

生：写的是我们生活里点点滴滴的小事，比如刷牙、洗手、锻炼身体等，要严格要求自己。

生：《洗手歌》《刷牙歌》告诉我们要勤快，讲卫生。

生：《颜色名称》教我们了解大自然和英语单词。

生：《和平鸽》是讲全世界的小朋友要团结友爱。

生：写的是让我们行动起来，养成良好的习惯。

生：《三字经》《弟子规》讲了我们要孝敬父母，要从小养成好习惯，从小事做起。

生：这些韵文都是让我们做一个好人。大到国家大事，小到洗手刷牙，都写出来了。

生：内容很广泛，包括养成好习惯、要有好品德、学习大自然的常识。

师：生活中真是处处事事有韵文。你们读了这几组不同内容形式的韵文，发现了它们有什么特点？说一说。

生：朗朗上口，都押韵，大家也都很喜欢。

生：读起来十分顺口。

生：它们都有规律，读来朗朗上口。

师：具体是什么规律呢？

生：有教育意义，有童心。

生：韵文押韵。

生：有幽默的故事。

生：押韵，朗朗上口，很好记。

生：儿歌顺口，绕口令绕口，都特别有趣。

生：每一首内容少，特别有童趣，最后一个字押韵，读了心里很高兴。

生：读起来津津有味，有规律，容易上口，非常好记。

师：现在我们知道了《三字经》《弟子规》内容多，但是都能全部背下来的原因，就是你们刚才发现的那些特点。接下来说一说，你最喜欢哪一类型或哪一首？为什么？

生：我最喜欢绕口令，因为可以练口舌，记下来还能讲故事。

生：我最喜欢绕口令，读起来朗朗上口，蛮有风趣。

生：我喜欢儿歌，因为它易懂。

生：我喜欢绕口令，不仅好玩，而且还可以使语速变快。

生：我喜欢儿歌，简单容易背诵，而且有一些儿歌还讲故事。

生：我喜欢读儿歌，因为它让我的童年丰富多彩。

生：我喜欢绕口令，因为它能让我们的口齿更加清楚，表达能力更强。

生：我喜欢绕口令，虽然它绕口，但能带给我们欢笑。

生：绕口令、儿歌我都喜欢。绕口令如果说错一两个字，就会让大家开心大笑，儿歌能教育我们。

生：我喜欢《四十四》，因为好读、好玩。

生：我喜欢绕口令，因为绕口令里有故事，还有生活常识。

生：我最喜欢绕口令，因为它能锻炼我们的口才，使口齿伶俐，尤其是《六十六岁的陆老头》，特别幽默。

生：我喜欢儿歌，因为读起来朗朗上口，还告诉我在一些场合该怎样做事。

生：我喜欢视屏儿歌，这样能更清楚地理解内容。

生：我喜欢绕口令，因为可以训练灵活思维。

三、让我写一写

师：聪明的你们发现了韵文有丰富的内容、特点和它令人喜爱的地方。现在我们来猜一猜，我们周围有许多人物、事物、动物、植物，他们各自都有什么特点？他们之间会发生什么事情？请发挥奇特丰富的想象力，选你生活、学习中最喜欢的编写一首儿歌。可以是直接说教的，可以是讲故事的，还可以编写三字韵文。

四、让我晒一晒习作成果（摘选）

燕爸爸，燕妈妈，急急忙忙飞回家。飞回家干什么？嘴里衔着小虫子，回家喂娃娃。

左边有个盆盆，右边有些泥泥。妮妮拿了盆盆，泥泥进了盆盆。

秋姑娘爱画画，画个鸭梨黄澄澄，画个苹果红彤彤，画个葡萄紫盈盈，画个山楂似灯笼。画好了送给谁？送给祖国好母亲。

你拍一我拍一，建队六十年人欢喜。你拍二我拍二，主席爷爷来信件。你拍三我拍三，德智体美都优先。你拍四我拍四，强健体魄好身体。你拍五我拍五，团结友爱互帮助。你拍六我拍六，活泼开朗有朋友。你拍七我拍七，勤奋上进爱学习。你拍八我拍八，热爱祖国人人夸。

问好歌——见了伙伴问声好，伙伴听了笑哈哈；见了老师问声好，老师说我懂礼貌；见了妈妈问声好，妈妈把我抱一抱。

上山歌——一二三，去爬山，爬不上，别放弃，三二一，爬上山，娃娃乐得笑开怀。

雪花被，雪花袄，冬爷爷，送来了。送给谁？送给小麦苗，穿好，盖好，好好睡一觉。

买瓜蛙——爸爸和妈妈，上街买瓜蛙。买了好瓜瓜，又去买牛蛙，买好了瓜蛙，回家吃饭啦！调了香瓜瓜，做了嫩牛蛙，吃了瓜和蛙，直叫顶呱呱。

从前有四十四只小猪，走了四十四条小路，转了四十四道小弯，摔了四十四个大跟头。

啄木鸟去捉虫，害虫惊坏了，小虫吃光了，小树不哭了，啄木鸟高高兴兴回家了。

小脚丫，真勤快，清早逼我拿牙刷，刷了牙，吃早饭，小脚丫催我去锻炼。

教学反思

儿歌是为儿童创作的、适合儿童唱的歌谣。它适应儿童形象思维发展的初始阶段。这时期，儿童的形象思维只反映同类事物中一般的东西,不是事物所有的本质特点。儿歌篇幅短,内容精,语言晓畅明白,句子押韵,读来朗朗上口,特别是那些采用拟人手法、语言风趣幽默、想象大胆、情节有趣的故事性儿歌，儿童最喜欢诵读。三年级学生对儿歌的学习，不能停留在读读背背上，因为他们已具备初步的审美鉴赏能力，要引导他们发现儿歌的以上特点，使他们能比较全面地认识儿歌特点，才可为写出儿歌打下牢实的基础。当然这是在模仿的基础上进行自主创造，对儿童形象思维向更高阶发展起促进作用。我把孩子们写出来的儿歌叫作想象的稚嫩之翼。起初，我把关注焦点放在儿歌一方面，后来在学习中发现《三字经》《弟子规》、绕口令都与儿歌有相似特点，视野豁然开阔。《三字经》《弟子规》、儿歌、绕口令，它们都叫韵文，就是押韵的文章，包括诗、词、曲、赋。《三字经》《弟子规》三言押韵。绕口令也叫“急口令”“拗口令”。民间语言游戏，将声母、韵母或声调极易混同的字，组成反复、重叠、绕口、拗口的句子，要求一口气急速念出。虽然拗口，但整体押韵，无疑当属韵文。

我便以“生活处处有韵文”为话题重新组织了这堂实验课，使他们想象的翅膀扇动了起来。我展示的是与孩子们的生活贴近的内容。

学生在获得大量的阅读材料的同时，熟悉通过形象思维解决语文学习中的问题，譬如，通过对美的文字、美的声音、美的画面的直观感知，配以自己的动作，学生情绪高昂，兴趣浓烈。同学们不仅能发现同类事物中一般的东西，还可以发现事物一部分的本质特点。他们在接触大量事物的基础上，对表象进行加工。这就是形象思维获得了发展。

这些来自生活的韵文，是我国文学艺术的瑰宝。语文教学不应该忽视这些丰富的教学资源，特别是对中低年级的小学生来说，一些浅显的韵文，既适合他们的认知水平，又便于他们记诵积累，还能拓宽他们的阅读视野。“问渠那得清如许？为有源头活水来。”生活之不息，源头活水不断，教学资源应该鲜活常新。通过大量的文字、声音、图像的直观欣赏，感知多彩形象，在不断地联想和想象中，形象思维又得到了发展。个性化阅读教学与形象思维的发展的关系：前者是显性的，后者是隐性的；前者属量化积累，后者属质变提升；前者是手段，后者是目的。

学生在尝试练笔时，最大的困难是不知如何押韵。当然，对以学习现代白话文为主的孩子们来说，押韵陌生难懂，教学时只为欣赏、诵读，不求会创作，这也是客观原因。但是，优秀韵文是文学艺术中一颗灿烂的明珠，只是高悬在艺术的天空让人们欣赏，未免可惜。它不是可望不可即的，而是可学可创的，可以继承的。

丁怀正老师点评：覃老师的“《生活处处有韵文》课堂实录”，通过文字、画面、声音的感染，使学生产生阅读韵文的兴趣，指导学生发现所读韵文的特点，激发学生关注生活，从生活中寻找习作素材，并能仿写简单的韵文。整堂课气氛活跃，学生情绪高昂，兴趣浓烈，快乐朗读，积极思考，确实是一堂有教益的课。

练武有套路，习字有字帖，书法要临摹。一个初学写作的小学生，自然也离不开模仿，这是传统教学中的精髓，也是学习写作的一条基本规律。从本质意义上讲，仿写是知识的迁移，是对范文的借鉴，是在理解范文的基础上进行的一种再创造。同时，仿写还是根据需要有重点地借鉴模仿，不可能面面俱到。如果追求尽善尽美，往往会弄巧成拙，事与愿违。学习儿歌不仅可以陶冶人的情操，还可以培养联想和想象力。如学完《命运》之后，有的学生就会说："命运就像一条长长的河流，有激流，有险滩，我仿佛看到一个人在奋力地划着船，逆流而上。人生就是这样，不可能都是坦途，我们要靠坚强的意志，战胜生活中的一个个暗礁……"所以，儿歌能够使我们的思维在更加广阔的空间里驰骋，把相关、相似的事物联系起来。

不少同学有一种惧怕诗歌的心理，把阅读和写作诗歌看作"大难事"。针对这种状况，覃老师采用仿写法来练习写作儿歌，不仅能化难为易，还往往起到"出奇制胜"的功效，从而提高阅读和写作诗歌的能力，实现语文学习的目标。

多元评价　个性互碰

——作文个性化点评实验课例

教学内容：

习作自评、互评

教学目标：

1. 引导学生在多元评价中体会习作就是抒发真性情，习作是沟通人与人之间情感的桥梁。

2. 培养学生修改、审美的能力，激发学生写作兴趣。

3. 能在多元评价中感受信任、宽容他人，珍惜友谊。

教学准备：

1. 学生准备：选一篇学生认为最近写得最好的习作，请家长认真点评，请最好的同学写上点评并写好自鉴自评，各自设置一个富有个性的信箱。

2. 通过家校联系卡提示家长个性化点评应站在读者角度，使处于平等的地位，结合学生习作，从家庭文化背景、教育方法、亲子关系等方面真诚点评。建议建立一个个性化交流平台。

3. 了解班内平时对孩子行为总是给予打击性评价或常常抱怨孩子、不满意孩子的言行的家长。请部分这样的家长来校听课。

4. 多媒体屏幕展示习作及优美的彩虹图片。

教学过程与方法：

1. 故事激趣，深情导入。

2. 敞开心扉，共评习作及点评。

3. 真诚交流，个性互碰。

（1）展示习作、自评，家长点评，好友点评。

（2）学生随堂随文点评。

4. 采撷精评，感受阳光。

5. 激情总结，人文和谐。

板书设计：

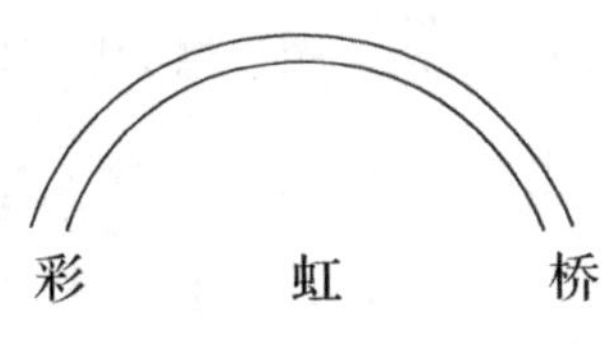

真诚、平等、宽容、和谐

课堂实录：

师：同学们，听说过我国美丽的民间传说《牛郎与织女》的故事吗？

生：听说过。

师：他们被王母娘娘残忍地分开后，是怎样再次相逢的？

生：七月七，喜鹊搭桥，他们才见面的。

师：对，那座由喜鹊搭建的彩虹桥是一个了不起的奇迹，它竟能连通人间与天上。今天，我想在我们五年级（1）班搭起一座彩虹桥，它的两端就是家长、同学、老师和你的心灵。搭桥的方法就是针对每一篇付出心血的习作进行自评和互评。大家相互平等，真诚、宽容地点评，在和谐的氛围中点评。

现在，请同学们拿出习作，敞开心扉，在四人小组里评选出最佳的习作，最有特点的家长、同学点评及写后札记。看哪一组是高效合作小组。

（学生自评、互评，教师巡视，板书出高效合作小组名称：冰梦、毅力、逆鳞）

师：同学们之间的交流是频繁的，频繁的交流意味着真诚，也意味着对他人和自己的尊重，更意味着对幸运儿的鼓励。现在看看哪些人是得到大家尊重的幸运儿，哪一组是第一座彩虹。

冰梦组推荐王佳（化名）习作《我的梦飞翔了》，习作由幻灯片展出，先读自己的习作，然后依次读自鉴自评，好友点评，家长的心灵独白信箱。

师：大家听了王佳的习作和同学家长的心灵独白后，你还有什么要说的？（学生沉默，老师启发鼓励）不要以为她的习作十分完美了，不管是表扬还是批评，这是你的权利。其实精彩就在你的心中，你就是你，她就是她。

生：我觉得习作里作者和天使交谈过程中应充分展示人物特点。

师：说得精彩，这也是她的独到见解。

生：天使是怎么来的应该交代清楚。

师：不错，我说嘛！精彩就在你心中，美丽的彩虹出现在我们眼前，再来欣赏第二道彩虹。

逆鳞组推荐孙真（化名）习作《我的老爸是头“猪”》，孙真上讲台，用幻灯片展示习作，学生读习作、自鉴自评、家长点评及好友点评。

生：作文写得形象，性格很形象。

师：活灵活现，对吗？

生：他写得特别搞笑。我觉得有些夸张。

生：语言好，爸爸和作者神态描写不够。

师：她说得对吗？可以表达不同意见。他们说得对吗？

生：他们说得对，待会我还要好好修改。

师：作文给了你们快乐，大家的掌声就是给他的评价，这样的彩虹桥是美丽的。（屏幕出现彩虹图片）

毅力组推荐庄玲（化名）朗读习作自鉴自评、家长点评及好友点评。

生：爸爸的“大震动”是什么意思？

师：没有交代清楚。

生：有些语句不通，“快乐的噩梦”是啥意思？

生：“快乐”指的是在学校有很多好朋友一起玩；“噩梦”指的是开学以后，就不能多睡一会儿了。

生：联欢会是怎么开的？

师：对！联欢会是寒假生活的内容之一，应该重点写，而且要交代清楚。针对三篇习作中的家长、同学点评，说说你喜欢谁的点评，不喜欢谁的点评，也可以在你们小组里找出有特点、有个性的写后札记、同学点评、家长点评，大家共同分享。

生：冬洁（化名）的点评有特点，她的FLY信箱：吴文（化名）在《我》中体现出了一个腼腆的你、爱美的你，可我认为你内心并不是这样的，你内心是天真活泼的，有时还是调皮的。希望在现实生活中变得开朗一点，乐观向上。加油，我陪你一起奋斗！

师：我又看见了一道彩虹，送给你们（展示彩虹图片）。我在你们真诚的评点中感动，在你们美妙和谐的交流中听到了心灵的跳动，感受到了热烈情感的碰撞，感受到了大家彼此尊重和宽容，体验到尊严的高贵和宽容的博大。这就是彩虹桥神奇的魅力。作文评价是这样，希望同学们做人也这样，真诚对待和宽容每个人，用心中的阳光去温暖走近你的人。因为作文和做人是相通的，而精彩的作文是从做人开始的。请同学们记住我们今天真诚、平等、宽容、和谐的交流吧！

学生反馈

生：课堂富有个性。多姿多彩，幽默搞笑，这种点评，是我的最爱。有的家长点评语言死板，枯燥无味，我不喜欢。覃老师，您在同学之间、同学和家长之间建立信箱的交流方式深受我们喜欢，孩子和家长都能说出真心话，同学和家长对我的祝福和鼓励，我爱看；他们针对习作的不足提出的修改意见，我也爱看。上课时，您让我们听到了别的同学有特点的作文和点评，了解了习作的不同评法，真是大开眼界。我觉得这种让同学和家长敞开心扉交流的方式非常棒，让我觉得习作是件有趣的事。

生：这节课给我最大的收获是对作文产生了浓厚的兴趣，美中不足的是有许多个性化作文还没有展示出来。

生：那座真诚、平等的彩桥永远搭在我、同学、老师和家长的心里，覃老师，您真挚的语言营造出和谐、温暖的气氛，将我们的心紧紧地裹在一起，彩虹桥真是太美了。

彩虹宝宝信箱（冬洁）：这堂课很有趣，我爱这样的作文讲评课。正如覃老师所说的那样，作文个性化点评在自评和互评的过程中，必须要做到真诚、平等、宽容、和谐。我觉得同学自己举手读作文比较好，因为小组合作太慢了，我也好想读我的个性化作文哦！

静听小信箱（辛凯（化名））：这堂课让我喜欢上了写作文。我觉得自己建立一个小信箱非常有趣，作文点评就像在写信，不得不真诚，在那座真诚、平等、宽容、和谐的彩虹桥上展示自己的个性化作文正是我们想要的。覃老师已经走进了我们的心灵，挖掘出我们的最爱。

心灵感应信箱（吴文（化名））：覃老师在这堂课上展示的美丽的彩虹桥，深含了我们与老师、家长、同学之间的交流要真诚、平等、宽容、和谐，很有创意。但唯一美中不足的是展示的每篇作文的同学点评太多了，有的爸爸、妈妈也点评了，应该挑一个最好地读出来就可以了，节约一点时间，让更多的同学来评价，这样会更好。

紫色水晶信箱（王佳）：彩桥的世界！老师的课堂！我的进步！覃老师在黑板上迅速画出了一道漂亮的彩虹，全班同学惊叫起来，鼓掌欢呼。老师要求我们用真诚、平等、宽容、和谐去搭建这座桥，让我们在自评、互评中展示自己的个性。我受到的启发是家庭成员中也应该真诚、平等、宽容，营造和谐的家庭氛围。回家我告诉了爸爸、妈妈，他们答应要改变对我的态度，让我轻松了许多。这节课对我的帮助很大，我特别高兴。但老师你把好作文展示了，也应该把不好的作文拿出来，让同学们帮助他们呀！同学们的兴趣还没有完全提起来，我的同学点评太多了，占了很多时间，不好意思啦。

心灵沟通平台（庄玲）：这是一节作文个性化点评课，在众多家长和老师面前，覃老师面带微笑，显得亲切、平易近人，仿佛您就是那座真诚、平等、宽容、和谐的彩虹桥。在同学们热烈的掌声中，一篇篇富有个性的作文展示了出来，在欣赏到精彩的作文的同时，又看到了小作者与众不同的个性。可惜还有许多优秀习作没让我们一饱眼福。

教学反思

新课程评价强调“参与互动，自评与他评相结合，实现评价主体的多元化”。这样“既提高了被评价者的主体地位，将评价变成了主动参与、自我反思、自我教育、自我发展的过程；同时在相互沟通协商中，增进了双方的了解和理解”。本节课习作点评就要求学生在真诚、平等、宽容、和谐的基础上对习作进行自评和他评，通过学生之间、学生与家长之间的信箱沟通方式和课堂上生生、师生间的对话方式实践新课程的多元化评价理论。以情感色彩浓厚的彩虹桥来从思想认识角度促进学生真诚表达，并乐于与他人沟通，最终激发学生的写作欲望。从学生反馈意见中可知他们对这种自评、互评方式十分喜欢，所以在点评老师的这堂课时，也不由自主地使用了书信沟通方式。

不足之处是学生信箱点评多于直接的口头点评，致使学生习作点评篇数很有限，不能满足学生欣赏其他个性习作的需求。也因为没有老师与听课家长互动，显出利用教学资源的呆板。

点评过程因为屏幕上文字显示大小与作文本规格相矛盾，字小而模糊，只注重了听而没看清，所以作文中出现的错别字没有得到及时纠正。这些在以后的教学中有待改进。

臧博平老师点评：作文评改，曾经是老师们教学中的“重头戏”，沉重得很，但效果往往不佳：教师的付出与学生的收获，比例严重失调，教师真诚地细细修润，并未引起学生应有的重视。原因恐怕是学生对此兴趣不浓，心中并未引发真正的感动。对此，许多老师认识到了，也正在研究。覃老师现在给了我们一个她研究中的“答案”——让学生自评自改。但这“自评自改”绝不是单纯而呆板的“讨论”，不是简单的“你问我答”,而是设置了个小小的情景（搭“彩虹桥”），让学生在涌起的兴趣中开展相互评点。看来，目的确定了，“手段”也是要讲究的。因为年龄尚小的孩子们，活泼的心境中最容不下的就是枯燥与无趣！“手段”与方法的钻研，是教师爱心的体现，是教师教学艺术的体现。而教学，尤其是语文教学，是要讲教学艺术的。另外，请家长来参与这一点，也是个颇具匠心的安排。因为，在孩子的成长中，在孩子的学习中，家长扮演着重要的角色。他们对学生学习景况的了解，对老师教学目的、手法的认同，是重要的，而他们因了解、认同而起到了配合作用，更是必要的。覃老师所强调的教学中的真诚、平等、宽容、和谐，会因为家长的融入，而得到更全面地落实。

以诗养诗

——诗歌鉴赏与写作

教学目标：

通过阅读欣赏古诗，能依据感受发挥想象写一首现代诗。

教学过程（课堂实录）：

一、谈话导入，游戏激趣

同学们，记得英国物理学家牛顿说过，他之所以看得远，是因为他站在巨人的肩膀上，现在我请同学们站在我们中国古典诗词巨人的肩膀上读他们的诗词，涵养我们的心灵，激发内心的诗性。因此，我把这堂课叫作“以诗养诗”。今天这堂课我们的主要任务是读诗写诗，中间还有一个奇妙的想象之旅。

板书（展示目标：学什么，怎样学）

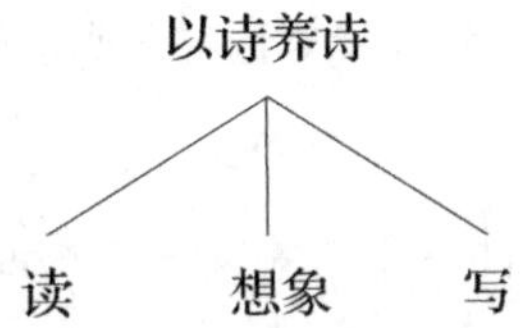

在中国古典诗词的海洋里，有两座无法超越的高峰，那就是唐诗和宋词，这些诗人、词人永远闪耀着璀璨的光芒。请两位同学上来拖动鼠标，把他们请进相应的时光机里，让他们穿越而来。

（两生做游戏，成功归类，同学们掌声鼓励）

二、感情吟诵，走进诗意

（师生对话互动）

师：他们来到了课堂，就在你的手抄报里（学生自制手抄报，内容是自选喜爱的诗人及其一首诗作，包括诗人的简介、诗意阐释、创作背景、诗歌赏析等）。请用饱满的感情诵读你邀请到的诗人的诗作。

生：《浣溪沙》(【北宋】晏殊）一曲新词酒一杯，去年天气旧亭台。夕阳西下几时回？ 无可奈何花落去，似曾相识燕归来。小园香径独徘徊。

师：读得好，吐字清晰。

生：《岘山怀古》(【唐】陈子昂）秣马临荒甸，登高览旧都。犹悲堕泪碣，尚想卧龙图。城邑遥分楚，山川半入吴。丘陵徒自出，贤圣几凋枯！野树苍烟断，津楼晚气孤。谁知万里客，怀古正踌躇。

师：朗读得很好，感情饱满。你从诗中读到了什么？

生：我从这首诗中读到作者对诸葛孔明这样的人才的渴望和怀古之情。

生:《饮酒（其五）》(【魏晋】陶渊明）结庐在人境,而无车马喧。问君何能尔？心远地自偏。采菊东篱下，悠然见南山。山气日夕佳，飞鸟相与还。此中有真意，欲辨已忘言。

师：你读得很悠闲，体会到什么了？

生：我感觉到作者的孤独和悠闲自在。

师:诵读的方法可变化,这样更有趣,比如可以唱。(唱:关关雎鸠，在河之洲。)

生：我会唱宋朝李清照的《如梦令》。

师：好，你来，勇敢的女生。

生:昨夜雨疏风骤，浓睡不消残酒。试问卷帘人，却道海棠依旧。知否，知否？应是绿肥红瘦。(学生唱完，同学们掌声鼓励。)

师:同桌之间互相读一读。选择你喜欢的方式，或诵读，或吟，或唱。(同桌合作，自读交流）

三、读写过渡，方法引导

（合作交流，生生互动）

师：这些圣贤大家的诗书文章都是我们的源头活水，正如南宋的哲学家、思想家、文学家、诗人朱熹一样，他把自己的读书感受写成了一首诗。我们一起来诵读他的《观书有感》：半亩方塘一鉴开，天光云影共徘徊。问渠那得清如许？为有源头活水来。

现在让你手抄报里的这些源头活水也流出去，滋润你的同学，请向伙伴准确、简洁地介绍诗人、诗作、诗意、创作背景、创作风格等。然后认真思考，摘取诗意，确定创作主旨。在这里我给你们提供了几种思考角度：

同题（题目）诗、同意（意思）诗、同物（事物）诗、同事（事件）诗、同体（体裁）诗、同法（写作方法）诗、同感（感情）诗，还有其他角度。

四、写前热身，头脑风暴

师:在同学们下笔之前,我们来一次头脑风暴。看看我请来了谁?

学生观看视频动画，趣味介绍李白的创作风格。活泼有趣的动画视频，以儿童的口吻，通俗幽默地介绍李白的诗歌创作风格。

五、学生实践，静心创作

师：请同学们依据读后感想，发挥想象，写一首小诗。

六、拍照上传，成果交流。

生：昏君岂知贫民苦，挥霍无度民不聊生。今日存，明日无，吾却无可奈何。强国之花已凋零,亡国之燕渐飞来。欲建千古不败之朝,先成千古流芳之人。为君诗一首，不兴国，誓不休!

师：诗中有复兴国家的志气。

生：彷徨——虽古城已落 / 江山已失 / 贤人已凋 / 但亭楼还在 / 泪碑犹存 / 我的心在迷雾中依然闪烁。

师：题目虽然是彷徨，但仍然没有丢失希望之光。

生：敌兵滚滚而来，我军严阵以待。他们就像黑夜，想要吞噬一切。我军就像太阳，想要打散黑夜。我相信光明一定能战胜黑暗！（读《雁门太守行》）

师：诗中有勇敢迎战、战而必胜的信心。

生：梦醒了时常记溪亭黄昏，醉酒忘却家路。尽兴之后，睡意上涌，划荷塘，水鸟惊，翅膀把水珠洒在清照的脸上，清照岂不酒醒？

师：这首写得有画面感。

七、故事结语，引领修改

师：同学们经过认真思考，写出了自己的作品，但要成为真正的好作品，还有一段距离。我请来了两位唐朝诗人，让他们告诉你怎么办。唐朝诗人贾岛、韩愈推敲出千古名句，就是那句“鸟宿池边树，僧敲月下门”，他们关于“推敲”的故事成就了一段文学佳话。请你们学习贾岛、韩愈，同桌之间互相推敲修改，然后认真读一读。诗歌不读不尽兴。

最后我请来了诗仙和诗圣。杜甫小李白 11 岁，杜甫非常仰慕李白，他们两人见面的时候，他写诗赞美李白说“笔落惊风雨，诗成泣鬼神”，就是说李白写诗的时候能惊动狂风暴雨，写成之后能让鬼神哭泣，说得是感人肺腑。我认为这是诗歌的最高境界，也是写作的最高境界，希望你们也能具备这样的才华，相信你们的努力和坚持终将美好！下课。

学生诗作展示

焚石

——徐嘉（化名）读《石灰吟》

一杯酒世事难料/自清白无人知晓/愿焚身忠心未老/烧等闲气轩仍豪/最失意,民悲离/不曾想,道荒弃/坐看秋月与春风/只留下，几曲哀歌，一塔悲伤/难消，是我心中抚不平的痛/救世，是我一生永远的梦想

感谢

——张凯（化名）读《石灰吟》

我曾是深山里/黑黑的石头/被人扔进烈火里焚烧/没想到炼出一身清白/染遍了家家户户/感谢敲打我的锤/烘烤我的火

小菜一碟

——张智（化名）读《石灰吟》

我在火里洗澡澡/千锤万凿挠痒痒

换了模样

——陶李（化名）读《石灰吟》

我被赶出深山/在烈火中/却换了模样

无所谓

——路一行（化名）读《石灰吟》

无所谓/江山为我证清白!

桃花

——张智（化名）读《桃花》

她在四月最后一场欢声笑语中绽放/她不争艳/她不骄傲/做着平凡的自己/隐藏在古寺中/敲打着木鱼/念着经儿

瀑布

——张欣（化名）读《望庐山瀑布》

我在山涧悬挂/没有起点/也没有终点/我如银河坠落般/流向人间/只为博得/你一笑

清

——桑睿（化名）读《书湖阴先生壁》

院内黑白分明/山中清闲自在/一水缠绵保家园/两山慷慨送清秀

愁

——陈桐（化名）读《秋浦歌》

过去的愁 / 过去了好多年 / 镜子那边 / 谁会知道 / 又有什么 / 落在了我心头

愿

——张玲（化名）读《小池》

我愿永远 / 舞在小荷叶上 / 给这和风轻柔 / 添一道韵

竹子与石头

——刘文（化名）读《竹石》

竹园里有许多竹子 / 他们和磐石成了朋友 / 一起接受雨淋日晒

竹园里多了一盆花 / 她妖娆招展 / 尽力吸引着游人的目光 / 整天招蜂引蝶的

“我们做不到。”一根竹子说 / “幸好我没有成为只有美丽的躯壳。”石头说

一天夏夜 / 电闪雷鸣 / 大雨如注 / 清晨竹子与石头站在那里 / 默默凝视着狼狈的花

战风雪

——杜乐（化名）读《竹石》

青山一角便生 / 峭壁无家不曾退 / 与风雪一战成名

雪

——纪语（化名）读《江雪》

我诞生在天空 / 从空中潇洒落下 / 宁静的小屋 / 热闹的大街 / 幽寂的山谷……都不是我的目标 / 我在空中飞舞 / 偶尔落在她那冰冷的花瓣上 / 陪她度过最艰难的时刻

嫦娥

——梁静（化名）读李商隐《嫦娥》

嫦娥透过云母石 / 看见银河渐渐沉没 / 她那孤独的心是否更寂寞了 / 也许只有青天碧海愿意陪伴她吧

水滴

——马妍（化名）读《齐安郡后池绝句》

我用手轻轻点了一下池塘菱叶 / 突然冒出将我背在他的身上 / 我用脚轻轻站在了蔷薇的叶上 / 黄莺一下子飞出为我的舞做出点评 / 我是水滴 / 水滴是我

战天下

——陈轩（化名）读《八阵图》

三国鼎立战天下 / 良才勇将立苍穹 / 血染云霄泣山河 / 破苍云统江山

时间

——康美林（化名）读《金缕衣》

时间就是天使 / 他能造就人一生的辉煌 / 时间就是恶魔 / 他能造就人一生的离别

重升

——陈乐（化名）读《东栏梨花》

春不小心打翻了花盆 / 各种名花落入人间 / 高贵又娇艳 / 禁不住凡间世俗的喧扰 / 躺倒在深海中 / 但黑幕中一株雪 / 仰着头挺着腰 / 一年两年 / 永不屈服 / 终于 / 春又将她送上了天界

颠倒云

——杨妮（化名）读《江畔独步寻花（其五）》

温柔是你的美丽 / 也许你内心充满太多痴迷 / 看到你默默哭泣 / 我心痛不已 / 我变成风儿 / 吹散你沉闷的记忆 / 哪怕一丝一缕 / 带走你落魄时痛苦的回忆

你是那天空中的一朵云 / 潇洒是你的飘逸 / 为何你低声叹息 / 没有一点欢乐的笑语 / 看着你伤心失意 / 我好着急 / 我急成雨 / 急成深红与浅红 / 给你带去温馨的甜 / 哪怕一时一刻 / 带给你蓝天白云般诗情和画意

教学反思

孩子们自学古诗，了解了古诗作者、创作背景、古诗内容、作品鉴赏，摘取触动自己的一方面，发挥想象而创作。徐嘉、张凯、张智、陶李、路一行从《石灰吟》诗意及背景中悟到了理想、锤炼、清白的魅力。张智在《桃花》里发现了触及灵魂的禅意。张欣读《望庐山瀑布》，从拟人角度发掘瀑布渊源畅泻的大气磅礴。桑睿读出了《书湖阴先生壁》里山水蕴含的生命气息。陈桐读《秋浦歌》，感慨李白的无边愁绪。张玲小诗想象空间很广——谁？什么？如此依恋一池小荷。刘文、杜乐想象突显在风雨中竹石的坚韧不拔。纪语读《江雪》，感怀冰清玉洁的孤寂，表达自己与众不同的悲悯情怀。梁静读懂了嫦娥的寂寞。马妍摇身变为水滴，在菱叶、蔷薇、黄莺、微雨、看雨人之间嬉闹舞蹈，活泼清新。陈轩有感三国纷争的波澜壮阔。康美林读到《金缕衣》中时间的魔力。陈乐读《东栏梨花》，悟到了苏轼的清白与不屈。杨妮读《江畔独步寻花（其五）》，深切怜惜“诗圣”的凄苦，急切地化作和风细雨，吹散愁苦，滋润诗人的生活，送去“蓝天白云般诗情和画意”。

孩子们熟读深思，比较熟练地运用拟人手法，赋予事物生命，因此，读经典，含英咀华，以诗养心，心有感悟，大胆想象，又成一诗。他们丰盈的思想或庄重沉郁，或轻灵隽永，或优美谐趣，或豪迈雄浑，一诗一韵味，一人一风格。开放的课堂，与兴趣结合的自学，与想象结合的思考，与经典碰撞的对话，师生之间默契的配合，多美呀！反思本节课，目标基本达成，学生能认真读悟，发挥联想和想象，写出自己的感悟。但一节课要读诗、品诗、悟诗、想象、写诗、修改、交流，是不能完成的，必须要两课时。临场反应需更加灵敏，注意整体照应。

王卫红教师点评：大家好！我点评的是覃老师的“以诗养诗”。人生自有诗意，诗意美在四季。覃老师为大家送上的“以诗养诗”诗歌欣赏与创作课非教材安排，她是以学生学习完部编版六年级上册语文第六单元《古诗三首》后发挥自己的诗教优势，给学生上的一节鉴赏与写作课，旨在让学生会读诗，会欣赏诗，会写诗。用覃老师的话讲就是让同学们站在我国古典诗词巨人的肩膀上，读他们的诗词，净化同学们的心灵，激发同学们内心的诗意。

大家知道，新课标实行后的古诗词教学是我国小学语文教学中的重要部分。作为小学教学内容，选入教材的古诗词都具有相当高的美学价值。这学期起我校语文教材全部使用部编版，在编排上部编版古诗词比重增加，尤其是课内古诗词比重增加。在提出创新教学方法，加强古诗词教学，培养学生自主学习能力，发挥学生学习的主动性等方面，覃老师走在了教学的前沿，把我们带进了充满诗意、涌动着激情的课堂。因师生爱诗，大家愿意在这里栖居，孩子们喜欢在这里流连；因为真情，孩子们在诗词中尽情地感受。综观本堂课，亮点主要有以下几个方面。

一、抓住目标不放松。上课伊始，覃老师带领同学们先解决这堂课学什么、怎么学的大目标，也就是以读来促写，读要有感悟，写要有丰富的想象。将课堂目标醒目地写在黑板上，整堂课有了目标的导向，接下来的达成、检测便水到渠成。

二、朗朗诵读入诗境。在两位同学完成唐宋诗人、词人归类后，通过游戏预热，覃老师请同学们用饱满的感情诵读古代诗人的诗作，由四位同学在全班诵读陶渊明的《饮酒》、李清照的《如梦令》等。为创设诗境，覃老师还饱含深情地吟唱《关雎》片段，诵诗吟诗的氛围自然形成，从而学生的注意力集中到了诗歌上，也使学生感受到了诗的魅力，架起了一座通向诗歌文化的虹桥，引领同学们步入诗的境界。为了让更多的同学参与其中，覃老师又安排了同桌互读互吟。同学们读出了古诗的韵味，为之后的诗歌创作做好了氛围的铺垫。

三、读中悟学仿作诗。覃老师通过组织学生多形式地读之后，层层递进，让学生结合各自整理的资料，就是手抄报，向伙伴简洁、准确地介绍诗人诗作、诗意、创作风格、创作背景并认真思考摘取诗意，确立创作主旨，为写诗做好骨架上的铺垫，加上课件展示趣味介绍李白的资料，让学生有感而发，有话可讲，为诗歌创作做好了有血有肉这样一个准备,也就是内容的准备。这时覃老师也趁热打铁安排了“想象创作我能行”环节。学生很快就完成了，有古体诗，有现代诗，许多充满了灵性的诗句在孩子们激情满怀的创作中迸发出来。这不仅鼓励了学生，还让学生有了新的学习方法。孩子们是最富有想象力的，教师恰当的启发和引导都可能点燃孩子们智慧的火花，创作出令人欣喜的作品。

四、媒体恰当激兴趣。语文课上运用多媒体，恰当的教学情景创设，可以让学生从视听诸多方面获得更多、更便捷的信息，增加学习兴致，产生学习兴趣。这节课中、课前的归类游戏，以及课中的李白资料视频播放，适时地激发了学生的学习热情。

五、多元整体重实效。 整堂课覃老师注重了课内外知识的整合，新旧知识的整合，诗与文的整合，读与写的整合，诗与画的整合等，互相融通，组成知识环，同时所展示的古诗多，所展示的形式多，课堂的作用多，整堂课孩子们始终快乐着，兴奋着，学习着。

不足之处有：(1) 评价单一。本堂课覃老师能关注全体，能对个别同学的朗读、谈感受和写作进行激励性评价与引导，但学生是课堂的主体，应在课堂评价上实施多元评价，引导学生自评、学生互评等，积极构建多元互动的立体评价机制，多方面发现和发展学生的潜能。(2) 时间的分配不够精准。这节课给人的感觉是目标定位上应该是重在写诗上，而覃老师用大量的时间引导学生去读、悟，虽然为写作创造了很多的铺垫，结果写诗词的时间紧，虽然多数同学已完成，但应考虑到全体，而且后边又加了评价、修改的环节，时间上略显仓促。

总之，覃老师教学设计是大胆的，教学过程是流畅的，效果是良好的。感谢覃老师的分享，点评有不妥之处，望覃老师及在座的各位批评指正，有不全不实之处，望大家再补充。谢谢大家！

反思与提升

所谓思维或反思，就是识别我们所尝试的事和所发生的结果之间的关系。……整个反思性思维的过程就是感觉问题所在，观察各方面的情况，提出假定的结论并进行推理，积极进行实验的检验。……思维就是明智的学习方法。

——【美】约翰·杜威

一波三折炼实践智慧

——习作指导课的反思

课堂上，学生是学习的主体，一切以学生发展为目的的方法和措施都彰显教师的实践智慧，尤其是在没有预设的、突发的学情之中，那些发展学生的急智生成。

学生在生活和学习中，会接触到令他们不满甚至愤怒的事情，此时如果教师相机引领他们思索：用自己的办法解决事件中凸显的问题，既化解不满，平息愤怒，又抓住了一次从生活中寻找教育资源的教育机会。学生有改变现状的心理需求，自然乐于展示他们解决问题的能力与方法。当然这仅限于思想意识的表达，要都真正付诸实践、改变现状是不现实的，那是由于学生有年龄、阅历、知识面、自身实践意识及能力等诸多条件限制。那怎么办呢？建议总可以吧！建议只需要写出来,只需要以语言为载体展示学生的习作能力,这就好办了。于是，一次源于学生对生活、学习中的问题亟待解决的心理需求的习作课，就这样产生了。说到需求，爱心、社会责任感的具备，丰富的想象力和创新意识，发现问题、分析问题、解决问题的能力，也都是学生健康成长的部分需求，它们是这堂习作课需要强化的目标。而拓宽素材选择范围和学生思维空间，则是我与学生的共同需要。本堂习作课以师生间平等对话、真诚交流形式为表，贯穿始终，以听说读写为训练手段来完成教学任务，以求充分发挥学生的主体作用。

开放式的课堂,必须以教师的较强的教学实践智慧为前提,否则,放而无回，坐看离题十万里。所以，我拟定“发现问题就有创新”为话题的中心目标，实则是学生习文的立意方向，省略号是学生的自主立意的发挥空间，以此促成学生习作的正确立意、深度立意，也借此让学生因自主需求而自主表达。但学生的需求各不相同，表达方式也会不一样，读文学作品有“一千个哈姆雷特”的现象存在，读社会这本大书更是如此。这正是课堂无法预料的变数，它就是新的教学理论中提到的“动态生成”中的“动态”。面对未知，我以为教师应勇敢面对挑战，在动态中锤炼自己的教学实践智慧。现就本堂课中出现的几处意外动态临场处理得失做一回顾和反省。

上课伊始，名言激趣环节，让学生交流查找到的关于“发现问题就有创新”为主题名言、警句，张越（化名）、杨隆（化名）搜集的名言切入了正题，王文的却与主题无关，我一句“你搜集的名言是关于‘发现问题就有创新’这个主题吗？”作了评判。当时，面对这变化，唯一的想法是不能断然否定，生怕影响她接下来的听课情绪，所以，就以疑问形式引发她进一步思考，通过这样做来减轻“否定”力度。对她的搜集行为和积极性不能全盘否认。

董宁（化名）说到发现问题“创建大家自然的活动场所”这句话表意不清,感觉别扭,让她换一种说法。她却是没料到,一时愣在那里,无法应对。我便退而求助，“谁来帮她？”一句引出了三个学生的讨论，最终解决了语句不通顺、句意不明的问题。这一情景的生成虽说节外生枝，其实也是必然，习作语言的通顺、准确、精练不就是在于平时严格的训练吗？

陈文（化名）发言说他发现了一个世界性问题——噪声污染。口气老大，我听后乍一喜，便鼓励他说下去。没想到他接下来全是念资料，这种表达是我始料不及的。当然，用资料解决问题未尝不可，但此次习作训练，严格来说，是自己发现问题，自己分析成因，自己提出建议解决问题。他饶有兴味地念着，因不熟练和过于激动，念得结结巴巴，还破词破句，很不流畅。看他手上资料篇幅很长，让他读完，这节课怕是要成了他的资料专题汇报课了。鉴于此，当他念完解决噪声污染的方法后，我及时接上话茬“你提出了一个世界性的噪声污染问题，资料显示的是科学家的研究创新，那么你自己的解决方案呢？”其实他胸有成竹：“我采用配乐抵消法，就是让它们发出悦耳的声音。”无疑这是一个奇妙的新点子，我借题发挥：“这办法真奇妙。汽车喇叭“嘟嘟嘟”的声音刺耳难听让人惊慌，把它变成‘哆、瑞、咪、发、梭、拉、西、多’音阶这样的乐音，感觉不一样吧？”我自然哼唱，搅动了课堂氛围。此时，我看到了听课老师和学生们脸上舒展愉悦的笑容。

在师生共同完成建议书主要内容及格式页面设置的过程中，任伟读完习作短文后说页面上还缺“给谁写建议书”。我让他上台板书，不想他却说不会，他不知道此项内容应该放在页面上哪个位置。这又是一个意外，看来他需要帮助，我问他：“标不出来，那你想请谁来帮你？”给他一个台阶，也给他一个机会。他希望他的好朋友来帮他，这一环情景的生成，应该说自然地解决了问题，也营造了互相帮助的氛围。这也应当是合作学习的方式。接下来，何佳权（化名）发现缺少了建议人和日期。他很少发言，见他举手，我便让他上台板书出来，他兴高采烈地走上讲台，认真地写起来。不承想，他把姓名、年月日刚好倒了个个儿，经过提醒，他明白了并愿意自己修正。可是一波未平，一波又起，他把“姓名”错写成了“娃名”，这下引起了学生的哄笑。当问及他是否会写正确的“姓名”时，他一时紧张，干脆想不起来了，于是“那谁来帮他”一句，使我和他才下了台阶，最终以“娃名何佳权请回座位”的幽默缓调了一下课堂气氛。这一建议书格式的完成，一波三折，“险”象环生，协作解难。允许学生出错，相信学生，尊重学生，在课堂上充分体现学生的主体作用这些教学指导思想的左右下，最终化险为夷。

解决以上动态中的意外，我都采取了大家合作、互相帮助、共同完成目标的方式，学生的自尊心未受丝毫损伤。虽然花费了备课时没有预算进来的时间，但营造了平等、宽松、愉悦的学习氛围，这不正是促进学生作文个性化的众多前提之一吗？课堂的形式与内容“发现问题就有创新”紧密契合。所以，是绝对值得的。当然，这离实践智慧在课堂上游刃有余地发挥还有相当远的差距。本堂课在学生用 30 分钟写完习作后，要求学生通过欣赏题目的方式来品评习文，题目即文眼，意在通过这种方式引领学生对题目加以重视。在学生汇报各自题目时，成君平时少言寡语，此时，更是金口难开，两次启而不发，情急之下，坐在他旁边听课的马老师站起来，替他念完了题目，此一师生互动情景，感人至深，又意外至极。时间紧迫，未能从容地精彩应对，我只说了一句：“这么好的题目，你竟没有信心念出来。”敷衍而过，淡化处理。一个让学困生勇气自信生成的机会，让他学会感激的教育机会，就这样白白溜掉了，但我相信他内心深处一定充满了感激。

随机应变，是课堂动态生成的突破口，把握不住便稍纵即逝，悔之晚矣。反思之，那就是对各种教育教学理念，还要勤学之，慎思之，活用之，实践之。吸纳百科知识，长流活水，在鲜活的课堂上，在变幻莫测的动态中，勇敢地锤炼自己，成长为一个具有健康个性、知识广博的教师，一个具有教学实践智慧的教师。

冲破瓶颈　拓展思路　展现个性

学校组织高年级学生作文书信大赛，我照章布置了下去。为了使学生有话可说，特意作了一番引导，告诉他们写信对象可以是自己熟悉的亲朋好友，还可以是老师、同学。要写出对他们最真实的感情，譬如喜爱、怀念、思念、敬佩、感激等，如果对他们某个人有看法、有意见甚至不喜欢也都可以写出来。原以为学生们肯定有话可讲，但实施过程大出意料，学生们参赛热情并不高，习作迟迟不交，仅有的几份是给父母、同学、老师和小玩伴的信，都是些司空见惯的生活素材。文中表达的感情无疑都是真实的，但内容平淡，不具体，更谈不上新颖，这离大赛作文水平相去甚远。我纳闷，这难道就是本班学生的习作水平吗？不会的，他们平时表现得聪明伶俐，思维敏捷，个个活泼有加；在课堂上发言十分积极，我尽量让他们知无不言、言无不尽；在语言表达上，没有一个学生是有障碍的。况且，本班学生的平均课外阅读量在这两学期可是有增无减，按理不该是这样的结果，问题到底出在哪儿？经过一番思考，我觉得至少有以下两方面的原因：首先是写作欲望不强烈，写作兴趣没有激发出来；其次是对生活中的习作素材没有进行充分的挖掘。基于此，我决定与他们再一次交流，于是就有了这样的对话。

师："同学们，这次书信作文大赛是检验你们作文水平的大好机会，更是你们展示自己作文才华的大好时机，老师希望你们积极、踊跃地参与。书信作文，只有书信格式是固定的，我们早在四年级就熟悉了，而书信内容是活的，它十分广泛、丰富，亲朋好友……"正讲到此，有一学生举起小手，我讲兴正浓，想一鼓作气讲完，没打算让他发言。"……比如，你的爷爷奶奶、姥姥姥爷、父母兄弟姐妹、老师同学朋友甚至是陌生人，只要你对他有真实的感情，有些事曾经打动过你，使你产生过喜怒哀乐等感情，都可以写。"此时，我发现那位举手的学生还没放下手，固执地、高高地举着，一副不达目的誓不罢休的神情。我想他肯定有非说不可的话，而且是不吐不快的，于是一场真正精彩的对话开始了。

思涵（化名）说："老师，我认为还可以给自己崇拜的伟人写信，表达对他的崇敬之情和向他学习的愿望。"我听他讲完这段完整、流畅的话语，有种醍醐灌顶的感觉，同时深感惭愧。原来问题就出在我本人身上，身为人师的我思路局限一隅，学生的思路自然无法拓展，哪有什么新鲜的题材可写呀！惊喜之余，我说："思涵说得太好了。同学们，就像他说的那样，不仅可以给身边熟悉的人写信，还可以给不在身边但你对他们十分了解，甚至崇拜的名人写信。"此时，课堂上有些骚乱，同时我看见了好几双小手举起来了，我感到开启学生思维的时机来了，便一一让他们发言。尽管如此，学生的发言还是让我吃惊不小。所以，我十分庆幸专门用一节课的时间来和他们交流，帮助他们拓展思维，寻找习作素材。

李珊（化名）："老师，我爷爷去世了，但是我特别想念他，可不可以给他写信？"

师："你的想法合情合理，也给大家提了醒，给去世的亲人写信，表达对他们的怀念。"

邵勇（化名）："老师，可不可以给动画片中的卡通人物写信，写对他们的喜欢，还有想对他们说的话？"

师："完全可以呀！"

张越（化名）："我认为可以给有生命的、有感情的人写信，还可以给没有生命、没有感情的事物写信，比如，你喜欢的花呀、草呀、文具呀、云彩呀，等等。"

师："嗯！好主意。即使是没有感情的生物，没有生命的事物，只要你对它有感情，你喜欢，就可以把它当人一样，当作朋友一样给它写信，就像我们刚学过的《高粱情》一样，借物抒情。"

赵旭："覃老师，可不可以给小偷写信呢？"

师："可以。给小偷写信，这想法十分新奇。那么你想在信中写什么呢？"

赵旭（化名）："写对他们的憎恨，还要写劝他们不再偷窃的话。"

师："劝他们改邪归正。不错，写信一定要打动他们，说服他们。真没想到，你正直又善良，还有这样强烈的社会责任感。"

李澜（化名）："可不可以给讨厌的蚊子写信呢？"

秦璐（化名）："可以给时间老人写信吗？"

……

这些让我出乎意料的问题,都一一得到了充分的肯定。对话到此,课堂上出现了热烈、活跃的气氛，学生们脸上洋溢着惊喜和兴奋。教室里举手如林，我也不由自主地被感染了。

师:“同学们，你们脸上惊喜、兴奋的神情告诉了我，你们知道应该给谁写信了吧？”

“知道了！”全班学生异口同声地喊道。

师:“太棒了！写信的对象内容是这么丰富，天上地下的万事万物，古今中外的名人陌生人，无论有生命无生命，不管是人非人，现实世界的真人、文学作品中也就是虚拟世界中的虚构的人物，只要你对他们有非说不可的话，都可以成为你写信的对象。现在，在四人小组里交流交流，说你想给谁写信，打算写什么，其他听的同学还可以补充。”

这堂习作谈话课收效是非常大的，它解决了此前提到的兴趣和素材两个问题。收来的习作中较为独特、新颖的有:《给时间老人的一封信》《给全国各地旅游爱好者的一封信》《给蚊子的一封信》《给丁香树的一封信》《给小偷的一封信》《给比尔・盖茨的一封信》《给天空中云儿的一封信》《给台湾小朋友的一封信》。

从这些题目中足以看出这是自主的个性化的选择，他们在自己构筑的兴趣园地中尽情地放飞自我个性。通过这一节课，师生对话，互促成长，反映出一个问题：无论是多么宽松自由的习作要求，帮助学生寻找习作素材、拓展思维这一教学环节仍然十分重要。学生在接受书信大赛要求的时候，他们的思维在这里形成了一个瓶颈，那就是对书信这一体裁的习惯性理解，限制了思维的拓展。他们甚至以为写信对象自然是人，而且是熟悉的、身边的、关系密切的人，所以习作素材有限。这个抑制思维的瓶颈，使思维处于短路状态，这也就是所有学生提起笔就感到头疼的症结所在：习作无自主性、无话可说，无素材可写，更无兴之所至的表达欲望，而这些梗阻在瓶口和瓶肚之间，真可谓茶壶里煮饺子——有嘴倒（道）不出。所以只有打开茶壶盖，也就是在学生动手写之前，精心引导，拓展思维，让他们有种恍然大悟的兴奋，使他们有兴趣选择习作素材的自主性，点燃他们的写作欲望。我手写我心、抒我情，那么，学生的个性自然而然就能在习作中得到充分展现。孔子说："不愤不启，不悱不发。"这一启一发就是冲破瓶颈、拓展思维空间的动力。古人如此，我们在作文教学中更不应该忽视。

神奇整合

——《儿童和平条约》教学反思

整合是不同方面事物的罗列组合。整合在语文阅读教学中充分运用，能提高教和学的效率，其作用是1+1大于2的效果，其目的是综合各方面因素，构建高效课堂。执教北师大版三年级语文上册《儿童和平条约》一文时，我真切体会到整合带来的意趣。

首先，语文课程与信息技术的整合。《儿童和平条约》内容不是诗，但胜似诗，其意蕴美好的语言和热情洋溢的感情，儿童急盼和平的渴望和纯真无瑕的心灵，促使读者不由自主地想了解作者及《儿童和平条约》产生的背景。我利用网络资源找到了图文相配的真人真事，也找到了关于饥饿和战争的图片以及数据资料，制作成幻灯片，适时展示在学生面前。语文阅读教学借助信息网络平台，极大地提高了学生学习的积极性。形式灵活，直观形象，更助推学生对文本的理解和感悟。

其次，学习生字词与阅读理解文本两环节整合为一。把以往分步进行的识字教学和阅读教学两环节融为统一的整体，省时高效。一般情况下，常用方法是学生自读、互读随文识字，然后，由老师从字到词按部就班地识记巩固，接着便是关键词句和重点段落的再阅读理解，一环套一环，稳扎稳打。但考虑到我平常这样做会拖延时间，内容可能学不完，因此，我想到整合，既能识记巩固生字，又可以在阅读中理解文本，体会情感，读悟结合。二者有机融合，设两个问题就完成了这个任务。第一个问题：默读《儿童和平条约》，找出让你感觉不愉快的词语。第二个问题：请有感情地朗读《儿童和平条约》，找出让你觉得愉快的词语。学生一边阅读理解，一边思考判断关键词。交流汇报的结果证明，学生准确地找出两组蕴含不同情感的词语。第一组：战争、武器、破坏、疾病、仇恨、饥饿、恐惧、悲伤、无家可归。读词加深印象之后，我顺势展示一组与词语相对应的图片，在视觉上给学生以强烈冲击，非常直观地体会到战争、疾病、饥饿带来的严重后果，解读这组图片极大程度地震撼了学生的心灵。近现代战争和贫穷饥饿给当地人们带来的深重灾难，让学生感同身受，神情肃然，乃至热泪盈眶。然后自然过渡到第二个问题的讨论，生成第二组词语：和平、生命、共享、给予、食品、彩虹、洁净、游戏、欢笑、学习、探索、幻想。第二次全文阅读和思考，学生是带着沉重的心情进行的，是悲情寻找出口的朗读，是感情获得升华的朗读，这些词语所指的就是孩子们所向往的，甚或是将来毕生的追求。此法能一读三得：一得随文识字，二得领悟词义，三得体会情感。两环节合二为一之后能收到一举三得的效果。

最后，口语交际与整体感悟相结合。在学习的最后一环节，我让学生结合所学内容按要求仿说句子：（　）给予我们（　）——我们将（　）。这是针对读、思、悟、议四种学法的综合检测，要求结合本文学习中的感受仿照此句说一句话。它涵盖内容有:(1)文后练习思考题:从这个条约,你想到了什么?(2)文本中重点句式的学练。(3)总结整节课内容。三位一体，既要求学生学完《儿童和平条约》后总体把握全文并能有较深的感悟，又是语言和思维训练，同时结束全文的学习。一举多得，干脆有效结束学习。当然，学生的感悟体现了对文本的深刻理解。

整合让我尽享阅读教学之奇妙。知识与能力,过程与方法,情感、态度、价值观，三维目标恰适地融为一体，不枝不蔓，浑然完整，但是还有遗珠之憾。课前或课后应当布置观看关于和平主题的电影，设计一张电影海报，并配上宣传语，让教材主题在学生搜集资料的基础上继续向课外延伸，实践性作业将实现影视作品、美术作品、商业广告、语言文字表达的整合，将把学生的语文学习推向广阔的大语文视界。

教育不需要品牌

“品牌”一词源于古挪威文，意为“烙印”，是贵族为了区别，在良马的身体上烙下印记。品牌定位的最深层面就是通过努力使产品在消费者心中代表什么，能烙下印记就是品牌。

品牌的力量有多大？尽人皆知。商品利益最大化是把商品变成品牌（方法之一），品牌的背后就是巨大的经济利益，品牌的活跃度最高，收益也可观。商品可以如此，但教育怎么能变成商品，甚至追逐品牌？市场经济向教育渗透、染指之下，与教育相关的全部缴械。竞争的焦虑催促应试极端化。高分成为一个教师和学生绝对实力的象征，一俊遮百丑，在自我追逐和他人追逐的共同作用下，演变成商业品牌。哪怕牺牲追逐者健康，也在所不辞。牺牲健康，这只是其中的一方面，还要牺牲兴趣，牺牲阅读，牺牲劳动，牺牲情感，牺牲责任，牺牲创新，甚至牺牲一大批成绩不佳学生的自信和对社会、对未来的希望。牺牲人的发展所需要的许多方面，顺势推演下去，就会得到一个令人不寒而栗的结果。

没有哪一种教育方式能够在短期内能把人培养成为德才兼备的优

秀人才，短期的刷题培训只能速成某种技能。哲学家李泽厚在《世纪新梦》中早已为时代把脉，他不赞同让经济和科技主宰和决定一切，他认为教育学、人性和心理本体将成为未来的中心建设。可见获取高分，完全不是社会发展的真正需要。

“十年树木，百年树人”，谁都知道这一句话点明了教育的要义。培养人才需要时间，这是谁都不可能绕开的话题，可是在个人利益面前，不能量化的教育精髓，最后被变异的人才评价标准剑指偏锋，可量化的浅表部分演变成为衡量人才的终极目标。急功近利，快速追求获得和被认可的商业品牌逐利模式，渗透教育行业。在利益诱惑下，一部分人把运用知识获取最大利益发挥到了极致，且引以为荣，怎么会考虑到教育的其他功能？教育初心的迷失，动摇了教育者的定力！

社会的发展依靠教育，而教育的指向是人的发展，人的发展需要人性回归、人的健康心理、丰富物质以外的精神世界。人的教育是全面的，是循序渐进的，是公平的，是普惠的，是心理和精神层面的。回到教和育，而非在甄别优劣的功利道路上你追我赶。甄别的权利让给社会，教育只做点燃人的事！我所确定和欣慰的就是在我的位置点亮他人，成为学生的重要他人。

他们在班级中起起伏伏，或隐或现，我看见他们的忧伤，也能感受其得失和喜乐，由此带给我不同的感受。自己觉得惭愧，有时仅停留在孩子们周围，未真正走进他们心里，了解他们的心灵深处的需求、希冀，甚至困惑、忧虑。班主任要做的就是努力靠近他们。师生有更多的时间和机会亲密相处，在他们玩兴正浓的时候，突然出现在他们面前，一起嬉戏；会在他们有困难时出现在他们面前；在他们学习无助时，让他们感到老师温柔的坚定；在与他们同行的路上，希望他们能认识到老师真诚的关爱和热忱。和孩子们同时体会一句让人温暖的话语:有爱陪伴,路途温暖。我努力行进在这条路上——成为“四有”好老师：有理想信念，有道德情操，有扎实学识，有仁爱之心。我们都不是产品，我们只踏踏实实学做人、育人!

谁是下周的班级之星

我接任一年级（1）班班主任之始，就考虑如何让全班 64 个孩子积极进取，能朝着一个方向不断地进步。听了中央教科所访问学者关于当代社会的班主任工作报告后，我茅塞顿开。他讲到班主任工作要讲艺术，如童心未泯、老谋深算、发展集体等途径，就是挖掘每个学生的闪光点。建立“班级之星”板块，一是加强班级管理，我自费到彩印商店喷了“班级之星”几个鲜红大字贴在了教室的后墙上，告诉学生：如果谁在哪一方面是优秀的、突出的，那么谁就有可能成为班级之星,漂亮的照片就能贴进“班级之星”。开学之初学生们信心百倍，听课认真，三操有序，作业按时完成，个个都很努力，谁是班级之星成了难题。班干部负责，功不可没，第一期班级之星的选拔，孩子们与我是默契的，在他们眼中，这些辛苦的班干部就是优秀的。那谁是下一期的班级之星呢？就在第一期选拔之后，学生们开始推荐，那些被推荐的学生有努力的方向，也给其他的孩子做出了榜样。就这样，每一次活动，都能推荐出名副其实的班级之星。孩子们看着墙上贴进“班级之星”的照片，羡慕不已。看看他们用力做操的样子，争先恐后积极发言的样子，我知道他们都在暗暗为自己加油。

你行，我行，他也行

教室后墙上达标评比表里常常是老师贴上的奖励，代表荣誉的标志，但学生往往并不在意。如何改变这种现象呢？要他们在意，要他们以此激励自己再进步。首先变月总结为实时小结、事事小结，结果评价变成形成性评价。具体办法是：只要老师当天表扬过的学生都可以被奖励，作业优胜、纪律优胜、卫生优胜、好人好事，等等，人人都可能会被奖励，办法是自己动手制作小红花或小贴画，亲自贴进表中。学生自己用行动争取最好，自己创造成果，自己享受成果，时时注意自己行为的后果、自己的学习效果，关心自己的进步，所以评比表前常常停留一些学生，关注自己和其他同学的奖励结果，学生们也因此实时进步，天天进步。

家校合力，多元评价，促进孩子进步。

孩子犯错误时总是推脱责任，为自己辩解，指责对方，很少反省自己。家长眼中的孩子呢？也多是“我”的孩子多么好，他人的孩子在自己眼中并不重要。在遇到纷争的时候，也总是告状，责怪别家孩子。如何让家长和孩子宽以待人，理性反省自己的错误和包容犯错误的同学朋友？发挥家长的教育作用是极佳的途径。在家长会上，我请家长夸夸自己孩子的优点，特别要夸夸与孩子经常发生矛盾的伙伴。所有的家长在此时都是理性的，写的内容情真意切。有的夸他人的同时也夸自己的孩子，有的夸奖全班的孩子，有的夸赞别人的同时明确自己的孩子表现欠佳，而向对方道歉。在这些夸赞中，我看到的都是理解、信任、宽容、鼓励。把家长夸奖的内容保留下来，在适当的时候展示给学生，在“你行，我行，他也行”的主题班会上，我把这些内容全部展示出来，那时所有的孩子都成了家长眼中的小天使。他们兴奋地听着，课堂上掌声不断。通过此举一箭三雕，一是向家长表明正确评价自己的孩子和他人的孩子，二是向孩子们表明正确对待自己和同学的优缺点，三是孩子得到家长由衷的肯定、鼓励、赞美，自信和勇气倍增。引导学生由外向内关注自己的进步，反省自己的过失，真诚地欣赏他人的优点。我常告诉孩子们“慷慨赞赏能治愈嫉妒”，相信孩子一定会形成正确的是非观和良好的人格。

多方评价促自信，也让他人自信。你行，我行，他也行，给整个班级注入前行的力量。

孩子们，你们好！

开学之初，思考班主任以什么样的姿态与刚进校的学生交流，而这样的交流是有效的，能有潜移默化的效果。

就从礼貌问候开始吧，问好是人与人之间普通平常却相当重要的礼仪行为，给他们做示范吧。每天我拿着钥匙走向教室，打开门就站立在旁边迎候学生，开心地向他们问好：孩子们，你们好！孩子们鱼贯而入，同时也礼貌地回答：覃老师，您好！没有提前强调，学生自然适应。此举是小事，可做与不做是不一样的，比起干巴巴的说教、要求学生礼貌待人和学习《中小学生守则》要切实有效得多。

有了有效的交流，如果不以行为示范为先，学生是不会知道用什么样的方式去实现礼貌待人这一规范的。父母是第一启蒙老师，教师启蒙也不光是课堂上的知识灌输，言传身教是每个施教者的第一法宝，榜样的力量因此显得相当重要。此后，只要他们见到我，就会主动向我问好。在课堂写字时，我挡住了黑板上的字，看不见的学生会有礼貌地请求：覃老师，请您让一下。听到这样的语言，心里暖潮涌动，师生相亲相敬，这样的和谐如春雨滋养着学生，也打动着我自己。

教育行业流行一句话：有德有才是正品，有德无才是次品，无德无才是废品，无德有才是毒品。可见品行是衡量评价一个人价值的前提，德才兼备，德为先。《论语》有云：志于道，据于德，依于仁，游于艺。孔子立己立人的人生大事是：以道为志向，以德为根据，以仁为凭借，活动于丰富的六艺之中。教师每天做的就是这些事情。

教师“据于德”，学生养于德。习惯的不一定是正确的。教师习惯了这样一种情形：无论什么时候，什么地方，都是学生向老师主动行礼问好，而双方都习以为常，教师理所当然笑纳，却不还礼，从孩子身边冷漠地擦肩而过，认为学生就该这样尊重自己。换位思考一下，学生也应该获得教师的尊重。教师主动向学生问好，会怎样呢？有时我一进校门会率先给迎候师生的礼仪队员打招呼：小朋友，你们好！一开始他们很惊讶，继而遗憾。惊讶的是还没有遇到过主动问好的老师，有点受宠若惊；遗憾的是没有在老师问候之前行礼问好。我离开之后还能听到他们在互相责怪呢，责怪自己反应迟钝了。这样主动示好的机会并不多，但总会让那些学生惊喜讶异，也许还会让他们回味许久吧，也许还会让他们正确理解什么是平等吧！

教师身上笼罩着一种权威式的光环，时时刻刻无条件地享受着孩子们的尊敬，甚至出校门遇到胆怯、羞涩、反感的学生不打招呼时，还会大动肝火，心中愤愤不平。其实我们夸大了这种所谓的权威，教师只不过是服务者、引导者、组织者，甚至是呵护者、照顾者，那萤火虫般的光芒，平常而平凡，为享受尊敬不必自我夸大。太阳无私地普照万物，而并非只接受敬仰。同是平等的生命，何须自我膨胀？把自己塞进一个看似高冷但逼仄的空间，岂能依仁游艺！

见招拆招

初接本班，不断有信息传来，班内两极分化严重，多数学生属于弱势群体。上了几节课之后发现的确如此，发言表达的就那几个人，小甜（化名）、小朱（化名）、小李（化名）等，其余人坐镇教室，个个稳如泰山，思考时按兵不动，任尔东西南北风，他自岿然不动。我试着抽查几个人，小郭（化名）、小蕾（化名）、小何（化名）、小高（化名）、小徐（化名），竟然发现他们全紧闭金口不发言，我甚至以“你不说话这节课就不上了”强制发言，也不起作用。看来要撬开金口，还得另想招法，具体什么招也没有预设，反正想方设法要让他们说话，只能见招拆招！

首先是小蕾，我用好友陪读法，让她在朗读史上开了先例，此后回答问题便轻而易举了。其次是小高，我用悄悄话的方式和她交流，弄明白了不想说话的原因是害怕嘲笑，我决定让他获得说话的勇气。第三块“顽石”是小徐，我用旁敲侧击法让他产生了表达的勇气和自信。这小男孩说话只见他张嘴，却听不见声音，着实急人。恰好他在我的“演讲与口才”兴趣活动组，我先营造氛围，故意向别班的孩子表扬小徐勇敢可爱等，多给他发言机会，只要他音量稍微增大，我带动学生热情鼓掌，以示奖励，进步后的他能做到举手发言。此法我叫“见缝插针表扬法”。第四块“顽石”小郭，我用夸大法让他的心里活了起来。写“我成功了”命题作文时，他表示自己从来就没有成功过，并且拒绝与组员合作交流，组长抱怨，我便让大家停止讨论，与小郭对话。

“你的衣服每天早晨谁给你穿？”

“我自己。”

“你能自己穿衣服，说明在这方面你做成功了，自理能力强。你到学校来上课，谁送你？”

“没人送。”

“看看比起一、二年级的弟弟妹妹们你是成功的，因为他们还需要父母接送。你吃完过一整碗的饭吗？”

“吃过。”

“很好，你不剩饭，比起爱剩饭的孩子，你又是成功的。你来，过来。”他慢慢走到我跟前，我便借题发挥。

“同学们看看，他能听从老师的安排。从那儿走到这边来，比起有些不听从老师安排的学生，你又是成功的。你有了这么多小小的成功，怎么能说你从没有成功过呢？其实你是有优势的。”

经过这样的启发，他很骄傲地参与了讨论。小郭一直如一块沉重的大石头，无论课堂上有多大的波澜，他总是沉而不起，心态超好，几乎就是不为物役，宠辱不惊，从不发言，叫起来也金口难开。我是软硬皆施，要他与大家一起进步，但那比登天还难，但放弃不是教师应该选择的。

小郭是极度缺乏关爱的学生。一次写想象作文《20 年后……》，他写道：20 年后我要做一个正常人……看到这一句话，真是触目惊心！相信每一个教师都会心痛，他在家中、学校得到最多的不是光环，而是批评，久而久之，他本人也错误地认为自己已经不是正常人。苏霍姆林斯基说："批评一个孩子犯的错误很容易，可是要呵护和培养一个孩子的爱心确实是一件不容易的事啊！因为在孩子成长过程中，他的爱会慢慢地融化或吸纳他的错误的。可无情的批评和处罚可能将毁掉孩子爱心的火花。所以对学生来说，培养孩子的爱心，远比对他们的错误进行无情地指责重要啊！"小郭，这块顽石能被融化吗？

其实小郭并非一无是处。他的记忆力较强，只要他愿意，背诵课文能较快完成；在一段时间里，他不骂人，不打架，于是班会课上他会得到一朵红花；偶尔听广播时，他会坐端正，黑板上也就会有表扬他的名字；有一节课，安安稳稳趴着，不影响他人，也会得到我的点名表扬；他胖乎乎的，懒得运动，不认真做操时，我会改变要求，让他踢毽子、跳绳，增大他的运动量，他竟然能笑着完成，不认为是惩戒。

在家长的积极配合下，他有了较大的转变，首先书写字迹工整了，他得到在展示台展示的机会，还会有同学热情地鼓掌；一再启发下，能开口回答简单的问题，也会得到老师和同学们的鼓励；我多次打电话主动与家长联系，报喜不报忧，班级生活委员让他挂名，提醒的时候他会配合，不提醒便什么事情都不管。即便如此，但见他如刚睡醒的孩子，慢慢舒活过来；作业减量布置，他基本都能完成。课堂上常这样关注他：小郭，你跟上了吗？你在写字吗？你在读吗？做课堂作业时，会在他那儿多停留，常指导。就这样做了一些琐碎的事情之后，发现这块“顽石”不再那么扎人了，改变之后的他比以往任何时候都懂礼貌，爱心辅导结束的时候，他会主动说“覃老师再见！”三操他也动起来了，口号也喊起来了，声音也响亮起来了。上课时，能看到他专注的神情；活动课时，发现他也会主动申请要与其他组员合作。一学期下来成绩取得了 30 多分的进步，虽然仍不合格，对他来说已经是了不起的收获，他也因此增添了几分自信。

反思：教育的核心不是传授知识，而是培养健康人格，这是一切教育最基本、最重大的原则，爱心永远比指责更重要，激励永远比惩罚更有效。如果总盯着缺点不放，孩子的缺点会越来越多；如果总盯着优点不放，同样会发现孩子的优点会越来越多。尽量避免做简单的冰冷的道德法官，常常捧着一颗炽热的心，温暖冰冻的心灵，让学生具备健康人格比单纯提高成绩更值得欣慰。

班上这样的“顽石”太多，开始有无暇顾及之感，后来在教学过程中抓住机会，有针对性地各个击破，坚持不懈之后，我与他们紧张的关系缓和了。这些学生在班内没有了战斗对象，教师的宽容激活了孩子们的宽容，学生少了状告的现象，班级气氛比先前和谐。可见，班级管理，不能只顾面上工作，对那些刺儿头一样的点，让它们融入面中还真的要下很大的功夫。其实他们不是班级所谓优秀者的对立面，从另一个角度看，他们是缺乏正确教育的孩子，他们需要更多善意的关注，他们是缺乏爱和关注的饥渴中等待滋养成长的幼苗、弱苗，等待园丁施以更多的肥料，这样他们才会在阳光中渐渐成长。我时时告诫自己，多多关注他们吧，时时刻刻！

小刁（化名）是个令人心疼的孩子。他瘦小虚弱而单薄，在班级里一直默默无闻，少言寡语，几乎不发言。无论他待在哪里，那里就是一个与世隔绝的世界，只属于他的一个沉默的世界，一个与他暗沉的肤色一样没有一丝亮彩的寂寞的世界。表面上他在纪律方面是非常优秀的，因为他从不与任何同学发生矛盾，他有极强的忍耐性。有时早操还会表现出面色蜡黄、恶心的现象，一副体弱多病、面无表情的样子。对于同桌逗惹，竟然不还击，不是不以为然，只是万般无奈的表情。课间操做伸展运动时，低头举臂——佝偻着脊背，低垂着头颅，这是他典型的形体特征。他到底是一个怎样的孩子？他为什么如此自卑？

家长会到了，我与他父亲做了一番交流。父亲表示孩子身体健康，只是母亲常年卧病在床，而自己常年在外工作。原来他仅是一个双亲健在，但又无依无靠的孩子，得不到母亲的关爱，也得不到父亲的教养，一个摇摇欲坠的家庭无爱无扶持，无任何安全感，难怪他一直瑟缩在自己的世界里。一个没有享受父爱母爱的小男孩，长期压抑，儿童的天性几乎泯灭，他竟有超出成人的忍耐力。

这个孩子是一个被生活重压折磨得不堪入目的少年，消极压抑、退缩无助，被动迟钝、任人摆布，毫无自信、毫无生气。每每想起初始对待他的错误时的严词厉色，我便深感愧悔和痛心，这不是对待他的正确方法。所以我决定走近他，从学期末评语开始：孩子，老师、妈妈和全班同学都要感谢你，因为你遵守纪律，班级的纪律优胜有你的贡献；你从不与同学闹矛盾，和谐的班集体有你的功劳；老师、妈妈希望你有强健的体格，以后积极参与体育活动，课间主动找好朋友快乐地游戏；老师像妈妈一样，特别希望你下学期能抬头挺胸，结交更多好朋友，一直开心快乐。借期末评语给他温暖的阳光，给他母亲般的关怀，等待属于儿童的天真烂漫复苏。

记住你的好　传递正能量

面对在不同方面落队的孩子们，心里五味杂陈。哪一个班主任愿意自己班里的孩子不守纪律，不认真听讲，不按时完成作业，不尊重同学，不负责任，有错不改，懒惰散漫？负面的东西集中起来，压在班主任一个人心头，谁都逃不了愤怒和焦躁。为成绩优胜，为纪律优胜，急功近利之下，处理问题难免不冷静。我认为这是条件反射式的笨反应，不理智，无定力，起不到任何释放压力的作用。还是《记住你的好》这篇文章给了我启发。

想起你，想起你的平和友善，文明礼貌，有自知之明。这是小然（化名）。

想起你，想起你笑意盈盈的脸庞，阳光灿烂，心地善良。这是小涵（化名）。

想起你，就想起你活泼机敏，有副热心肠，负责任，勇敢单纯。这是小博（化名）。

热心踊跃，精力充沛，虽然注意力弱，但从没耽误过学习，积极性非常高，爱表现，心理承受力强。这是小晖（化名）。

勇敢活泼，是非观念不强，但能接受老师的批评；虽然不良习惯顽固，但有诚意改错；自控力差，但愿意改进；在老师正面关注的时候，表现很棒，可塑性强。这是小雨（化名）。

关注玩具过于用心，说明你有较强的专注力，只是学习一直乏力，品尝成功的机会少，良好学习习惯没有建立，但与同龄人相比，弱势情形下，还有进步的愿望与短暂的行动，态度诚恳，对待同学文明友善，听得进劝，单纯没有坏心眼儿。这是蜗牛式前进的小裴（化名）。

想到此，我已觉得阳光灿烂，每个孩子的优点熠熠闪光，让我感到愉悦，也让我满怀希望，内心充满信心和力量，记住孩子们的好，给我正能量。

走近你，了解你，传播正能量。陀思妥耶夫斯基说："要想获得一种见解，首先就需要劳动，自己的劳动，自己的首创精神，自己的世界。"陆游说："纸上得来终觉浅，绝知此事要躬行。"萨迪说："有知识的人不实践，等于一只蜜蜂不酿蜜。"

古今中外，一理贯通，他们三人的见解，都强调实践的重要性。耳听为虚，眼见为实，有时眼见为虚，实践结果为实，所以耳听不如眼见，眼见不如实践。走进学生心里，实实在在了解学生内心所想，需要老师的躬亲实践。走近小娜（化名）才知道，不敢在老师面前背课文是压力大，紧张，怕出错，怕挨批评，没自信；走近张辉（化名）才知道，他用手努力遮挡自己写的每一个字，但掩盖不了父母离异带给他的自卑；走近文辉（化名）才知道，家庭教育严重失当，这个冲动暴虐的孩子，真实地复制着父母在生活中表现出来的粗暴言行。走近他们，给小娜、张辉传递自信的力量，体育活动时特意参与到他们中间。内向的张辉没有玩伴，我邀请他一起活动，他选择了自己的强项——原地转圈，几圈后我晕了，哪知他竟转了上百个！就那一次师生比赛，他成了同学们心中的神话，我鼓励他努力学习，锻炼好身体，将来当飞行员或航天员。我让文辉体会文明礼貌的魅力，并选他为文明礼仪队员，值周时，每天向进校的师生问好。我就不信那庄严神圣又充满温馨的仪式感染不了他！教师育人，以实际行动带领孩子走出困囿，将是最美的回馈。

信任给进步一个理由

每一学期有多次与家长交流的机会，交流中，他们都无一例外地提出同一个要求，那就是有机会让孩子多锻炼锻炼。家长爱子心切，可以理解。面对他们的期望，我也在思考：学生们现已升三年级了，有一定的自我管理能力，也能腾出精力和时间来管理班级事务，于班主任管理，于学生成长，都是两全其美的事，何乐而不为？

开学之初，选拔班干部的时候，我增设了三个专项，即护花使者、手抄报管理员、黑板报管理员。为了不流于形式，避免虚设，确实发挥他们的作用，我给他们安排了任务，叮嘱时常要注意的事项。“护花使者”康嘉（化名），我要求他先登记全班学生端来的花卉名称及主人，然后上网查一查，每种花的养护知识，最后给他机会举行一次专题讲座，让花的主人会养花，保证期末能活鲜鲜地端回家。这孩子单纯被动，自我独立意识差，开始时登记这一环节就搞得他焦头烂额，一星期过去了交不上名单。我询问，他委屈地辩解："我要登记的时候他们都跑掉了，我找不到人了。"最后还是我组织学生向他汇报，才得以完成任务。万事开头难嘛，可以理解，闯过了第一关，他在查资料和进行专题讲座两件事上做得十分顺利，他也由以前那个被动的孩子，逐渐变成了凡事主动参与的积极男生。一天，他突然跑到我面前汇报："覃老师，您不是让我买簸箕吗？今天中午我就买去啊！"看到他的变化，我由衷地欣慰。

黑板报管理员佳祺（化名），已能写漂亮的钢笔字，绘画水平也超出同龄孩子。手抄报管理员小怡（化名），踏实细心。这两个女孩子相对懂事，动手能力更强一些，合作也出奇默契。每当我把主题告知她俩，她们就立即组织好合作伙伴，清理教室后面的黑板报上期内容。有时贴对应主题的手抄报，有时直接写文字，配插画。她们积极主动完成，从不拖拉，根本用不着我催促。孩子们一丝不苟，乐此不疲，我很感动。锻炼能力，要给他们机会，更重要的是信任，信任中有责任心的启动，有自我才能的充分展示，更有自信心的提升。看着他们一个个都上手了，我便开始有意识地远离他们，早操、课间操站队集合，不再像一二年级时那样紧紧跟着监督他们，在没有老师监管下，他们慢慢学会自我管理。我真切体会到他们的能力在老师地放手中提升，他们的进步在老师的信任中催生。

特别行为系列档案之一

特殊情况：小雨（化名），男，九岁，无幼儿园教育经历，由爷爷奶奶带养。老人十分溺爱孙子，无论走到哪里，经常带在身边，很少让其与别的小朋友玩耍。父母在城里工作，无暇照顾、教育他。他任性而长，养成过强的自我意识，学前常与开私人公交车的舅舅一起，在车上来去奔波，无人管束，胆子很大，表现为言语粗俗，不顾及他人感受，攻击性极强，同学关系很紧张。

分析：小雨的幼儿成长期，在过度呵护和过度放任两种极端态度下度过，缺少与他人正确沟通的机会，加之老人没有正确的养育方式，致使孩子唯我独尊，只关注自我的得失，只满足自己内心的需求，其他任何人都不在他的心中。不文明的语言和高频率的攻击性动作证明他不会与同伴交流，遭到同学们的反感，渐渐地他没有了朋友。被迫离群的孤独，让他感到苦恼和疑惑，于是跑到办公室来问老师："为什么同学们都不喜欢我？"撞了南墙的他思考自己的处境，反映出他在人际交往方面确实无知。主动求助于老师，反映小雨有与同学和睦相处、渴求他人认可的愿望。这一点与老师同愿，也是引导他的契机。

改进措施：1. 与家长沟通，正面引导，要求尽快促进孩子群体化、社会化。2. 补上礼貌等交际需要的常识，实践中学会友好对待周围的人。3. 班主任正面教育，鼓励全班学生互相问候，开展"小雨，你好！"文明友好周活动。

特别行为系列档案之二

特殊情况：小沙（化名），男，九岁，三年级学生。父母经商，文化程度低，对孩子放手管理。爱吃零食，卫生习惯极差，好动，攻击性强，经常出坏点子，唆使他人做违规违纪的事情。占有欲强，别人的东西只要自己喜欢，不管采取什么方法，都要去获得、占有。有一个同校的同胞哥哥，行为习惯类似。

分析：家庭教育严重缺位，占有欲强，说明自私；不择手段，而且护短，说明没有正确的是非观念；放任不管，加上有一个不良行为的哥哥的影响，说明家长没有正确的育儿观。多重错误的影响，致使小沙言行特异不文明、粗俗，所有同学都害怕受伤害，不愿意和他交往，因而没有玩伴。

改进措施：首先，向父母说明孩子在学校的现状、不正确表现及其不良影响，要求正视，积极配合，改正错误的教子思想和方法。其次，严格的规章制度和人性化管理同时进行。开学伊始，班主任声明学生必须遵守中小学生各项规则，同时要耐心说服教育，讲明各种坏习惯的严重后果，有针对性地进行引导，多与本人交流，通过班内评比、好友竞赛等形式，让其为班级服务，以奖励等办法，促进其成长。最后，长期关注，巩固进步成果。

特别行为系列档案之三

特殊情况：小杰（化名），由于父母忙于工作、爷爷奶奶惯养，我行我素，习以为常，课堂上常自言自语，极少安静下来认真听讲。与同学有纷争时，总是认为自己正确，指责对方，不依不饶。爷爷教训他，他竟然说爷爷还敢跟他犟嘴。他还常常在校门口逼着爷爷买小零食或小玩具。老师要费九牛二虎之力才能把他哄进教室，一句话不中意就愤恨撒泼。很生气的时候，他会说：我不喜欢这个学校，我讨厌XXX。

分析：家人的娇生惯养与纵容，致使孩子唯我独尊，目无尊长，眼中没有他人，只有自己，极端自我。不满意的时候，仇恨的心理极强。校规校纪禁止的，他不同程度地表现不满。同龄儿童行为习惯都优于他，所以显得他特立独行。家长认识到事情的严重性，要求他极力适应学校教育，给了孩子巨大的压力。所以他一时无法适应从无拘无束到遵守规则的变化，心生不满，甚至怨恨，反映他极度不适应新环境。

改进措施：1. 家长认识到位，与学校保持一致，纠正错误的养育方法。2. 让孩子从心里逐渐认同各种规章制度，学校教育与幼儿园教育、家庭教育是不同的，这需要学校、家庭正面教育。3. 教师要有足够的耐心，尊重孩子的点滴进步，让孩子参与群体活动、集体活动，在与伙伴玩耍中学习各种交际技能和建立规则意识。

特别行为系列档案之四

特殊情况：小沛（化名），男，十岁，三年级（1）班学生。表现为口头表达结巴，思路混乱；没有幼儿园教育经历，父母自述为智障儿童。长期由乡下奶奶抚养，直至进入乡村学校。一年级课程学了两年，入学后与父母在一起生活。母亲小学文化程度，在本市经商，母亲言语表达急促且吐字不清晰，断定儿子智障，不愿耐心教导，对孩子的健康心智发育丧失了信心，经常恨铁不成钢，性情急躁。父亲是刑满释放人员，常年经商在外。夫妻感情不和，矛盾不断，常拿孩子当出气筒,经常污言秽语谩骂孩子,动辄粗暴殴打,教育方法严重错误。

分析：从孩子成长环境来看，他的言行与学校要求出现了断层，跟不上同龄同学，差距很大，是他家庭教育不当和幼儿教育严重缺失造成的。智力缺陷在教育这一块可谓先天性营养不良，一进学校不适应规则，尤其学习方面的目标要求远不能及，孩子自信心严重缺失，恐惧心理十分严重，怯于表达，怯于交往，对父母的恐惧大于爱。

改进措施:1. 帮助父母改变对孩子不利的看法,树立信心,同时，改变错误的教养方式，以鼓励为主，建议改善亲子关系，家庭成员之间文明交流，互相尊重，尤其要尊重孩子的感受。2. 教师利用资源发动其家人、同学、朋友，热心关爱，呵护孩子的自尊心，希望父母耐心配合。3. 父母必须认识到友好交流的重要性，改变与孩子交流的语速和态度，必须清楚地表达和交流。

特别行为系列档案之五

特殊情况:小凡（化名),男,三年级学生。可爱单纯,善待同学,特别愿意和老师亲近，时常从家中带来水果与老师分享。但自我认同程度很低，胆怯交往，稍被批评，情绪就十分低落，甚至哭泣，万分难过。因自我失望，进而自我怀疑，然后询问老师:“我在您眼中是个什么样的学生呢？”

分析：小凡体质弱，家人喂养太精心，包办太多，呵护过多，学生自理能力较差，依赖性强，自控力、意志力非常弱，所以当他离开家庭，来到学校时会自觉寻找另外一种依靠。而他认为老师可以代替母亲，不断使用“小伎俩”亲近老师，希望得到老师慈母般无微不至的关怀。他独立自主的能力偏弱，对离开家庭来到学校心存恐惧，没有归属感。老师的严厉批评使他怀疑自己，是信心严重不足的表现，承受能力差，而且敏感脆弱。

改进措施：1. 增强体育锻炼，尽快促使其具备较顽强的意志力，希望家长积极配合。2. 家人学会放手，尽量让孩子做力所能及的事情，不再包办。3. 教师要在自信和勇气生成方面为小凡创造更多的机会，全班学生在老师带领下积极认同他，友善团结，互帮互助，使其尽快融进集体。4. 教师和家长都应该做到尽力发掘优点，正面鼓励，提高自我效能感，克服畏惧退缩心理。

特别行为系列档案之六

特殊情况：嘉辉（化名），男，九岁，三年级（1）班学生。常遗失学习生活必需品，比如本子、玩具、书等；与人交流，漫不经心，不敢与人对视；做功课或完成其他任务甚至游戏时，注意力没法集中，常常发呆，愣神；抢着表达，经常干扰或者干涉他人，说话有时过多，不能对校内规则做出恰当的反应；容易被外界刺激吸引过去，自控能力很弱。

分析：孩子表现符合多动症状，家人反映这也是大夫诊断的结果，属于多动与冲动型、注意力障碍儿童，注意力能短时集中，但是不持久、不稳定，如有更新奇的刺激就马上转移注意力。冲动无法控制，延迟缺乏满足感，对任何刺激都有快速反应，但是他们的反应抑制功能比较差，这样的孩子有明显的马虎、粗心的缺点，很难做到准确。在学校处于弱势，小学中年级以后，学习明显困难，家长孩子一起努力，成绩表现还是较差，尤其自信、勇气严重不足，胆小懦弱，敏感多疑。多动症孩子的行为不是出于本意，是病态，是慢性的。虽然积极求助心理医生，渴望重建正确的育儿理念，但仍把目标指向学习成绩的提高，没有坚持从其他方面正确发力。

改进措施：1. 家长必须接受现实，学习有效管理孩子的技能，帮助孩子事前计划，对时间进行有效管理。2. 找专业医生进行心理辅导，促进孩子在频繁受挫的现实面前认识自己和理解别人，管理好自我的情绪，教给他自我管理的技能。家长需要每天对孩子的行为进行观察，了然于心，及时纠正。3. 家长与老师有效沟通。家校适时沟通心理治疗进展程度，教师配合，积极练习正面行为。4. 教师坚持定目标，然后约定做成之后给予非物质奖励，以示鼓励。同时研学心理学知识，正确出招。

特别行为系列档案之七

特殊情况：佳豪（化名），九岁，三年级（1）班学生。独生子，母亲无业，父亲是军人。母亲娇宠包办，心思极软，溺爱没有底线和原则。父亲很少过问孩子的学习，成绩不理想，选择粗暴打骂方式，没有正确的育儿观念和方法。孩子刚上一年级时，反应迟钝，写字速度特别慢，时常用橡皮使劲擦刚写好的作业，明明是正确答案，还是不由自主地使劲擦，有时甚至将作业本的纸都擦破了；上课时不听老师讲课，抓起橡皮，用小刀切成细细的丁，或者一堆一堆地堆起来，自己玩；或者用铅笔在橡皮上使劲地打出一个个小洞；课堂专注力弱，学习效率当然不高，考试成绩自然极不理想。因行动迟缓，玩伴几近于无，常常形单影只。

分析：这种“钟情”橡皮的行为被儿童心理学家称为“橡皮综合征”，是孩子内心焦虑不安情绪的外化，是家长将自身的压力不自觉转移到孩子身上，对孩子的期望值过高给孩子心理上造成了极大的压力。他们并不是现实中的“傻”，反而大多聪明，只是为排解内心焦虑不满与压力才下意识反复擦拭。母亲没有正确的育儿观，溺爱成性，常代写作业就是证明。因此，孩子依赖性极强。

改进措施：（1）父母合力进行正确的行为习惯培养。不能打骂，更不能溺爱，停止溺爱，与孩子约定少用橡皮就奖励。（2）外出游玩，鼓励与小伙伴玩耍、交朋友，加强锻炼，同时减轻自身和孩子的心理负担。（3）为他营造愉快的交际氛围，发动同学接纳他，鼓励他，帮助他，主动邀请玩耍，耐心合作，使他具有归属感。（4）进行听觉记忆训练，提高辨别能力；唤醒积极情绪，调动兴奋性，提高学习效率。（5）定目标，监督执行，发掘闪光点，经常鼓励，促使提高自理能力，增强独立意识和自信。

特别行为系列档案之八

特殊情况：正英（化名），上学之前由奶奶、外婆轮流带着，宠爱娇惯，体质弱，过度呵护，衣来伸手饭来张口，典型的越溺爱越弱的宝宝。上学了，到了父母身边，父母为了提高孩子成绩，一直监督，一直陪伴，甚至包办，就是不培养习惯。久之，学生被动、依赖父母习惯了，无独立意识，对父母产生强烈的依赖感，书写非常慢，记忆力较弱。所以在学习上，父母越包办越无效，产生恶性循环。父母被动，孩子也被动，一家人十分痛苦。

分析：正英学习时，一定要父母陪伴，心理学家称之为"陪读"。陪读说明育养经验不多，是无奈之举。尤其是年轻父母，经常遇到这样的孩子。这种不正确的教育方式，造成孩子的习惯没有正向发展，孩子依赖性增加，对外界感到陌生。胆怯、恐惧，独立自主意识没有建立，不利于养成良好的学习习惯和学习规律，不利于培养坚定的意志，导致注意力分散，精神过度紧张，增加了学习疲劳感，降低了学习效率，有很多弊端。

改进措施：（1）让家长认识到陪读不是一种正确的教育方法。家长要适当放手，学习正确的教养方法，培养孩子的自理能力，激励孩子适当劳动、运动，鼓励主动交友并积极参与同学间的游戏与交流。（2）计划安排好孩子每天的各种活动时间，在原则不变的情况下，让他们自己掌握时间，发挥他们的主观能动性。（3）教师、家长引导孩子明确学习目的。学习是形成好习惯、积累知识、掌握方法技能、培养优良品行、提高文化素养的重要经历，有了目标，制订计划，让孩子做事学习有导向，会学得更踏实、坚定、持久。（4）理解孩子在学习中出现的问题，平等对话，不以强势强求，和孩子在一起交流，并一起解决困难。

特别行为系列档案之九

特殊情况：乐怡（化名），女，九岁。母亲在孩子幼儿期因病不治而离世。父亲是警察。父亲很重视孩子的学习，每次孩子完成作业都签字，并且写上鼓励的话。有人反映她偷偷拿同学早点和眼镜，本人坚决不承认。乐怡的行为属于偶发现象，一、二年级时没有类似情况的反映，可见事出有因。她的同桌小赵是她主动要求与之同坐的，小赵是其好朋友，但她忍不住要拿朋友的东西，早点、眼镜、文具等。尽管朋友在她书包里找到了丢失的东西，她也不承认，非要据为己有。我曾敦促她帮我寻找丢失的物品，亲眼见她从窗户玻璃槽中取出藏匿的物品，归还给失主。

分析：孩子并非缺吃少穿，眼镜于她也没有什么用处，为什么要拿呢？细究之下，是她幼年的痛苦经历造成的。母爱的缺失与她对母爱的渴求形成尖锐的矛盾，这种对爱的需求无法通过正常的渠道来满足，导致她通过特殊行为——不当占有自认为有价值的资源来满足，或以这种方式引起他人关注，寻求心理补偿。这是一种心理障碍，心理动力学研究表明，病理性的不当占有的心理障碍，需要专业治疗加上个人意志和自制力来克服。

改进措施：（1）老师尽量像母亲一样亲近她，爱护她，尊重她，鼓励学生友好待她，使她在爱中回归。（2）家人与教师配合，比以往更多地给予理解和关怀。长期坚持，继续关心，继续鼓励，继续帮助，这样的孩子应当获得更久、更多的爱。（3）给她更多的机会，促其进步，抓住闪光点表扬，使之拥有更多的成就感，填补缺失母爱的内心，同时建立正确的价值观。（4）利用班队会正面教育，让学生认识到不当占有行为是可耻、不道德的，努力做言行光明磊落的优秀少先队员。

蝴蝶效应

周一上午第一节课，值周班长小婵（化名）圆满完成上周的协助管理任务。上课前，她要把上周各方面表现最好的两个同学推荐出来，写在黑板的左上角，被推荐的两人将是本周的值周班长。小婵在大家的注视下写出小然（化名）的名字以后，全班哗然，同时响起热烈的掌声。霎时，小然身上聚集了全班同学的目光。小然智力稍显弱势，但除此以外，品德、纪律、卫生、实践、人际等方面，都没有特别大的问题，反而在书写速度方面是全班同学学习的榜样。近一年，同学们与我十分默契，都以最宽宏的态度容纳他，在我和孩子们的合力关顾下，他保持努力上进的姿态。小婵毫不掩饰欣赏之意，大胆地用这种方式表达对小然的鼓励。当小然看到自己的名字出现在值周班长的名单中，他触电似的端正了坐姿，眼神晶亮，表情讶异。不独是他，我也颇感意外，还多了喜悦和欣慰。

平时在班级中有意引导孩子们耐心听他发言，耐心跟着他读生字，营造认同的氛围，鼓励学生帮助他获得自信，鼓励他勇敢表达，因此，学生们获得了耐心、善良、包容、尊重等美德进步奖励，内心慢慢滋生着悲悯情怀。他们自觉地践行对弱势同学的关照，希望送小然走上更高的台阶。

然而不和谐音符悄然而至。小轩（化名）与众不同，看到推荐的是小然，竟大放厥词，公然藐视。他的行为引起一部分学生的不满，为小然遭到这样的嘲讽感到愤愤不平。小轩的轻慢态度以及他的不信任代表了还没敢表露出来的一部分学生的态度。我必须全力支持小婵，但要先解决这个小插曲。小轩极要面子，自尊心极强，坚持客观，理性，但缺乏宽厚与包容。北风吹衣衣更厚，暖阳普照衣渐薄，如果把脱衣比作改正错误，要让轻慢的小轩改正错误，得先给他阳光。

这几天班上的小敏（化名）患病越来越严重，行动越来越迟缓，上下楼梯十分不方便，劝她回家养病，她却顽强坚持到校上课。这种状态我记在心里，正决定把她委托给哪个细心且乐于助人的孩子，负责她的安全，护送她上下楼梯或送她上厕所，放学帮她背书包。眼前听着小轩的话语，看着他不屑的眼神，一闪念，我突然有了一个办法。我盯着他说："小轩，你不相信小然，但是作为老师，我愿意相信你。从今天起，给你一个光荣的任务，你愿不愿意？"他好奇："啥任务？"我逗他："你先说愿不愿意。"他笑着肯定："我愿意。""你每天上学、放学时，负责帮助小敏背书包，行吗？""行！"他爽快答应。突然，班长漆成（化名）、调皮蛋马辉（化名）也举起手来，主动请缨："覃老师，我们两个负责搀扶小敏上下楼梯。"这俩人"节外生枝"，竟让我感动不已，欣然同意。我再次向小轩发问："你不相信小然吗？""他……他……"见他支支吾吾，我向他建议："那你给他一条建议，该怎样做？""他应该再大胆一些，说话说清楚。"我趁势也给小然打气："小然一直在进步，大家应该相信他。他不善言辞，所以他的管理方法也与众不同。你做三操时，如果小然站到你的旁边，说明你要收敛行为，改正错误了。记住，你表现不好，他会无声无息出现在你的身边，请大家配合他。”此刻，小然眼神明亮，认真倾听，从未如此认真地倾听。我借机告诉小然管理办法，在不守纪律的同学面前沉默站立，督促改错，并且告诉他老师和班长始终会帮他的。他点头，信心十足。

我们都愿意为小然前进铺路，看着他进步是我们全班师生共同的愿望。那一刻，我为善良的小婵、努力向前的小然欣慰而骄傲。

再看看小轩，他欣然领命后，认真地践行诺言。一次放学他忘记了这项差事，我已送学生们到一楼，见他忽然转身往楼上冲，我不明就里，回教室的时候，遇到数学老师正在处理纠纷，这才知道小轩冲上楼是为接小敏。当他发现小敏正吃力地下楼，愧疚之际，竟又怒火暴起，因为他发现同学小裴在后面走着，不但没有帮助，反而打压小敏的书包。小轩一步上前抓住小裴就是几拳，小裴不甘示弱，两人就在楼梯道上扭打成一团，幸好被数学老师看见及时制止。因为友爱激发学生心底的正义感，虽然处理得简单粗暴，但小轩内心的冷酷开始被正直、情谊和信义渐渐融化。在帮助小敏这件事上已经产生了蝴蝶效应，有几个女生主动帮助小敏去洗手间，往返搀扶。看到这样的变化，我回想那自带光环的小婵在黑板上书写小然名字的姿势：她左手掌按着黑板，右手尽力伸向黑板的左上角，认真地写着，同时神秘地回头、笑着看了看小然。那站姿，双手向上，是一个极力向上托举的姿势，这个托举姿势清晰而深刻地烙在我的脑海里。孩子们，老师爱你们！真的，好爱！好爱！

别开生面的家长会——赞美幼苗

家长访校日又到了，怎么举行成了必须考虑的问题。成绩提高的方法，行为习惯的培养，道德品行的培养，家庭教育，优劣习惯比较，交流经验，让学生主持汇报管理工作等，这些形式都已经使用过了。想到“家长会，学生畏”的说法，为了改变家长会的负面影响，何不反其道而行之？对学生的一切不良方面，暂且搁置不管，让家长来赞美自己的孩子，孩子乐意，家长也光彩，更重要的是为了促进学生良好的心理品质的形成。为了培养学生良好的学习和生活习惯，从家长的赞美中获得经验，开阔家教视野，必须有家长配合。所以先期给每一位家长去了一封信，内容是这样的：

尊敬的家长：

您好！

时至深秋，又逢收获季节。太阳不吝啬阳光，所以鲜花收获绽放；长辈不吝啬关怀，所以孩子收获恩情如果您不吝啬赞美，无疑，您的孩子将收获自信、勇气、积极和乐观。源自仁爱的赞美，孩子将收获快乐、舒心和尊重，热情自然的赞美将使孩子收获温暖、力量和奋进。本学期本次家长会拟定主题是：赞美。请家长、孩子共同参与，您将在会上当众表扬孩子的优点，不必虚言妄语，但求实事求是。为了您的期待和孩子灿烂的明天，请务必于本周星期五下午四点半准时抵达五楼多媒体教室，谢谢您的合作。

顺祝秋安！

六年级（1）班班主任

2006 年 11 月 7 日

全班学生 64 人，加之 64 位家长，人数过百，决定在多媒体教室开展活动，由两位班长主持。家长会气氛一直在和谐愉悦的氛围中进行。没有家长参与的两名学生小妍（化名）、小杰（化名）也主动要求自己表扬自己。因为心情复杂、激动，委屈得泪流满面，泣不成声，于是热情且善解人意的学生主动来赞美表扬他们，他们旋即破涕为笑。最后孩子和家长们手拉手，齐诵六年级（1）班班训："手与手相牵，心与心相连。眼与眼对视，爱与爱永远。"然后孩子和家长深情拥抱，在暖暖的爱中结束了家长会。这次家长会全部的意义在于：一片阳光，让我灿烂。一束阳光，让我自信。一生阳光，让我辉煌。本次家长会也收到了"山重水复疑无路，柳暗花明又一村"之效。方法新颖，拓展了教师、家长和学生对家长会的认知，皆大欢喜。

课堂是孩子进步的天堂

学习行为困难的学生不仅学习跟不上，其他习惯处处时时相对滞后，自理能力方面表现为：忘记值日、文具丢三落四、随地扔垃圾、随便拿他人东西、不讲卫生；纪律方面表现为：课堂自律性差，随意与他人交头接耳，上操、放学路队都不遵守规则，与他人打架斗殴。就其成因有诸多方面，但大多是家庭教养错误造成的。我们归因当然要站在客观的角度上考虑——规则还没有深入其心。

教师在教学中的错误举措也会形成孩子进步的阻力。一年级孩子是第一次出现在我们的面前，孩子们身上表现出来的不良习惯虽说来自家庭，但这并不等于把努力改变完全交给家长，更不能归结为生就如此，天生如此。课堂是学生心灵净化的园地，是学生进步的天堂，为什么不牢牢抓住 40 分钟课堂，彰显教育的力量呢？

不是办不到，而是偏狭地认为学困生阻碍了教学任务的完成，从而根本就不去关注那些需要特别关注的孩子。其实教育不仅仅是传道授业解惑，这早已是古训，现在对于小学生来说，更重要的是关注他们的心理健康、习惯养成，教师要做的就是纠错纠偏，扶正他们健康成长的姿态，要在教学的每一个细节关注他们。做起来也并不难，比如提问时，首先叫他们回答，由易到难；讨论时，首先让他们发言，说错了，可以纠正；鼓励时，多几分真诚；行动时，在他们身边多停留一会儿，有针对性地指导，甚至手把手地耐心教导；开展活动时，给他们登台表演的机会；课堂，就是他们的，他们为什么不能在课堂上公平地获得这样的机会呢？

小沙（化名）即是开头提到的那一类学生。开学两个月内，我在课堂上特别关注他，让他少有分心的时间。机会频频光顾使他兴奋，屡屡举手发言,进步可喜可贺。一开始他们对我的严厉反应有畏惧感，最后变成了靠近我，亲近我。每天早晨、下午我一踏进教室，小沙便如一缕耀眼的阳光,洒满每个角落。他常常提早到校,主动打扫卫生，不管是不是他值日，都主动做；他的声音清脆响亮，总是仰着白净的小脸，抢着问好："覃老师早上好！""覃老师下午好！"然后其他学生如梦方醒，相继向我问好，在问候声中，我看到了他们晶亮的眸、灿烂的心，也体味了我如花的心情，感觉这样的工作甘之如饴。

“利器”为模仿，观察为想象

古诗对于低年级学生来说不陌生，但让学生读得入情入境也不容易。许多学生其实早就会背《静夜思》，但没有节奏，没有情感，要让学生读得有节奏，有韵味，就要引导他们进行一番技术处理。他们肯定不懂如何停顿，哪儿重读，轻重如何处理，为什么要这样处理缓急，什么是韵脚。诸多内容讲解都有很大难度，所以我想到了小孩子的模仿天性，何不把他们的模仿天赋运用在教学中呢？

教材配有磁带，也有课件，但是让学生听后，我觉得只听其声不见其面，无法尽享古诗音韵美。声情并茂，要听其声，要见其人，要感其情，要见表情动作，这样才能使学生模仿并领悟古诗的韵律美，体会静夜思乡人的感情。于是我先让学生加上动作朗读，比如举头、低头几遍后告诉学生，睁大眼睛看我朗读，要求模仿，模仿得好就是本节课的模仿之星。我读完两遍之后先抽几个学生来模仿，他们基本能把握节奏，但就是没有完全放开，有些拘谨。于是让同桌之间互相朗读并评判，看谁最像老师，之后全班一起闭眼诵读、想象。这样一来，学生把握了古诗的朗读节奏。因此为人师表不仅在道德层面，也在教学技巧。

古诗《画》也是这样开始的，每读这两首诗，学生的语气便习惯性地猛转，正确的节奏和充分的感情朗读，让我感慨他们真是一群聪明可爱的孩子！如果足够自信，就大胆地让孩子模仿，这不失为一条捷径。“工欲善其事，必先利其器”，为了学生能精准模仿古诗要义，教师必须不断精进，身正为范，利器为先。

模仿并没有完全限制他们活跃的思维。

文后有一题目是看图说话，有的学生看见什么说什么，有的学生重复别人说过的话语。由此观之，他们善于机械地做事，没有独立的思考，对事物没有独特的感觉能力。相反，小英（化名）和小马（化名）的回答却反映了可喜的状况。

小英：“我看见五角形的星星在天空中眨呀眨的说话呢。”小马：“那个小女孩在想家。”这俩孩子的回答与众不同，都赋予了观察对象以生命和感情，反映他们具备独特的感知能力，显示出与众不同的个性。

海水不可斗量，他们心里有另一片好大的发展空间。而依靠机械学习获得高成绩者，知识的喂养足，记忆好，但心灵发展拓延的空间极窄，窄到只能观察表面或者机械重复，不能在思维层面独立开疆拓荒，发现新的美好，这恐怕就是想象的平庸吧！教育就是喂养平庸，唤醒不凡个性。我企望流连在孩子们的童话世界里。

我想带你走出沼泽

了解你是缘于一年级的第一次家长会，你的母亲向我全面介绍了你：习惯差，智障儿童，口吃，言语不多。你母亲一锤定音的断语，让我看到了你在她心中的位置，你妈妈阴郁的眼神流露出无助和迷茫。为了配合你母亲，决定首先改变你的口吃。课下与你交谈，课上让你发言，让同学们鼓励你、欣赏你，慢慢你进步了，敢主动举手发言了，说话欲望增强，表达见解流畅。看到你的进步，我欣慰无比。

可是看到你的书写字迹，又有些失落。你知道，你是第二次学习第一期的所有学科内容，你的字迹还是像一团团杂草丛。有时我会不由自主拿你与其他同学比较，身不由已地对你严厉，大声训斥你，因为你的不专注和磨叽、不正确的握笔姿势、非同一般的偏执，使你写字难以进步。一横的字，你偏要多加一横；两横的字，要变三横；三横的字，你要变四横。我的眼里全是你的顽固，有段时间我开始放弃——也许降低要求才真正适合你的发展吧,我也这样告诉其他老师。

你知道吗？这时候你的另一个形象改变了我对你的看法，当你主动向见到的任何一位老师有礼貌地行礼时；当我听到李老师说你向街上陌生的老人行礼问好时；当同学在教室里随地吐痰，你第一个冲出来拿着拖把帮助清理时；当你关注班级，为班级出点子时，我开始微笑接纳你。也许你不知道，我和李老师开始为你祈祷，为你难过，因为你告诉我们，你的母亲已经永远地离开你；因为时隔半年后，你竟然告诉大家丑小鸭应该出去锻炼，磨炼自已的意志，才会更强大，更勇敢。我知道了，你内心正在积蓄着一种力量，震撼了我。你才十岁呀！孩子，伸出手来吧，我带你走出沼泽。

孩子加油

归属感是每个人内心潜在的高级需求，中国香港心理学博士林梦萍说：“当一个人生活各方面都无法获得归宿与安全感时，那种无根而漂泊的感觉，很可能就直接或间接地决定了他的人生取向。”所有的教师都当以爱的名义让学生在班级中有归属感。班级如家，一般是想让学生爱家一样爱班级，表现在爱班级公物、爱同学，不使公物受损、同学被欺。当学生义不容辞地成为班级家庭成员，学生有了归属感,就实至名归了。儿童在班级里没有归属感、安全感是十分可怜的。懂得给予的老师，更应懂得一点心理知识。只要成绩，只要智商和技能,忽视情感,与教育目的背道而驰。对待肖雨的事情,我庆幸做对了。

星期五下午，他走进办公室，一脸茫然，问李老师，为什么班上的同学们都不喜欢他呢。李老师正面开导，解除了他内心的疑问。但作为班主任，我还应该做点什么。周末思考了两天，打算周一第一节语文课实施我的计划。周一早晨我特意把肖雨（化名）打发出教室，神秘地告诉同学们，本周为“肖雨友好周”，要求同学们在他还没有开口说话的时候，一定要主动向他先打招呼:“肖雨你好！”不出所料，大家欣然接受了我的建议。当肖雨一进教室，学生们一起喊:“肖雨你好！”小男孩被这一举动给震迷糊了。我就是想刺激他，让他逐渐地醒悟过来：要得到他人的尊重，自己必须要尊重他人。渐渐地，他不礼貌的攻击行为收敛了很多。接下来还需要巩固，还需要和同学们一起合作。

一天，他告诉我:“老师，我坐的时间长了，感觉急人得很啊！”我很高兴他愿意与我交流，趁势鼓励他:“太好了！你开始控制自己的行为了。不过你要坚持，慢慢地你就不难受了。我知道你行的。”往后他在课堂上与我合作，也与同学合作，努力改善和大家的关系，努力改变想成为大家心目中文明的孩子，班上所有人都在为他加油。

可爱的孩子们为了肖雨，他们竟然与我合作得如此默契！

接受也是一种美

下课了，我和孩子们都轻松地走出教室。他们各自奔向自己的伙伴，互相邀请结伴游戏。我刚要下台阶，身后传来甜甜的呼喊："覃老师。"我一转身就看见可爱的刘雨润（化名）。这孩子活泼热情，思维灵活，礼貌大方，学习努力，我一向很喜欢她。只见她手里拿着一张巴掌大的纸片，笑眯眯地望着我。我问："怎么啦？"她伸出手："送给您，这是我画的画。"我欣喜地接过纸片，认真欣赏：绿绿的草地，红红的太阳，飞翔的小鸟，可爱的娃娃。我一边看一边问："你是什么时候画的？"她很诚实："上课，上课的时候画的。"听到这话，我心里泛起一丝不快，于是我干脆地拒绝了："上课没有认真听讲，你的礼物我不要。"随即把纸片退还给她。

晴朗的天空，突然乌云密布。看着她失望的神情，我没有多问就里，竟决然转身走了，身后只留下受伤的她。回到办公室，我开始于心不忍了，一直自问：这样做未免太绝情了吧？一颗稚嫩的童心，天真烂漫，慷慨给予，她有错吗？一定是她昨日突发的灵感，抑或是课堂上的感受，把它送给老师又不知要鼓足了多大的勇气呀？这不正是一年级孩子可爱率真的表现吗？我辜负了孩子对老师的喜爱和信赖。越想越觉愧疚，显然我这决绝的态度，重重地伤了这个小女孩的自尊心。我脑子里浮现出她尴尬的笑容，不禁想：如果换成是我，当着那么多同学的面，自己的好意被拒绝，当时该是何等难堪？

往下深想，我已坐立不安了，被这种惭愧折磨着。虽然我把这种拒绝当作教育她的行为，想告诉她上课不认真听讲是不对的，但是忽略了接受是对孩子的尊重及对善意的肯定。此时接受好意，呵护童心也是一种美德。当给予者捧着一份真诚的情谊而来，愉快地接受不仅可以使自己摆脱困境，同时也会让给予的人体会付出所带来的心灵上的愉悦和满足，接受者当即就会感受到他人的关爱而幸福，给予者因为心灵上的愉悦而乐于与更多的人慷慨共享。在反省之后，我特意向她要回了那一份暖暖的礼物。

天使的声音

2008 年汶川“5・12”特大地震，当地的老百姓所受的深重灾难无法言说，地震所波及的甘肃天水地区的老百姓也都无法安心地生活、学习、工作。学校勉强开课，学生到校人数极少，到校的孩子个个提心吊胆，忧心忡忡。惊恐笼罩着秦川大地，何况这些幼小的孩子们。5 月 23 日早晨，天气晴好，面对勇敢到校的孩子，老师们都以笑脸相迎。我们按正常作息，出操完毕后，回到教室依然能感觉到孩子们内心的不安，因为他们一改平时叽叽喳喳的哄闹状态，都出奇安静，就像鼹鼠静静地觉察着周围是否有异常状态，比任何时候都机警，比任何时候都不安。看着这些小可怜，我内心涌滚着潮水般的疼痛，一波又一波。孩子们出于本能的对生命的渴望，在巨大的天灾面前，男女老幼都是孱弱的生命，任其摆布，任肆虐的自然灾害宰割，生命尘土般渺小无助，但顽强的生命意志在他们娇嫩的躯体里努力地挣扎，试图穿过恐惧的阴霾。在炯炯的眼神中，在紧绷的神经里，在极度活跃的异常思绪中，我们互相都能体会到。

痛心裹挟着感动，我不禁对他们敬佩起来。求生是生命里追随成长的本能，而这本能不仅仅是对自身的眷顾。班上有一个特别懂事的女孩叫佳琪（化名），她从跑操开始一直哭到听广播，哭了 20 来分钟。我理解她，百分百理解，我没有责怪她，而是跑到她身边，鼓励她："你真勇敢！你们都是勇敢的孩子，别怕！有老师在呢。"听广播时，她还是抑制不住地趴在桌上不停抽泣。我走到她身边，微笑着安慰她："哟，勇敢的孩子还在哭啊？"听见我的声音，她抬起头来，望着我哽咽道："我担心——爸妈担心我……担心……"听到这句话，一时间我被一种强力击打着，思维突然停止了，看着泪流满面的孩子，我的眼眶瞬间也湿润了。她才多大呀，一句话，十个字，简单得不能再简单了，她还重复着一个词——担心。可就是这句话，让我突然间掉进了滚烫的热浪中，炽热的气流熏烤着双眼。两个"担心"紧紧地连着他们一家三口，他们此时此刻心在一起！

在灾难面前，所有的孩子，包括成人都处在恐慌中，人人自危。一个六岁的孩子，冲口而出的竟是他对父母的担心，地震带给孩子心灵的冲击巨大，短时间、短距离的疏离都会撕裂亲情。他们一家人互相牵挂，虽咫尺也不愿分开，虽然血浓于水，但谁能说这亲情里没有至善的大爱呢？我当即给她父母打电话，告知他们女儿想他们，担心他们的安全。确认安全后，告知这天使般的孩子，她才略略安心下来。

佳琪，这个可爱的孩子，她内心流淌着的浓浓的亲情，冲刷着我几乎要麻木的冷酷。我被她感动了，我在想如何让班里的孩子感受这份重重的爱，如何让内心充满自私自利的冰冷的自我，在这样的阳光下，慢慢地融化变成暖流，温暖自己，温暖他人。

原来你可以做到

二年级学生汉字书写水平较一年级大有提高，开学之初，几次评阅作业过程中，发现大部分学生已出现新面貌。这令人倍感欣慰，但杨紫彤（化名）仍原地踏步。他母亲说孩子曾经生过一场大病，后遗症影响全身，四肢平衡协调能力极差，有时他会不由自主地抽动，所以他写的字放不进田字格，笔画无法做到起收自如，每个字看起来像粗心的鸟儿胡乱搭建的鸟巢，横竖粘连，无法辨认。对于他的不进步，只有淡然，阅作业时手下留情，评语一次次地都特意注上“加油！”来勉励他。正当我也认定他是与优无缘的孩子，对他不抱任何希望时，情况却有了转变。那是源于一次月末总结。

第一月的“争章雏鹰”达标评比时间到了，评比的内容是对当月中所有作业的优或者红花进行统计，多数学生的作业达到了令人满意的结果，而杨紫彤却没有一个优和一朵红花。当天他顶着极度的尴尬，体会着全优和零优的强烈反差带来的震撼，表现出十分失落的神情。我虽能理解他，却还不能体会到他内心经历了怎样的痛苦和煎熬。因为这次评价确实对他起到了刺激作用。在往后的作业评阅中，我发现杨紫彤的字迹意外地发生了变化，起初我怀疑是他的同桌代写的，找来问讯之后得到一个惊喜的答案，确实是他自己认真书写的。

从那以后，他一直保持工整流畅的书写状态，他的变化令我欣慰万分。原来他的肢体无法由他本人控制致使字迹潦草的理由并不成立，人的强大的主观力量决定了事情应该向哪个方向发展。他的家长也低估了孩子的潜力。内心倔强的杨紫彤，因荣誉和自尊受损，被强烈地刺激了一回，这次自觉的进步表明他十分在意自己的形象。用小红花奖优的方法起到了激励后进、激发先进的作用，也证明了正确的评价方法激发了孩子的主观能动性，一定是强烈的自尊心和强烈的荣誉感催生了孩子的进步！

给你绽放的机会

每年一次的科技小制作活动又到了。上课铃声一响，孩子们像归巢的小鸟，急切地飞回教室。星期一下午的课堂上，教室里热闹非凡，学生们书包里、手提袋里都装满了各种各样的小制作材料和工具。不等我安排，他们早已进入加工制作状态，个个兴奋地翻弄着材料包、工具箱，剪裁、拼装、粘贴、缠绑，动作虽有些笨拙，但都那么专注。

无须刻意组织，只有轻松观赏，这样的状态，我觉得任何组织形式纯属多余。这得益于他们对自己所做的事情拥有百分百的兴趣。平时最调皮的小沙（化名），此时如小绵羊一样安静地忙碌着，再看看他们手中逐渐成形的小制作，形态各异。他们开动脑筋，取的名称五花八门，闪耀着孩子们聪慧的光芒。

半小时过后，有几个已经做好的孩子，手里小心地捧着自己的作品向周围同学自豪地展示着，急切等待老师的点评和欣赏。看着他们热切的眼神，我便把提早完成的作品小心地捧起来，给大家展示，让制作者介绍作品的名称、材料、制作过程。每一件新奇的作品都引来其他同伴的惊喜，由衷赞叹中投以无比羡慕的目光，同时也加紧手里小制作的加工进程。展示过作品的学生兴高采烈，激动难抑。我也被他们的情绪感染着。

可惜没有足够的时间充分展示他们的作品。当我抱着选好的五件作品走向办公室时，身后竟跟着一大群孩子，手里高高举着他们精心制作的成果，急切喊着："覃老师选我的！选我的！"看着他们恳求的眼神，看着我眼前晃动的一件件稚嫩粗糙的小制作，如一朵朵各色鲜艳的花朵，更像一张张活泼快乐的笑脸！是啊，孩子如花，每一朵花都有绽放的理由，面对眼前业已绽放的花朵，能淡然处之吗？我当即决定一件件都留下，哪怕是在办公室里多放几天，满足他们的心愿，成全他们的上进心。如能在他们渴求进步的心灵里增长几分自信也未尝不可。这一节课教室里盛开的都是娇艳的花朵，里面蕴含着快乐实践、进步和创新。

退一步海阔天空

下课了，小鹏（化名）和晓阳（化名）两个小孩都急着往教室外跑，同时跑到门口，又都想第一个出门，两人便挤到一起，互不相让，扭打起来，结果谁都出不了门。我眼见这几秒钟内的突发状况，连忙斥止，然后把他们俩叫到办公室。他们俩"公说公有理，婆说婆有理"，都认为自己对。

课间活动是学生纷争的高发时段，保证学生的安全是大事，如此

"必作于细"，随时留心，遏止事故于端倪，禁于未发。各种规章必须在平时引导学生谨记于心，认真践行。

见此情形，我觉得俩小孩儿对这件事情有困惑，因为他们都认为同时到的，没有先后，谁都没有错。他们茫然着，恼怒着。我该给他们疏导疏导了，因此讲了一个真实的故事："有一个歌舞厅，营业期间内部忽然着火，所有人惊恐万分，一起拥向狭窄的安全出口，结果造成堵塞，逃离火灾现场的人极少，绝大部分人被活活烧死、烧伤。你们知道这是什么原因吗？"学生茫然。我再问："有没有办法使逃离现场的人更多一些呢？"机灵的小鹏抢着说："他们要是排队的话就可以多逃出去一些人，就像那次防震演练一样。"他讲得一板一眼。我反问他："那好啊，可你们刚才为什么要抢道呢？互不相让，又不合作，只顾自己，结果是你们谁也没有出去，还耽误了自己的课间玩耍时间，是不是害了别人，也害了自己？"两个学生同时羞愧地低下了头。解决此类事件，难易在一念之间，它难在每个人都不自觉地以自己的利害关系去考察，执着于事件对自己的影响。如果只考虑此事对班级和班主任考核的影响，自然会有一套严苛办法和惩罚措施。说易，则是只要能秉承育人的信念与维护学生的自尊和尊重不同潜质学生有其不同发展阶段，而且认识到学生总是在反复试错中成长，那自然会有如来佛般的宽容。"退一步海阔天空"嘛！

柔软的力量

食品科学硕士王子桑炸油条科普知识：当油温较高时，面接触油的表面会迅速定型,阻止膨胀,而两条油条之间柔软未定型的接触面,可以不断向外膨胀,效果会更好。两根油条相互接触的面,就是因各自互相影响,成为各自成长的起点。这跟教育教学管理有什么关系呢?

小然(化名)先天不足,发育缓慢,三岁了才发单字音学说话。小裴(化名)自从离开娘胎,便很少得到过母爱。绝情的女人,在小裴嗷嗷待哺的幼儿时期弃家出去寻找所谓的幸福。父亲老实木讷,不善交际,不会抚养孩子。小裴在爷爷奶奶过度溺爱呵护下畸形成长。小裴课堂上总是神思游离,几乎每节课都在修理他的坏钢笔,说话声细如蚊。但他们俩之间就像那两根油条发生过奇妙的变化。

"成长的经历"主题单元有三句话要求学生理解,第一句:你看不见你自己,你能看见的只是自己的影子。说明人不可能完全了解自己。第二句:群星不怕显得像萤火一样。群星比喻集体或者强者,即使表面看起来可能不光辉灿烂,像萤火一样,但是他们不怕,因为他们知道自己的力量。第三句:小草呀,你的脚步虽小,但是你拥有你脚下的土地。印度著名诗人泰戈尔用小草做比喻,说明只要脚踏实地,不脱离生活,人民即使脚步小,也能勇往直前,这是对丑小鸭不同角度的解读和补充。引导学生理解句意的时候,我问小然:你最怕什么?你心中的丑小鸭或者影子是什么?他嗫嚅很久才挤出一句话:我害怕给自己加油。

他的话让我震惊费解,曲里拐弯地交流很久才明白,当他心底的斗志被激发起来的时候,就愿意给自己说加油,但这只是一瞬间的激动情绪。他清楚地知道自己远远不如其他同学,差距非常远,那距离是无法逾越的鸿沟,无论自己多么努力,都无法达到那个目标。加油,就等于是要赶上那些跑在前方的同学，这该是他的远大目标。恰是这目标吓着了他，压力很大，所以害怕为自己加油。他害怕失败，害怕失败以后随之而来的各种想象不到的不堪或惩罚。这种极度的担忧、焦虑和不自信的心理，使他从内心到外在精神显得非常无力和颓废，常常佝偻的脊背足以证明，几乎可以用瘫软来形容这个孩子的状态。难怪他从来不敢张开嘴朗读，即使齐读也不敢大声；也难怪鼓励他发言的时候，启而不发，发而无声，耳朵凑到他的嘴边也难听清，内心空软无力，不过如此吧。

他急需来自内部、外部的力量助推。首先得让他自己行动起来。我当即决定让他自己选择愿意倾听的同学来助力，问：你想让谁来给你鼓劲儿呢？他犹豫着细声告诉我：小裴。这选择让我出乎意料，他没有选班级中优秀的同学！小裴，他俩在班级中各方面表现几乎一样。气味相投吧，想得到同类的鼓励。说意料之外，但在情理之中，选小裴不会使他有更大的压力。小裴得到邀请也极感意外，甚至有点受宠若惊，但他很乐意，大方鼓励道："小然，你要有目标，坚持下去。"话语短简真诚，他俩互相迎视的眼神如同两根油条紧挨时遇到高油温，接触面遇到最柔软的挤压，我因你的力量而膨胀，你因我的揉压而成长，不需要强有力的支撑，只需一点点温柔的触碰、一些真诚的鼓励而已。同学之间，相互影响，相互助力，一路陪伴，各自成长！我庆幸烧了一锅恰到好处的热油！

父母的鼓励，教师的赏识，也一定是柔软的力量。小然的朗读因身体特殊而成问题，但是在家长和老师的鼓励下，抄写的速度非常快，因速写能力强便成为全班第一抄手，因此得到老师和全班同学的赞赏，并形成追赶之势。好胜的天性使然，越追他越快，越追他越兴奋，越兴奋前行的动力越强劲。赏识学生，适时地鼓励和表扬，对学生的影响是巨大的，使无信心的人可以化渺小平庸为神奇出色。教师不吝啬鼓励，用赏识的眼光去观察他们，发现他们身上一点一滴的进步，给学生营造一个“我能行”的成长环境，让每个孩子都拥有一份自信。

凯勒说：一本书像一艘船，带领我们从狭隘的地方驶向生活无限广阔的海洋。教师也像一艘船，带领学生从自私、无知、无礼、无序、迷茫、胆怯，走向无私、善良、礼貌、自尊、勇敢、宽容、博学……这个彼岸由狭隘而广阔，由广阔而无边无垠。教师不以学生的“烦心事”而烦，时刻头脑清醒。无论怎样，办法多于困难，不是做不到，而是想不到。所以理智之下没有解决不了的问题，赏识就是船夫手中那根篙，只要用力，船便前行，船上的孩子也跟着乘风破浪。

留守母女

天气阴沉，没有任何征兆。纤瘦女生小坤（化名）突然跑到我面前，眼泪汪汪地道：“覃老师，我肚子疼，你给我妈妈打电话，让她来接我，我要回家。”听到她强烈要求，我立即打电话请家长来校接孩子去医院检查。下午家长告诉我孩子没病，是肠胃痉挛，并且还说了一件事：她前一天和女儿两人在家，她因劳累过度晕倒了，是女儿惊慌恐惧的喊叫把她惊醒了，估计是那情形把女儿吓坏了。我同意她的看法，但并不以为有多么严重，之后几天似乎平安无事。一天下午，女孩又急急忙忙跑到我面前说：“覃老师，我头疼，我要回家，你给我妈妈打电话。”我一摸她的额头，不烧呀，怎么会头疼呢？思忖间，突然想起过去的几天，她并不安生，她上课时总要求上厕所，这行为在以往没有出现过。前后一联系我明白了，那件事在她心中留下的恐慌并没有消除，她在找借口要求回家，一定要回去看看妈妈是否安全，她担心妈妈。瘦弱的孩子在为家庭负责，把应该由大人操心的事情揽到了自己身上。我犹豫着是否打电话叫家长来接。

一节课后，她又闹着让品德课老师打电话叫家长，焦躁不安的样子让不明就里的朱老师不知如何是好，只好找我。看来这个电话非打不可了。通话中，她妈妈说，这几天孩子其实一点都不平静，每天上学前都不情愿离开家，每节课后都要拿着校讯通打电话，问她在哪里，是不是有坏人要害她，或者就说不舒服要回家。妈妈生气地把电话卡收了，不让她再打电话。通话后我才明白，孩子还在惊恐焦虑中，收电话卡实际上切断了孩子与母亲的联系，这才加剧了小坤的焦虑，所以撒谎说头疼而急着要回家。我告知收电话卡不妥，并建议妈妈要让孩子明白：妈妈有能力减轻压力，有信心恢复健康。母女连心，任何方式都切断不了的，越控制孩子越焦虑。

这个家庭中，孩子的父亲在北京学习，平时很少回家，母女俩留守天水。缺乏父爱的孩子，在母亲出现晕厥事件以后，更加没有安全感。小坤安静内向、敏感多疑，对这种事故的承受力弱，也无法排遣，郁积内心，出现焦虑。这一次我向家长推荐天水师院的心理学老师，让她们去接受疏导。孩子在校无法安心学习，作为班主任，竟然没有发现，更无从谈起去化解孩子心中的阴霾，深感愧疚。虽然这件事情的起因在家庭，需要家中成员的合作，形成共识，合力解决。小坤的妈妈思前想后，决定让孩子休息，并带她到北京找爸爸，去接受专业的心理疏导。办公室门前的墙上挂着小坤的书画作品,进出都能看到，因而时时惦记她，我期待着好消息的到来。

多寡皆天赐　常怀感恩心

清晨，天寒地冻，月明星稀，除了清洁工，老师和学生怕是最早行走在大街上的人。连日来，四个学生多次迟到，该与家长见面的也见了，能打电话提醒的也提醒了，能发短信告知的也发短信再三强调了，但收效甚微。客观原因是这几个孩子都住得很远，往返学校都要坐公交车，清早堵车的情况常有，晚点也是常有的事。但也存在主观原因：四个孩子都有共同特点——办事拖拉，自理能力比较弱。这种情况即使家长再重视，也难以扭转，主客观原因二合一，常迟到就无法避免了，经过努力仍然无效，终究无奈。

偶尔一天下班时翻到了《儿童美德故事书》,看到“感恩”一节，突然间一句话闯进脑子里:“因为你努力按时到校学习,老师感谢你。”是的，我应该以这样的感恩心态来对待他们吧！

其实他们还是很想准点到校的，然而因为客观原因多于主观原因，他们无法改变，特别是没有家长们的严厉要求并坚持，使得孩子们只能成为家长们不忍心、不负责任的牺牲品，为此我无奈、悲哀之余，转向感谢，是借此来缓解我作为班主任的焦虑吗？不尽然。他们每天四次长途颠簸，往返在家庭、学校之间，其中辛苦自不必言，还要尽全力进步，努力生长，着实让人佩服！所以真的要感谢他们，不迟到的时候毕竟多一些，何况多寡皆天赐，孩子们来到学校，与我相伴，是上苍赐于我的礼物，否则我一生该是多么的寂寞。所叙虽那时那事，那人那情，但常怀感恩心，当是必然！

孩子回家吧

班级 59 个孩子各自家庭背景、成长环境大相径庭，表现出的行为千差万别，特别突出的是小轩（化名）和小州（化名），俩人在课堂上很难安静地听完一节课。一开始我认为他俩都属于注意力不集中的孩子，家长要训练孩子的自控力、专注力，在家长的配合下稍有好转。后来俩人的不同表现让我开始怀疑我的判断。小轩入学之初温顺如小绵羊，总是把自己填进没人的角落，却羡慕地看着伙伴玩耍。我叫她参与活动，她摇头退缩，不愿融入群体。每次集合站队她作壁上观，不去该去的位置，而总站在队伍的最后面，离集体一段距离，显得极为怯生、孤单。小孩子天性好玩，但在校内能力、特长展示活动中，我让她去跳绳，她不练习，两手插在兜里，只作壁上观。比赛时，无论老师怎么鼓励，她就是不拉绳子。如此固执孤僻，如此消极排斥与她上课极其爱玩的状态，完全是两个样。她为何逃避？为什么一般孩子热衷地玩耍，她却拒绝呢？

与家长沟通之后，我了解到原来小轩生活在极为严苛的家庭氛围中。父亲是军人，长期出差，回到家里没有耐性，对孩子非打即骂，偶尔有慈父模样的关心，也是一曝十寒；母亲是中学教师，由于职业习惯总是挑剔女儿的错误，不是责骂就是恐吓不要她，自己在城郊上班，无法天天照顾女儿，让姥姥、姥爷代为照顾，而老人对外孙女的态度跟她父母一样严厉。这样看来，小轩有家，却不能安心、自在、快乐，觉得没有人喜欢她；孩子依恋家，但在家中没有安全感。根据马斯洛的需要层次理论，她应该是被亲人的偏执“遗弃”的孩子。心灵中最基本的归属感都无法满足，可想而知，在学校这个陌生的环境里，她更是找不到自己合适的位置，自然内心充塞着惧怕、忧虑，无信心、无勇气。

通过一番思量，我完全清楚了，小轩不是注意力不集中，而是心灵上的流浪儿。她找不到家了，又不敢回归让她无比珍爱又无法舍弃的家，所以她迷茫。每天放学回家站到最后一个，是她潜意识的表达吧。她妈妈告诉我，孩子曾经说过“不如死了”的极端话语。了解真相后，我深感心痛，这是孤独性畏学的极端表现。于是借此与家长深谈，达成了一致看法，帮助孩子回归。孩子需要亲和的家长和老师，也需要有温暖的家庭和集体氛围。要求家长与学校保持一致，要理性对待过错与不足，正向引导孩子的积极情绪，并主动真诚地沟通，尤其要培养孩子积极的健康心理。我们双方都在努力着，家长会上也能见到她爸爸的身影。

站在阳光下，欣赏蓓蕾绽放的时刻，是最幸福的时候。小轩本学期以她崭新的姿态出现在我的眼前。回忆上学期总见她怯生的眼神，我们目光相碰的一刹那，她便本能地向后闪躲。眼前那个与团队疏离的孩子不见了，变格格不入为主动寻找玩伴。我发现我成了她寻找的目标，好几次我的眼前会猛然蹿出一个身影，活蹦乱跳，笑眯眯地看着我，虽不言不语，但那笑颜中期盼着交流，期盼我跟她嬉闹玩耍，祈盼着亲近。我知道，她明白了我的善意，明白了我的苦心。课堂上她的表现更是令人欣喜，踊跃发言，因了她的表达，我才洞穿了她有缜密的思考，还有善良而充满灵性的内心。而我对她的优秀表现给予的鼓励和称赞，又成了她继续争取机会的动力。我和她的关系已进入良性循环状态。

我针对其最初的表现有过思考，与家长进行过深谈，看来家校合力已经初见成效。偶尔我问她:你爸爸妈妈现在还打你吗？她微笑着，甜蜜地摇头。静听花开的声音，真美！她的进步让我如释重负。曾经迷惘不知归路的她，现已安然回家。

又一个特别的孩子小州，上课也有与小轩一样注意力不集中的表现，告诉家长要对孩子进行专注能力训练。慢慢地，他在其他方面的表现，又让我怀疑自己的判断。朗读时，他一字一字地慢慢读，生怕读错一个字，写字时会把字的部首写反;拼音中“b—d，f—t，p—g”混淆得一塌糊涂；做操时动作严重不协调，经常同手同脚。这些表现与注意力无太多关联，究竟是为什么？这个憨态可掬的男孩给我的困惑在《心理与健康》杂志中找到了答案。他的家庭爱意浓浓，与小轩刚好相反。他是家中的宠儿，长辈眼中的心肝，但这使他成了溺爱的牺牲品。课堂上注意力不集中，只是表象，是一种对不感兴趣的事物的天性拒绝。虽然家长反映他喜欢做手工，但书写需要眼手配合时，却不是像做手工那样快捷精准。他是属于学习障碍中的阅读障碍，是心理学范畴的视觉—动作不统合，是孩子的感觉统合系统出问题了。我找到原因后，立即打电话与家长沟通，详细说明了以上情况，最后达成了一致意见，放弃了注意力不集中的单一归因，让家长配合孩子进行感觉统合训练。找到真正的原因之后，我与家长如释重负。有了正确的归因，就会有正确的方法，也就有了希望。教师和家长的积极作为，避免了错误的方法引导。

己所不欲，勿施于人

晨读开始了，我走进教室，小男孩学礼（化名），迫不及待来到我面前，悄悄地跟我说："覃老师，今天我生日，我把我的礼物带来了，过一会儿你发给同学们吧。"同时递给我一个大纸袋。我惊讶地笑道："哟！你这么大方呀！"他是诚实的："这些都是我准备扔掉的，但又舍不得，所以拿来了。"我打开袋子一看，里面全是又脏又旧的小玩意儿，几十个小水枪形状的塑料饮料瓶，全是空的，还有一些他自己买的小塑料玩具，几张魔兽卡片。看到这些小玩意儿，我心中闪出一丝不快。把要扔的垃圾作为礼物送给同学，我认为不合适。而且这些小东西都是学校不允许出现的，几乎是每一次值周员见了就要没收的东西，如果允许把它们作为礼物送出去，岂不是鼓励学生可以随意拿玩具到学校来？这样既违情理又违背校规。学礼全然不知我的心意，还要让我好好保管，以免上早操时有人偷拿走了。自己不需要的东西，当垃圾，有用了又当成宝贝。真是矛盾的心理。

简单率真的他抛给我一个难题。怎么解决呢？好在我的课在第二节，还有时间想办法。晨读结束，我索性把它们提到办公室。同事们一知此事，好奇地翻看物件，都与我有同样的感受，不赞同发给学生，特别是水枪，可能会有蝴蝶效应，引起全班乃至全校的学生仿效。怎么让学礼在生日之际不感到失落，又要让他愿意接受不送礼物的事实？临近第二节课，进教室之前，我把学礼叫出来，先跟他沟通：1. 小玩件是禁止拿到学校的。2. 自己准备丢弃的垃圾，不能用来送人。“己所不欲，勿施于人。”告诉他这句话的含义，然后再教他向同学说三句感谢的话：首先感谢同学们三年来与他和睦相处，一起度过快乐开心的每一天。再次感谢同学们的帮助与通力合作，配合他生活委员的工作，让教室天天保持干净整洁。最后送给每个同学一朵小红花，贴在达标评比表上。我承诺提供给学礼小红花作为礼物送给同学们。

我们一起走进教室，他自觉地留在讲台上，我组织孩子们为他们（有些孩子乐意告诉我当天是其生日，我便顺势组织学生送祝福，当天也是小玲（化名）的生日）唱一曲生日快乐歌，照旧让孩子们送上美好的祝福。他们也因同学们的真诚祝福而笑逐颜开。之后，学礼把他的谢意诚恳地表达了出来，最后赢得了同学们赞许的掌声。

这次的小插曲结束了。学礼之所以如此，是因为他看见有些同学过生日送礼物，有诱人的零食，有可爱的小玩具。自己过生日，也想送礼物表达心意，但不想浪费钱，说明孩子有攀比心理。但学礼明理之后改正了错误，更令人欣慰。

因材施教　尽显其能

孔子是为师者的千古楷模，一直是我从教多年不变的榜样，从未间断践行“因材施教”的理念。南宋朱熹对孔门四学科（德行、言语、政事、文学）各有所长，在《论语》的注解是:孔子教人，各因其材。于是便有了“因材施教”的说法。因材施教的前提在于教师对学生要有准确、全面的了解，平时要注意观察，了解学生的个性特长、优缺点、喜好、兴趣指向等，因材施策，在培养班干部及各项活动中推荐合适人选就易如反掌。在此举一二例子，详细证明。

新华（化名）学习习惯优良，性情温柔敦厚，文静内秀，学生们都十分尊重她，但她热情稳重、泼辣不足，过于温和腼腆，所以让她做了学习委员，只负责收发作业，做些少与人打交道的事情。吴林（化名）、思妍（化名）活泼热情又细心，责任心极强，干练张扬，喜欢表现，行为习惯优秀，同学中威望也高，因此让她俩分别做班长和中队长，起号召作用。诸事证明她们自律性、是非观念强，有主见，完成任务精准细致，效率极高，同学之间的小矛盾，也让她俩出面协调解决，有的学生遇事也直接找她们，在班级管理中，她们真正做到了为老师分忧解难。

运动会选拔沙包掷准运动员时，我想到了小州（化名）。这个孩子平时安静不浮躁，最喜欢折纸玩耍，他能把纸飞机折成蚕豆大小放在桌上、手上把玩，令其他同学十分羡慕。如果没有足够的耐心和精准的眼力以及敏锐的判断力，是做不到的。虽然课堂上常因痴迷地折到忘我境地而挨了不少批评，但这也不能阻止我选他为沙包掷准的参赛运动员。果然，他以优异的成绩获得了全组第一名，让我十分欣慰。

因材施教，我认为有两种情形。一种是顺势而为，依据个人优点、特长给予对应的方法和机会，使其发挥优势，让事情顺势而成。只有让学生发挥所长，才能取得长足进步，快速成长，如雨后春笋拔节而生。前几例便是如此。

另一种情形是逆势而动。优点不明显的情形下反其道而行，归其正，扬长避短。王林（化名）是一个做事极其拖拉的孩子，经常不按时交作业，其典型特征是注意力不集中，书写慢，且有反复描一个字的强迫行为。这种表象之下，其实还有别的优点，只是一丑遮百俊，使人对他产生了偏见，不能好好地待他而已。我一直寻找机会，想改变这种状况。刚巧学校给每班配置一台饮水机，需要一个负责任的管理员，我第一时间想到了王林，便在班上宣布，让他一人专管此事，要求他下课后第一个出教室，放学后最后一个离开学校；负责组织饮水的同学排队，有序接水，不能损坏公物，严控浪费；上午第四节课前要关闭电源，下午放学时也要关闭电源。接到这个任务的时候，他正在因出操违纪而被罚反思，沮丧的神情突然变为欢喜惊讶，听得专注，应答也十分爽快，好似沙漠中偶遇甘霖的植物。这种状态真是久违了。

经过我两天的观察，发现他变化明显，为了早点到岗，课堂上作业写得快了，一反以往的拖拉状态，在岗位上，看他紧贴饮水机或站或坐或靠，当有人靠近，他本能地伸出手遮挡，组织接水同学排队，秩序井然。他一边管理一边不忘看书，看他两不耽误，我不由莞尔。他特别积极地为班级做事情，沉稳细心，认真负责！

避开他的负面行为，开启他内心深处潜藏的好品性，这是不得不走的一段弯路，途中才显以往不同的光景，这种因材施教法应该叫作扬长避短吧。

因材施乐，孩子的生命里有鲜活、丰富的主动学习世界，人的学而思能力是天生就有的，启蒙教育引导学生走向理性思考，启发蒙昧，打开智慧之窗。而权威教育的结果只会使学生懦弱和不自信，滑向更深的蒙昧的泥潭。

为那些学习进步困难的孩子打开快乐之门，也是一种因材施教法。又是一节班主任带的体育活动课，我走进操场，习惯性地让身边的学生去把苏俊（化名）和杨晨（化名）叫来，学生应声而去。不一会儿俩人到我面前，我问："今天有什么新游戏啊？你们最想玩的那种，让我们一起玩。"于是他俩一人介绍一种游戏，最后选择大家都喜欢的一个游戏进行。有时我们三人玩，边上的学生看着眼热都加入我们的游戏团队，三个人变成十个人，后来变成几十个人一起玩，人多人少都玩得非常开心。我发现一个无奈的现象：记忆力好似他俩的天敌，从不光顾，他俩无论多么努力，即使小有进步，也无法改变落后于他人的状况，因为还有比他俩更愿意通过努力获得成功的孩子。事实上这是大部分学习行为困难的孩子都不得不面对的现实。你不得不承认：个性有差异，能力有大小，潜力有高下。现在我更乐意做的事就是陪他俩一起快乐，这应该叫作"因材施乐"吧！勤奋学习的门紧闭，就为他们打开快乐之门吧。游戏中没有了学习时的木讷、无奈，没有回答问题时的茫然和胆怯，没有书写时达不到规范的无助，只看见热情快乐的欢呼，只看见他们生动盈盈的笑脸、勇敢奔跑的身姿。

儿童生命本该有的状态，多么鲜活，多么快乐，多么让人感动！改变学习行为困难的状况，只在学习方面进行辅导，还是不够的，完全不够！智力正常的情况下，往往有非智力因素的巨大差异，兴趣各异，习惯各异，主导思想各异，仅此几项就决定孩子的发展千差万别。

教师在苦恼中强求，在苛责中催芽，一门心思指向学习的权威教育，只看成绩，此标准下，淘汰的就是那些原本或者逐渐不自信和懦弱的孩子。这对他们是不公平的，这不是教育，而是选拔！这与教育宗旨南辕北辙。20 世纪 40 年代，南开中学魏荣爵老师发现一个学生在毕业考试中，物理试卷一题也没作答，却即兴写了一阕词，魏老师批阅：卷虽白卷，词却好词，人各有志，给分六十。魏老师的仁慈容纳了学生使之顺利毕业，或此一举，便成就了一个法学人才，他便是后来考入西南联大的谢邦敏。为师能有这样的风范，才堪称教育。教育需要耐心期待的胸怀，“海纳百川，有容乃大”，魏老师践行的是真正的人的教育。受教了！继续学习，继续践行因材施教。

主角与配角

习作要求学生给同学、家长、老师写一封信，有六个孩子都是写给小然（化名）的，言辞真诚恳切，充满同情和关心，一致鼓励他，劝告他，其中还表达出让小然不要与小涵（化名）玩耍。因为小涵常常唆使小然做一些违纪的事情，怂恿他攻击其他的同学，或攻击更弱小的同学。因此，同学们看在眼里气在心里，为小然打抱不平，以“正义的名义”劝告小然改交朋友，做自己的主角。然而，小涵也给小然写了一封信，开篇第一句便是：“谢谢你给了我许多快乐！”小涵与小然在一起他是主角，因为小然的智力发展严重滞后于同龄人，小涵可以支使单纯弱小的像弟弟一样的小然，但他内心深处觉得与小然的交往是快乐的，因此而产生感激之情。小然呢，也乐于听命于小涵，做一些猫抓狗掏的小事情，并以此为乐，其他写信的孩子无视两人的快乐，而义正词严地拆散他们，敌得过快乐在两个孤独灵魂之间的互相吸引吗？

其实小然依然可以以主角的身份选择与他人交往，因为这次写信事件，被大家谴责的小涵已经知道，他的快乐不能建立在唆使小然干坏事的基础上，他有所醒悟了。我不停地告诫、鼓励其他孩子游戏玩耍时邀请他们。

记得小然曾想和三年级的一个小女孩交朋友，他们住同一小区，小然常常下课后到她教室门口打招呼，想让她留电话号码。小女孩胆怯谨慎，对这样的方式感到恐惧，将此事告诉了家长，因此家长找到学校，找到小女孩的班主任。班主任直接找到了小然，批评警告他不能去“骚扰”这个小女孩。我正巧碰到训斥的场面。并无恶意的小然，在被家长、班主任训斥与小女孩拒绝时，内心是怎样的尴尬、委屈、无奈！他在同龄人中交不到朋友，只有选择年龄更小的伙伴，这是天性啊！即使我向班主任解释、说明了小然的具体情况，他们也不以为然。小然这次斗胆交友失败的经历一定会成为他将来交际的一个心理阴影，这就是残酷的现实。小然妈妈比我体会了更多、更深这样莫名的委屈，每每与我谈及孩子，眼睛里总泛起闪闪泪花，谁能明了她内心的痛楚？

所以，小涵和小然是一对好友，他们都是自己的主角，也是对方的配角，他们俩谁也离不开谁。临近毕业，我担忧起来，初中老师和新的伙伴会如我和班上孩子那样善待他吗？因此，我嘱咐孩子们：无论在哪个中学，只要你们当中有谁与小然同班同校，一定要善待小然。

不知这些孩子还记得不?

稚子也风雅

作对联，人们习惯性地以为那是文人墨客的风雅趣事，自己做对联几乎不敢想。其实不然，这种能力只在于熏陶的多寡而已。苏东坡与黄庭坚松树下对弈时有一副妙对:“松下围棋，松子每随棋子落。柳边垂钓，柳丝常伴钓丝悬。”人物下棋的活动与清幽的环境非常和谐，情与景都融合得十分恰当。对仗工整，写出了树林之美。有山有水，黑白翠苍色彩美。我引导学生读了上下联对应的词语之后，讨论了对联的特点：上下两联字数相等，词语上下两两相对，词性相同，意思相对或相反，用字尽量不重复。再品读两首对韵歌。我们又进行了一个头脑风暴的游戏，即在短时间内思考并说出对应的事物，比如：天空—大地，陆地—海洋，飞鸟—虫鱼，飞禽—走兽，练习反义词、方位词对应等，最后以班级同学为例，比如:杜凯（化名）短发林立，吴怡（化名）长发如丝。博辉（化名）脾气暴烈，思雨（化名）性情安闲。玉婵（化名）坐姿挺端，白元（化名）萎靡不振。

说到此时学生来了兴趣，出联、对联水到渠成。他们开始专注地观察同学并思考，准备表达；我趁热打铁，让他们把自己思考的内容写出来，按照对联的特点稍做修改。成果展示，收获颇丰：

刘萱（化名）：听音乐练竖琴，看书本背古诗。

康佳（化名）一气呵成，写出了两副对联：两岸牡丹盛开，满山芍药含苞。/ 漆班长丰盈饱满，艾博士骨瘦如柴。

杨童（化名）：操场上酷热难当，教室里爽快清凉。

杨凯（化名）：柳下嬉戏，柳条每随笑声旋。荷塘游泳，水波常伴欢声荡。

王伟（化名）也兴味盎然，写出了两副对联：君子兰前吹竖笛，金银花边弹钢琴。/ 王晋追求上进，小涵止步不前。

小才女崔佳（化名）也有两副对联：花下品笛，花开每随笛音飘。草边弄琴，草叶常伴琴弦震。/ 小裴扶脸凑热闹，梓萱端坐凝神听。

对句虽然略显稚嫩，但对他们来说已经很不容易了。引导学生从实际的生活中找到学习乐趣，从生活中挖掘语文知识，在创作实践中增进同学情谊。懵懂稚子也能出口成章，写出精彩妙对，不是天才，但也能纵享文学雅趣。如此熏陶，其乐融融。

你来……

奕心（化名）是我最关注的孩子之一，为了激发她的学习兴趣和热情，课上课下凡是我参与的事，都会请她置身其中。

你来做——每周一的爱心辅导，那十来个孩子需要一个组织者。我说：你来做组长，召集大家进教室，带领大家读书写作业，辅导结束的时候关闭门窗，切断电源，督促大家摆好桌凳，然后，离开学校。她乐意且一直坚持。

你来猜——奕心基础薄弱，识字量尤其少，所学文章少有读通顺流畅的。识字教学环节，我经常第一个叫她：你来猜，这个字怎么读？或者偏旁部首是什么？如果对了，就给予红花奖励。她自然是愉快的。

你来读——晨读时，课堂中，读书月活动中，常有朗读诗歌、文学名著片段的交流活动，我让她首先朗读，虽读得结巴，但可以勇敢上台，也敢于询问不认识的字词，从态度上看，她在改变，更乐于参与。

你来写——复习听写生字词语，或需要板书的时候叫她：你来写。这是她的弱项，所以同时还多请一名孩子一起。板书如有不会写的，可以向那位同学询问，即使写得不完整，也是一种锻炼，她也不难堪。

你来画——奕心痴迷绘画，尤其是卡通人物，所画的与市面上卖给孩子们玩耍的卡通图片相差无几，其细心和专注在这方面优过许多儿童。黑板报绘画，联欢会上黑板的装饰画，期末检测时黑板上除了写一些鼓励的话以外，还可以让她画几个鼓励同学们的卡通人物。活泼有趣的卡通人物可以调动轻松愉悦的情绪，调节考试带来的紧张感。让她闪光的是她的才艺，这是在学业成绩不佳之外以兴趣为自己开启的一扇窗，既能打发许多无聊的时光，又能为同学和班级所用，以此获得老师的信任和同学们喜爱，怎么能不自信呢？

学生的接受能力、理解能力、记忆力、思考力、表达能力各不相同，面对这种客观差异，只盼通过“你来做、你来猜、你来读、你来写、你来画”，让她参与学习活动，活动过程中的点滴进步全部要她亲身实践来获得，任何人都代替不了，希望她能明白，自求进步，自有进步。

与奕心长时间的相处，我发现她的心理状态和精神状态都发生了变化，即她不再抗拒写作业了，虽然慢，但连催带补也能完成。课堂上我对她的时刻关注，使她信心逐渐提升，兴致来了，还能举手发言，学校推广的“考拉阅读”活动中也能听到她流利的、动情的朗读。“独学而无友，则孤陋而寡闻。”我们默契度越来越高，最欣慰的是她开始配合我努力进步了。为了巩固以往的成果，我还专门为她设计了一次交流——关于如何提高学习效率的话题，丰富其学习经验，增强其信心。“同学们，你们谁有提高学习效率的妙法？”这一问，激起学生踊跃发言的兴趣，各自献计献策。小赵率先说：“学习有困难，先想想父母那么辛苦抚养我，为什么学习不好？这样对得起父母吗？”“好办法，这是给自己做思想工作的反省法。奕心，你来说说，你的学习情况怎样？”“不好。”小轩抢着说：“给自己定一个目标和计划，坚持按计划学习。”几个学生做了铺垫后，我再问奕心：“你认为提高效率的妙方是什么？”她说出了一个方案：要和几个好朋友商量定目标，然后互帮互助，互相鼓励。

我总算听到她的内心诉求了！进步的动力来自本心。之前我也有针对她的一些激励方法，现在看来，那不是她最需要的方法，因为没有与她产生共鸣。这次她的诚实表达我认为是石头开花。有需求就有突破口，就能砸开禁锢的铁锁。我顺势引导话题：“好吧，就按你说的办法来实践一下。你的好朋友是谁？”她一口气说了四个：小丁（化名）、小刘（化名）、小吴（化名）、小霍（化名）。我让她们一一和奕心商量，确定目标。小丁要求奕心认真听讲，按时完成课堂作业。小刘要求奕心回家主动完成作业，自己检查。小吴说，必须快速写完作业，不要拖拉。小霍说，每天坚持朗读、预习和复习，不认识的字要查字典解决。这些朋友真是她的知音呢，提出来的每个要求都是其软肋。我让奕心分别向四个好友回应这样的一句话：“我答应你要做到，谢谢你！”四个好友也给予了相应的鼓励：“努力！加油！看好你！期待你进步！”

这一来一去的对话，奕心知道了朋友的期许和自己努力的方向，更清晰地了解学习的正确习惯和方法，更重要的是，她因此而获得了力量。交流结束时，我说："你的好朋友都真诚地鼓励你，让我好感动，希望你从现在开始，认真听讲、快速写字。好友的力量，加上我给你的力量，加上你自己的力量，一定会取得更多的进步！"奕心满心欢喜地答应了，中规中矩的坐姿证明她行动的开始。这一次真诚的交流，赢得了其他孩子的热烈掌声。接下来，静待花开。

陪你读书吧

生命的高贵在于众生平等，但个性有别；世界上没有相同的两片叶子，要欣赏每一片叶子，尊重不同的个性。但孩子们往往把个性理解错了，以为调皮捣蛋、胡思乱想、大吼大叫、无规无矩才是个性显现。

小豪（化名）便是这样的孩子。在班里毫不起眼，从来不显山露水。主动发言的孩子里没有他，大胆说话的学生里面也没有他，优秀作业的学生名单里没有他，他最大的特征是沉默。课堂上请他发言，每次都要求全班学生屏息而听，即便如此，也难听清楚。我知道他识字少，怕出错，更怕同学嘲笑，不敢出声，但迫于老师的要求，他的话语和朗读也几乎是喃喃自语。

沉默的孩子，情感细腻，思维缜密，不冒进，谨慎，是他的优点。虽不善言语，但他是一个心智正常的孩子，心地善良，明辨是非，心如明镜，是他的优点。种种迹象表明，有着懦弱的外象其内心肯定是脆弱的，不能任脆弱发展，必须纠正！经多次交流得知，他父母从二年级起就不再陪伴他写作业，无陪伴，无监督，无对错，更无鼓励褒奖，基本是处于自由发展状态，内心没有力量，必然是迷茫无助的。问及他有无改变的方法，竟是无奈地摇头。他在班级里自我忽略，无心向前，无心去认领属于自己的位置。他的内心究竟失掉了多少欢愉？

缺啥就补啥，为长远计还是该推动他前进一步——陪他读书吧。我向他发出邀请，如想改变这恼人的现状，勇敢、大声地朗读发言，不怕被嘲笑，每天抽两三个课间，在四楼东图书角，我们一起读书。他欣然接受。我允许他带上有口吃症的小周（化名），他俩恰好是好友。一开始我去叫他们，后来我们约定下课只要看见我在图书角便主动过来，不用老师每次都去请。就这样一步一步从被动到主动地改进。我们读《老人与海》，是他俩自己选择的，一次只能朗读 3~4 页。

约定正在进行中，变化有多大？我想不必那么早、那么急地看到结果，行动起来就说明在改变了，行动就是进步。我已然从读书过程中体会幸福时光，正如斯宾诺莎在《伦理学》中表述的那样：幸福不是德行的回报，而是德行本身。我以为，用实际行动为他提供改变现状的方向，坚持陪他行走在书海中，让迷茫的孩子心中燃起的火焰是有血性的，是坚定刚毅的，是勇敢自信的，是热情自强的。我是风，希望小树摇动起来，朵朵云儿飘动起来。

“每一个人降生到这个世界上来，一定有一个对于他最合宜的位置，只等他有一天来认领。一个位置对于他是否最合宜，应该去问他自己的生命和灵魂，看它们是否感到快乐。”这段话是中国社会科学院哲学研究所研究员周国平近十年的顿悟，初读、反观，自觉路漫漫其修远，什么时候才能到达“天朗逸轻扑面来，挟沙裹泥滚滚去”的畅达心境？或许处于那种心境之际，就是他最合宜的位置。

希望他在“书”中,在他自己生命和灵魂的深处找到最合宜的位置。

组织课堂有偏方

蔡元培说：游戏，美育也。游戏里的脑力与体力运动、朗朗上口的儿歌韵文、欢快的乐音、积极健康的人文内涵，无不是美育的内蕴。课堂里适时嵌入游戏，改变节奏，调节氛围，短暂的休整使课堂教学更有效。低年级的孩子学习注意力不持久，听课或者学习写字，中途都需要有一个短暂的调节，然后以饱满的情绪进入下一个学习环节。为了不影响视力，此环节尽量不用多媒体，以下几个方法，我称之为组织课堂的偏方。

偏方一——拍手歌

你拍一，我拍一，我们两个在一起。你拍二，我拍二，身体健康要锻炼。你拍三，我拍三，我们一起去爬山。你拍四，我拍四，勤奋学习要努力。你拍五，我拍五，团结合作不落伍。你拍六，我拍六，礼貌和谐是好友。你拍七，我拍七，诚实守信不相欺。你拍八，我拍八，整洁卫生靠大家。你拍九，我拍九，勤劳致富靠双手。你拍十，我拍十，劳逸结合会休息，会——休——息！

偏方二——石头剪子布（赢者说要求，输者仿声音做动作）

石头剪子布，你来扮老虎。石头剪子布，吱吱小老鼠。石头剪子布，可爱小白兔。石头剪子布，学学梅花鹿。石头剪子布，星星数一数。石头剪子布，难题你帮助。石头剪子布，蹦跳二十步。石头剪子布，把头梳一梳。石头剪子布，农民把地锄。石头剪子布，输了有风度。

偏方三——眼珠操

运动眼球配合手势画米字，画圆圈，像做眼保健操那样手眼配合跟着节拍，新奇有趣，缓解视觉疲劳。

偏方四——数螃蟹

这是我改编的螃蟹歌，要求用手指支配着相关的数字，一边唱一边做动作，这样及时调节放松，也锻炼手指，关节更加灵活。这个小游戏一般在课前，老师没来，让班干部带领同学们一起做，或者是写字的间隙，一边玩一边唱。歌词如下：

螃呀么螃蟹哥，八呀八只脚，两只大眼睛，一个硬壳壳。

一只螃蟹八只脚，两只眼睛那么大个壳。

两只螃蟹，十六只脚，四只眼睛，那么大个壳。

三只螃蟹，二十四只脚，六只眼睛，那么大个壳……

两把夹夹尖又尖，走起路来撵也撵不着……

偏方五——冰冻解冻

这是当时孩子们最喜欢玩的游戏之一。在适当时机运用。我发出口令“冰冻”。学生立即摆出他们自认为最酷的姿势，然后像画中人一样静默不动，谁坚持的时间长，谁就是胜者。游戏者注意力、意志力可以得到加强。有时我会利用这样的游戏向同学们传达学校临时安排的任务或布置作业。然后解冻恢复之前的状态。

偏方六——金鸡独立

针对那些好动但自控能力、协调能力弱的学生，利用“金鸡独立”

的武术招式进行自我调控的专项训练，以提高学生自我控制力和协调能力。在一定时间内单脚站立，学生为了保持站立不倒，会不断调整自己的姿势，强迫自己控制身体平衡。体育活动课上与全班学生一起来玩这个游戏，用这种方式与孩子交流，既轻松又整齐。平常也鼓励他们在课间玩这样的游戏，轻松活泼，张弛有度，一举多得。

偏方七——手指操

这种幼儿手指操对低年级学生来说有很大的吸引力，尤其是在课中停下来玩的时候，兴趣特别浓厚。配儿歌：

一个手指点点，两个手指剪剪，三个手指 OK，四个手指扇扇，五个手指拍拍，六个手指转转，七个手指捏捏，八个手指砰砰，九个手指勾勾，十个手指握拳头，握紧拳头我最棒！

偏方八——一打手指操

两只手同时进行不同的变化，灵活协调地变换，欢快的节奏，强化大脑的灵敏反应："一打一打一……一打一打二……一打一打三……一打一打四……一打一打五……"一只手摆成八字手形，另一只手做出相应的数字手势，一边说一边做，两只手跟着节律，轮换手势，交替进行，每节四个八拍。既活泼有趣，氛围和乐，又益智健脑。

教师掌握一些小游戏，用来适时转换课堂节奏，实施过程中可以结合所学内容，随机融入，轻松地承上启下，同时消除疲乏，有益身心健康。有了这些偏方，组织课堂从容衔接，游刃有余，紧凑高效。游戏的美体现在：劳逸结合运动美，快乐获知学习美，新奇有趣音韵美，关系和谐课堂美。

构建和谐的师生关系

学者有四失，教者必知之。人之学也，或失则多，或失则寡，或失则易，或失则止。此四者，心之莫同也。知其心，然后能救其失也。教也者，长善而救其失者也。

——《学记》

构建和谐师生关系的一点思考

苏霍姆林斯基认为：学生不愿意学习，把学习当成苦差和沉重的负担，或者道德不健全、情感冷漠、思维迟钝等发展上的畸形表现，都是非和谐的教育带来的产物。师生之间相处不和谐，是其中的一种表现，如果关系恶化，仅用极端功利的教育问题来解释是不够的。其实，问题与问题人、问题事、问题关系、问题观念都有关系。问题人的观念必有问题，处理事情就有问题，问题一层层浮出水面，表面关系就出现了问题。认知遇到屏障，人际关系就会不顺畅。如不理顺关系，关系错乱，问题就会纷繁复杂。如果教师一头扎进了就业、生活、工作、业绩、欲望中，就面临一个“割不断，理还乱”的世界，无暇学习、反思人之间的关系问题，甚至对学习如何相处根本不屑一顾，或是自视甚高，或是功利驱使。这两者都在“学为人师，行为示范”的光环下，悄悄变质。恰恰就是这种态度，关闭了通向和谐的大门。宋代朱熹说过“无一人不学，无一时不学，无一物不学”。我们的知识、能力、心理原本都存在盲点，它会蒙蔽人的视野，限制人的发展。所以小小的人际关系里面就有大道理，相关的理论知识学懂了，弄明白了，就一定能融通人际关系中的相处阻碍，当知识固化成习惯的时候，就能指导人走向正确的道路。

杨斌认为：教育的逻辑起点是人的发展，当教育不能或者没有为人的全面、充分、和谐发展提供帮助，相反，对人的发展形成了制约，甚至造成了伤害，出现人们常说的“伪教育”“反教育”，此即教育的一种“异化”。学生不再感恩母校、感恩老师就是一种异化；教育让学生堕落为考试机器是一种异化；教师的劳动不是创造，而是一种冷酷的知识搬运工也是一种异化；以学生的成绩决定学校和教师的优劣是一种异化。①

所以实质问题就是人的问题，教育就是帮助人解决人的问题，关系出了问题，有时甚至是致命的。针对孩子放任和抑制个性是两个极端，都会限制人的发展。放任骄纵形成一个膨胀的自我，高压抑制形成一个胆小懦弱的自我。膨胀的自我向外攻击性很强，胆小懦弱的自我向内伤及自身。当遇到外界强大的压力，超过自己的承受能力范围，有多大的压力，就会有多大的反弹力量，极端反弹会伤及他人。家庭里放纵普遍，学校里抑制普遍。就学校而言，大班额管理中，纪律是班级管理和课堂管理的第一要件，否则无法安然完成教学任务，直接或间接影响每个教师的绩效考核成绩，所以控制学生达到一个较高的统一标准，就是管理常态，统一了，同一了，个性就没了。学生个性参差百态，应当在个性特质的基础上引导他们的人格良性发展，使他们无论散落在社会的哪个角落，都能成为一道亮丽的风景。就如怪石

① 杨斌：《教育美学十讲》，华东师范大学出版社，2015年。

嶙峋中挺拔的黄山松，华北平原上卓然超群的云杉，西北高原枝枝向上的白杨树，随风飘逸的垂柳，风姿迥然，但他们同样属于独特的自我。教师自身也是千态万状中的一，而且是有欠缺的一，必须承认，有欠缺的一去强制千百个一，难怪儿童的天性在校园早早泯然。同一化违背师生关系交际的原则。人际关系的交往原则有相互原则、交换原则、自我保护原则、平等原则、相容原则、信用原则、理解原则。这七项原则中，没有同一原则。强制同一，既违背了相容原则，更违背了理解原则。很大程度上，教师通过同一能达到自我保护（利益），或获得高业绩，而学生则不尽然。学生会失去对学习的正确认知，同时消弭个性。仅此一点又违背了相互和平等的原则。教育实践的美学意义在哪里？李泽厚认为教育实践的美学意义在于发展人类的健康心理。所以应正本清源，正确运用人际交往的原则，发展彼此积极健康的心理，构建和谐的师生关系，让岌岌可危的师生关系回到良性发展的轨道上来。以两篇发表于天水教育周刊和本校《你我他》校刊的学生作文为例，反向挖掘儿童对师生关系的心理需求，字里行间，随文标注黑色字体，并附老师的话作为旁证。学生精心选取作文材料，站在自身需求的角度进行表达——作文是儿童现实和理想的师生关系的折射，我发现与人际交往七项原则相契合。故而，如教师潜心借鉴人际交往科学原则，必然可以构建和谐的师生关系。

最美的遇见

刘 越（化名）

乌黑秀发透银丝 / 两眼小巧炯有神 / 一副眼镜梁上架 / 妙语连珠小嘴中。小诗中的“她”是我现在的语文老师。和蔼温柔的她开心时，眼睛眯成了弯弯的线，嘴角也慢慢上翘。有人淘气，月牙儿一样的眉毛立刻变得锋利无比，眼中燃起了火焰，嘴角也立马下沉，额头上的“川”字纹也蹦出来了。

我一直渴望当小组长，可冷水一次次把希望之火浇灭。四年级，我准备放弃时，X 老师来了，希望也来了。

X 老师的课生动活泼、风格独特。记得一节语文课上，读到描写小蜜蜂、小蝴蝶动态的句子，她一会儿学小蜜蜂嗡嗡叫，一会儿学小蝴蝶翩翩起舞，课堂气氛顿时活跃起来。X 老师讲课的方法可多了！如合作讨论、演讲、游戏作文、语文实践活动、课本剧表演……一堂又一堂精彩独到的课，使我眼界骤然开阔，更加坚定了学好语文、当小组长的信心。（**相互原则、平等原则、相容原则——教师亲和平等相待可爱的孩子们，自然互相敞开心扉愉悦容纳**）

胆小的我变得勇敢了。她常抛出问题，让我们思考交流，所以每节语文课，我都积极举手发言，有时竟然达到了四次。拖沓的我变得勤快了。每次作业我都提前完成，特别是让大多数同学头疼的作文，我也能快速出炉。老师破天荒地表扬了我，还鼓励我给同学讲解难题。

一天，她突然宣布要增加四个组长，我听到后，立刻飞到她跟前，高举小手，大喊：“我想！”老师轻抚着我的脑袋，爽快答应了。（**相**

互原则，交换原则——教师在前面召唤、激励，孩子向上跟随，进步与表扬交换，互相呼应，和谐共生）

老师给我提出了四点要求：一学有余力；二帮助同学；三快速交作业；四做一个尽职尽责的好组长。这四点，我默默地牢记在心里。不久，发生了一个小插曲。我三下五除二写完作业，就立即收作业，但有个同学还没有完成，为了保持先进，我便把他的作业强行收了。这事传到X老师那里，她把我叫到跟前，让我讲当好组长的四点要求。我知道犯了大错，脸“腾”的一下热了，结结巴巴地复述了四点要求。老师严厉（**理解原则——孩子理解老师对待自己错误的态度，是真诚地知错改错**）地指出，当组长要学会和同学互帮互助，要速度更要质量，没质量的速度等于零。老师的话深深地刻在我心里。（**信用原则——“深深”二字看出孩子愿意诚实进步**）

X老师的关注在我心里种植了一棵勇敢的树，您的期望是我心中一束温暖的阳光，将使我受益终身。谢谢您！您是我最美的遇见！（**相容原则——美国哈佛大学心理学教授梅奥主持的霍桑实验，结论蕴含的企业管理思想着眼在“社会人”的满意度上，管理者要“重视人、尊重人、理解人”，当人受到注意时，潜在动能就能极大限度地爆发出来。教师对学生的管理也适应于此，教师给予孩子的关注，激发儿童积极进取，从而在感情上师生相容**）

美老师

黄　河（化名）

我的语文老师姓W，可在我心中，她姓美，我称她为“美老师”。

她浓浓的眉毛下有一双水灵有神的眼睛，白皙的脸上有一张樱桃小嘴，脸上总是挂着迷人的微笑。她的鼻子上骑了一位“将军”，还近视900多度呢！可这一点也不影响她的美，反而更加优雅了。那是一种朴素大方的优雅，年纪不轻，不化妆，不艳丽，不管别人的眼光，她始终坚持自己淳朴的风格。（**理解原则——孩子理解教师的朴素，朴素在此已进入审美视野**）普通话发音标准，语调抑扬顿挫，态度亲切和蔼，所以听她说话和朗读课文是一种享受，令人心旷神怡。（**相互原则、相容原则——“享受、心旷神怡”就是容纳后的愉悦心理**）

能看到老师满面春风，对我们来说简直是奢望，但W老师一点也不吝啬笑容，她总是给我们一种春风拂面的感觉。她喜欢笑，听到哪个同学说了个笑话，或者听到我们提出天真幼稚的问题，她必定和大家一起笑得前仰后合。上课时，看到我们有点滴的进步她会欣慰地露出微笑。在课堂上我回答问题不积极，老低着头回避老师的目光，W老师却偏偏叫我的名字，让我回答问题。我越紧张就越回答不出来，尴尬中我的脸又红又烫。当我抬起头，W老师微笑地望着我，我像是找到了主心骨，在她明媚的笑容里我说出了答案。她的笑像金灿灿的阳光温暖着我。（**相互原则、相容原则——师生互相宽容、理解、尊重、信任**）

秋游时，她和我们一起搭炉灶，捡柴火，一会儿给这个小组加柴，一会儿给那个小组煮菜，忙得不亦乐乎。哈哈！快看，新出炉一只大花猫——W老师的脸脏得太有特点了，可她一点也不在意，反而和我们唱唱跳跳玩起来。“瓜娃子们，来玩成语接龙吧！”在返程的路上，W老师巧妙地把学习和游戏结合在一起。一个心急的同学忙道：“来，来，我先开个头——日月同时”，“时来运转”，“转——转——转败为胜”，“胜者为王”，“王者荣耀”——我抢在其他同学前面连跳带蹦地喊了出来。大家哈哈大笑起来，W老师拍着我的肩笑着说：“小伙子，脑筋转得倒是快，可这不是成语呀，再说一个！”“王子犯法与庶民同罪。”我不确定地说出口。“哈哈！这才对嘛。”…… W老师爽朗的笑声一路飘荡着。咦，疲乏呢，原来它早随着大家的欢声笑语消散了。**（平等原则、相互原则、相容原则——师生一起快乐野炊、游戏，平等相待，互相悦纳）**

她的心中时时刻刻牵挂着我们。谁的身体不舒服，她会不厌其烦地让你喝水，温柔的手会抚摸你的额头；谁的本子丢了，她会想方设法给你拿一本，让你不要把作业落下；在学习上，对我们全心付出，哪位同学落后了，W老师会利用课余时间给他讲题。有一次W老师感冒了还坚持给我们上课。她一只手捂着嘴咳嗽，一只手还要写字，看着她的背影，我们心里难受极了。下课铃响起，她却微笑着说：“同学们，再讲一分钟，就讲一分钟。”**（理解原则——理解教师的尴尬）**

瞧！又出校刊了。W老师像游戏里的王者一样，既尽责教书，又抽空写作，真是技能满满。她不仅是我们的好朋友，还是慈祥的妈妈，更是辛勤的老师。**（理解原则——孩子理解教师工作的复杂性，包容真诚、喜爱真诚）**她陪伴我们一天天长大，还说要和我们一起毕业，希望我们像雄鹰一样在未来展翅翱翔。这样的老师，你说美不美？

教师的话

我和孩子相处的点点滴滴，被黄河（化名）诚实记录，细心观察，用心体会，凸显师生情谊。天真淳朴的孩子心有阳光，也应该在阳光下成长。童心不敢昧，教书是良心活，与孩子相处，总被他们的单纯向上打动，有快乐的幸福的光阴，足矣！孩子渴望的美好师生关系在文中可见。黄河是一个惹老师喜欢的清俊男孩子。他只要看见我，无论在哪里都会凑到我面前跟我问好，“W老师好。”没听见时，继续“W老师好”，或者凑到我面前歪着脑袋盯着我大声喊：“W老师好。”然后跟我东拉西扯地交谈。他是个热情健谈的男孩，也是一个名副其实的吃货。春游的时候，恰好与他一组。我带的炸鸡排，分享的时候他竟然大吃特吃，几乎要全吃了。我知道他之前已经吃了妈妈给他做的午餐。如果我不制止他，不知道他的肚子会撑得多圆。秋游的那一天，我们在楼道里碰见了。她问我：“W老师，你带了什么好吃的呀？”他这么一问我倒不好意思了，因为我本想凑合着拿一袋擀面皮的。想想这孩子对我带美食的期待，我放下背包，赶紧跑出校门来到了熟食店，买了一只烧鸡。到了山上又故意和他凑一组，我将鸡块炖在了火锅里。吃完饭以后我问他鸡肉好吃吗？他说：“好吃啊，就是有点硬。”

返回的途中，他凑到我跟前悄悄地说：“W老师，我还有好多好吃的，你还没吃呢。”“真的呀，快拿出来与我们一起分享吧。”然后他把背包放在地上，拉开拉链，从里面掏出了三盒可比克薯片。我和周围的孩子们一起把它们全部吃完了，他才罢休，然后背着他的空书包，找别的同学玩去了。可爱的实诚人！不多一会儿他又凑过来了，要我和他玩成语接龙的游戏。我们一起玩成语接龙，吸引了其他的孩子，都加入了游戏队伍。从两三个到三四个，到五六个，七嘴八舌，都抢着接，这个退出那个来，同一个成语反复出现也不管，只要接上就是胜利，得意欢笑不止，不知不觉，这一路上一条成语的长龙从山沟一直接到了校门口。美好快乐的时光把劳累、脚板的疼痛驱赶得无影无踪。他可真是个令人感动得无以复加的可爱的实诚人。这个孩子的名字以及他的热情，他的灵性，他的慷慨付出，他的可爱，他对老师的无间的信任和亲近，令我感动。由他的名字自然想起了“黄河之水天上来，奔流到海不复回”，他的实诚就好像那滔滔黄河之水，源源不断奔腾在同学之间、师生之间……

李润泽（化名）的想象作文《灵感》则把自己想象成自己的老师，在课堂上与同学互动。自己与老师成为同一个人，足见孩子对老师的认可，对教师职业的向往与期待。这应当体现人际交往的全部原则。

以上事例可见师生都渴望和谐相处，除却那些功利因素，相互理解、彼此宽容、互相分享、尊重对方、平等相待、真诚谦让、诚信守责……这些不就是教师要传承的悠久而优良的民族文化传统吗？到哪里求解呢？忘记根本，是找不到答案的。

中国乃至世界第一部教育专论《学记》中答案赫然：“学者有四失，教者必知之。人之学也，或失则多，或失则寡，或失则易，或失则止。此四者，心之莫同也。知其心，然后能救其失也。教也者，长善而救其失者也。”意思是学生学习存在四种缺陷：贪多务得、片面狭隘、轻视敷衍、畏难止步。不同的人表现不同，原因各异，教师要具体问题具体分析，因材施教，“教法得当，这些缺点可以转化为优点，多者知识渊博，寡者精深专一，易者充满信心，止者认真对待”[①]。与本文开篇苏霍姆林斯基的引言互为表里，《学记》注重外部运用正确的方法，把消极因素转为积极因素，苏霍姆林斯基注重内部心理层面的和谐。内外相互作用，人内心的和谐成就人与外部世界的和谐。由此可见，教师必须实施基于人性的理性教学，传播美与科学，和谐师生关系是首要责任。

① 刘新科、栗洪武主编：《中外教育名著选读》，中国人民大学出版社，2010年。

后 记

——与抗击新冠疫情同行的日子

与抗击新冠肺炎疫情同行的日子，是阅读的日子。

偶尔读到印度政治家甘地的名言，不由得自惭形秽。他说："有七件事能毁减我们——没良知而快乐，没品格而博学，没原则而从政，没奉献却拥有信仰，没经过付出而富有，不讲道德而去经商，不谈人性去研究科学。"获得快乐、博学，为民从政，拥有信仰，获得财富，研究科学，都得有资格，需用良知、品格、原则、奉献、付出、道德、人性去购买。从教多年，虽以之正己诲人，但于得失间距离"圣雄"之诫还差之甚远。

最磨耐性的，是强迫自己读《瓦尔登湖》。

"说甚天堂！你侮辱大地。"[①] 当这掷地雷音出现，我才真正折服于作者的睿智。人间天堂里的梭罗是这样的——

1844 年的秋天，美国人亨利 · 戴维 · 梭罗，得到爱默生的允许在瓦尔登湖边开辟了一片自己的居住地，免费使用。他用借来的一把斧头，在瓦尔登湖边建造起了自己的木屋，在 1845 年 7 月 4 日美

① 【美】亨利 · 戴维 · 梭罗：《瓦尔登湖》，徐迟译，中国宇航出版社，2016 年。

国国庆日，他住进木屋——他自己反复称之为实验的成果之一。在这里，他真正成为自耕农夫，自己建造房屋，种地，收割，饮食。一种独居、自给自足、快意简约的经济生活。既然如此满足，为什么不能终其一生呢？两年多以后，他离开了自己的理想国，经济的生活是他对物质理想的追求，而离开瓦尔登湖投身于当时的政治斗争才是他真正要做的事情。《瓦尔登湖》这本书的书名可以为他证明。在作者眼里："文明人不过是更有经验，更为聪明一些的野蛮人，可是，让我赶紧来叙述我自己的实验吧！……我工作的地点是一个怡悦的山侧，满山松树，穿过松林，我望见了湖水，还望见林中一块小小空地，小松树和山核桃树丛生着，湖水凝结成冰，没有完全融化，只化了几处地方，全是黝黑的颜色，而且渗透着水……而铁轨也在春天的阳光下发光了，我听到云雀、小　和别的鸟雀都到了，来和我们一块儿开始过着新的一年。那是愉快的春日，人们感到不满的冬日正跟冻土一样地消融，而蛰伏的生命开始舒伸了。"简单愉悦的心境来自大自然的馈赠，而灵秀的文字和深邃的思考，也在这大自然中生发。偎依在湖边的他成了那里的精灵，通过考察测量湖来实证精神和智慧，即便是当今也少有人及。相较于现在，19 世纪四五十年代还不太发达的城邦文明已经让他反感，如果是现在，那他会躲到哪里去呢？翻译这本书的作者徐迟说："他是在有目的地探索人生，批判人生，振奋人生，阐述人生的更高规律。并不是消极的，他是积极的。并不是逃避人生，他是走向人生，并且就在这中间，他也曾用他自己的独特方式投身于当时的政治斗争。"他风格、方式独特的"消极抵抗"影响了反对英帝国主义的印度"圣雄"甘地、在非洲争取民权运动的马丁·路德·金、俄国的托尔斯泰、法国的罗曼·罗兰。众多的学者追溯了他的深远的影响。在原始的丛林里获得了自由的勇气，似乎也在这里获得了争取权利的方式和决心，回到城市用他的消极抵抗的方式实践，以非暴力方式为底层的老百姓获取某种权利。慈善不符合他的胃口，但是他奉劝“那些有了比现在更多的闲暇而不知如何处理的人”勤恳诚实地劳动，“劳动到他们能养活自己，取得他们的自由证明书”。

“没有比善良走了味更坏的气味了”，他反对那些证明自己是神的善良，这就像锐利的钢钉一样敲打、鞭策着人性。这样的慈善是在鼓励贫穷，纵容贫穷。他和T·卡仑气味相投，在书中引用了他的诗《斥穷困》表达对贫穷的愤怒:“穷鬼，你太装腔作势，在苍穹底下占着位置，你的茅草棚或你的木桶养成了一些懒惰或迂腐的德行，在免费的阳光下，阴凉的泉水滨，吃吃菠菜和菜根，在那里你的右手，从心灵上撕去了人类的热情，灿烂的美德都是从这些热情上怒放的，你降低了大自然,封锁了感官,像蛇发的女妖,变活人为岩石……”“所以，如果我们要真的用印第安式的、植物的、磁力的或自然的方式来恢复人类，首先让我们简单而安宁，如同大自然一样，逐去我们眉头上垂挂的乌云，在我们的精髓中注入一点儿小小的生命。不做穷苦人的先知,努力做值得生活在世界上的一个人。”这样斥责贫穷的底气，恐怕就来自他在瓦尔登湖畔自力更生且还富裕的生活经历，贫穷不是自然的，而是来自人性里最腐烂的渊薮。因为贫穷与自由、勤劳、智慧都无关系。在这点上鲁迅先生的“哀其不幸，怒其不争”与他相契合，他们愤怒穷人的骨头不硬。可是穷人的骨头怎样锤炼才硬得起来呢？我问梭罗：当年你投奔爱默生的动机是什么？走向瓦尔登湖的勇气来自哪里？没有爱默生给你的那片土地，你要到哪里去实验你的经济生活？自勤自强的梭罗有憎恨懒惰的权利。他那源源不断如泉水的思索里有没有这种想法：不甘于贫穷，对于未知世界敢于探索，自信来自不甘于贫困而送他去上学的父母，感激有想法、目光长远、聪明的父母。进入大学学习，使他获得了勇气和自信，看到了贫穷浅表性的原因。为人父母，如果有高级的认知且不甘于贫穷，又有改变的方法和途径，贫穷何至于像传染病一样一代又一代地传下去？所以教育的作用就凸显出来了，家庭、学校、社会，无论来自哪一方面，都有帮助人们脱离贫穷的责任。

梭罗生于社会底层，又传承父母改变现状的优良品质，走近社会名流，拓宽了他看待社会的视野，所以成就他的，不仅仅是他克服了懒惰。慈善不能根除贫穷，这种认识是正确的。消除贫穷，不只是消除个人的懒惰或迂腐的德行。改变贫困人的认知，激心扶志，助学扶技，正如大自然一样给每个生命自主选择生长的环境和机遇，才能出现欣欣向荣的景象。这是人类正在履行的使命，也是所有不甘于贫穷的人的共同愿望，大家都在努力。梭罗如在，该当何评？

最奇特的阅读，是在春节前后，以从未有过的复杂心情，读来自各媒体的抗击新型冠状病毒的报道。这场猝不及防的灾难比之于任何世界名著都更震撼人心。因为关切，所以欲罢不能，任由喜、怒、忧、思、悲、恐、惊轮番轰炸，以致辗转难眠，感慨万千：

新冠来了——

渐渐逼近的恐惧提醒着/遗忘灾难会有多么荒唐/伪装卑微的病

毒不被人的肉眼所见/寄生于宿主和任性操控者那里/像大鹅总要寻找机会/嘎——嘎——嘎叫嚣挑衅/当越界成平常/病毒显露狰狞模样/把共存变成吞噬/把和它照面的人送进医院 /或是但丁的地狱/静默的城市催促人们思索各自的归巢/清醒的人一定能听到：回家！回家去！/那是挣脱病毒追绞的幸存者/一路狂奔一路吼叫/那是遗忘、越界、生命合同为那些饕餮野味的人拉响的警报。

新冠来了——

病毒试图搅乱一盘稳操胜券的和局/可是随着黄鹤楼吹响尖利的哨音/一场特别的战役打响了/总指挥目光所及/一千里三千里万里飞援/仁心、智慧在武汉集结/十四亿，不，所有地球原住民的目光/一起守望/与死神拉锯的/是手无寸铁的医生护士/是寒风中跺脚的警察和志愿者/隔离的人退守在叫家的战壕/快递小哥穿梭在城市联通陌生/互助与感恩之间/角色紧急互换/从草原到海疆/从平原到雪山/不需要看清你是谁/只用口罩牢牢封锁/那一只只口罩啊/被恐慌和忧伤浸染/被焦虑和愤怒燃烧/又被感动和眼泪湿透/意大利人唱中国国歌等待/塞尔维亚总统亲吻中国国旗等待……所有的人等待着同一个声音——家国平安。

新冠来了——

一个个城市拥有的记忆/是一座座城的苦难和果敢担当/传递一个国家的决心/清零——清零的见证者就是那些窗外/寂寞开放的杏花桃花和樱花/看那初夏的阳光已蒸融了寒冬/春天依然不会缺席/她姗姗——姗姗地——就在眼前。

阅读现实，未来还有很多事情要做。新冠肺炎疫情突然袭来，传染速度超出人们意料和想象，国家按下暂停键。此间，疫情中遇到诸多问题，在后疫情时期亟待解决，尤其在复学之后。

人们的社交发生疏离，生活、生产、学习都有巨大变化，外部情形的危险波及每个人的内心，恐慌、焦虑、愤怒、无奈、忧郁……七情中负面情绪占了较大比例。当人的内心被负面情绪长期撕裂，不可避免地影响身心健康，而作为长时间居家的孩子不可能不受到影响，尤其是天性使然的交际愿望不得实现，必然冲击心理，情绪波动大，心绪不宁，怎能静心学习？当学习方式不得已转为居家线上学习，而与老师、同学的空间隔离使得互动消失，各种情感无法正常抒发，负面情感得不到有效疏解。回归疫情暴发前的正常秩序，使生活学习及内心回归安宁，心灵重建显得尤为重要。

疫情中，各大网络媒体各自为阵，推送的教学内容丰富多样，但学生的选择存在内容、时间上的冲突，后疫情时代阅读教学也将存在同样的冲突。学生如何在学习兴趣、家长监管、学校教学之间获得平衡也必须得到解决。同一网课无差异输出，但有个性差异的学生造成的差异较在校学习更为显著——尤其习得能力弱的孩子没有来自同学、老师的关注，得不到充分的进步时间、机会，所以完成学习任务必定困难。后疫情时期基于阅读的教学方式将着重改变，缩小差距，进步一个都不能少。

疫情中整个网络媒体信息铺天盖地，因上网课获得手机、电脑、电视正当使用权的未成年儿童，不可避免地会浏览各种信息。但真实与虚假难以辨别，混淆孩子视听，阻碍正确认知的发展，因此后疫情时代的阅读教学中引导学生如何辨别真假信息，厘清正确与错误的思想观念，是必然要做的事情，以帮助孩子形成正确的世界观、人生观、价值观。

探索以上问题的阅读教学应对策略过程中延伸出来的评价对象、内容及方式也应随之改变。拟解决的具体方法和措施如下。

与班主任、心理老师合作对学生进行心理调适，重建安宁生活、愉快交际和学习信心，如：训练幽默乐观的情绪，实现负性情绪向正性情绪的转化。告诉学生：我们面对困难时，要避免愤怒、恐慌、担忧等负面情绪，通过幽默就能保持乐观。正面、乐观、幽默的情绪可以激发人的创造力。

调查了解疫情期间学习情况，包括学习内容的选择、学习状态、家庭的配合、学习方式、个体需要、所遇困难，为教学策略的调整转变提供切实依据。

结合教材，结合学生实际，采取有差异的阅读教学。譬如：同一时空差异化教学，错时有针对性地安排教学内容，既促进进度超前的学生，又帮助还未起步的学生。

结合教材进行群文阅读教学活动，拓展认知，培养学生关注社会和发现问题、解决问题的探究能力，想象和创新能力。具体拟针对以下内容实施：生命教育；个人与集体、国家的关系；世界与中国的关系；防灾减灾内涵拓展；学会辨别真实与虚假信息，正确对待网络谣言，正确发表个人意见；等等。譬如：我们所有地球人正在合力抗击新冠肺炎疫情，经历了这场看不见硝烟的战争，学生一定发现了那些一心为民勇敢逆行，牵挂并保护所有人的生命安全的人，让他们回忆，通过表达来赞美。结合经典诵读活动，向学生推荐毛泽东的《七律二首·送瘟神（其二）》；诵读过程中，感受作者深植于诗歌中的人民情怀，体会经典作品蕴含的中华民族战胜艰难困苦的团结奋进、坚强决心，以此提振战胜困难和负面情绪的信心。转变学生学习方式，重视自主学习；转变阅读教学策略，重视线上教学与课堂结合；营造轻松的课堂氛围；课外阅读重视线上与线下结合；评价多元化，线上与线下结合；评价对象、内容与方法多元化；等等，都应当在教学中实现。

冠状病毒在2019—2020跨年之交，突然袭击地球原住民。经历无数次病毒感染九死一生且进入信息时代的地球村民，依然没有准备好应对未知的挑战。目前全球感染人数众多，各行业面临前所未有的挑战，仅学习方式的急进转变就给教育教学带来跨越式的变化。线上学习在疫情期间迅速地被家长、孩子、教师接受，科技发展带动教育的进步竟然会在如此情境下实现突破。在急剧变化的时代，教育者新的探索又该起程了。

叔本华说："这个世界上，我们应该有铁一般的心灵，它身穿抵抗命运的铠甲，手执对付他人的武器。生活始终是战斗，每一步都是挑战。"如是！因缘际会，本书出版得到中国作家协会会员郝秀琴老师的倾力相助。她是内蒙古草原上的精灵，秀慧兼备，佳作连连。为人亲和平易，在她诚恳的指点下，一路走来我渐出迷津。在此表示诚挚的敬意和感谢！

覃晓蓉

2021年5月10日于天水龙城